ŒUVRES COMPLÈTES

DE

LAMARTINE

PUBLIÉES ET INÉDITES

HISTOIRE

DE LA RESTAURATION

IV

TOME VINGTIÈME

PARIS

CHEZ L'AUTEUR, RUE DE LA VILLE-L'ÉVÊQUE, 43

M DCCC LXII

…

ŒUVRES COMPLÈTES

DE

LAMARTINE

—

TOME VINGTIÈME

HISTOIRE

DE LA

RESTAURATION

IV

HISTOIRE

DE LA

RESTAURATION

LIVRE VINGT-HUITIÈME

21 juin. — Fouché est nommé président de la commission de gouvernement. — Formation du nouveau ministère. — Politique de Fouché. — Manuel. — Séance de la chambre des représentants. — Elle adopte la motion de Manuel. — 25 juin. — Départ de l'empereur de Paris. — Il se rend à la Malmaison. — Son adresse d'adieu à l'armée. — Envoi de cinq plénipotentiaires pour la négociation de la paix. — Entrevue de Fouché et de M. de Vitrolles. — Entrevue de Napoléon et de Benjamin Constant. — Conseils des amis de Napoléon sur le choix de son lieu d'exil. — Il adopte l'Amérique. — Il est surveillé par la commission de gouvernement. — Opposition provisoire de la commission au départ de Napoléon. — Séjour à la Malmaison. — Instances de la commission près de Napoléon. — Elle lui délivre un passe-port. — Refus de Napoléon. — Proposition d'Excelmans à Napoléon. — Arrivée des alliés à Compiègne. — Napoléon propose de se mettre à la tête de l'armée. — Refus de la commission de gouvernement. — Rencontre de M. de Flahaut et de Davoust. — Napoléon et Maret. — Situation critique de Napoléon. — Son départ de la Malmaison. — Ses adieux. — Son voyage. — Sa halte à Rambouillet. — Ses espérances. — Ouverture

d'Excelmans à Daumesnil. — Napoléon traverse Châteaudun, Tours et Poitiers. — Attroupement à Saint-Maixent. — Il arrive à Niort. — Acclamations du peuple. — Son arrivée à Rochefort le 3 juillet. — Napoléon renouvelle sa proposition à la commission de gouvernement. — Conseils divers pour la fuite de Napoléon. — Son hésitation. — Réponse de la commission de gouvernement à sa proposition. — Napoléon s'embarque sur la frégate *la Saale*, le 8 juillet. — Il quitte Rochefort. — Sa visite à l'île d'Aix. — Entrevue de M. de Las Cases avec le capitaine Maitland à bord du *Bellérophon*. — Le capitaine de la *Méduse* propose de forcer la croisière anglaise. — Refus de Napoléon. — Son débarquement à l'île d'Aix. — Ses indécisions. — Refus de la proposition du capitaine Baudin. — Des enseignes de vaisseau offrent de le conduire en Amérique. — Napoléon accepte. — Il part. — Il est retenu par sa suite. — Seconde entrevue de Las Cases, Rovigo et Lallemand avec le capitaine Maitland. — Délibération sur son départ. — Napoléon se décide à partir par le *Bellérophon*. — Sa lettre au prince régent d'Angleterre. — Ses instructions à Gourgaud. — Départ de Gourgaud et de Las Cases pour l'Angleterre. — Napoléon quitte l'île d'Aix. — Ses adieux à Becker. — Son embarquement sur le *Bellérophon*. — Il reçoit la visite de l'amiral Hotham. — Le *Bellérophon* se porte devant Torbay. — Il y est rejoint par Gourgaud. — Il quitte Torbay et arrive en rade de Plymouth. — Conseil des ministres anglais sur le sort de Napoléon. — Il est déclaré prisonnier de guerre par les alliés. — Il est ramené à Torbay. — On réclame son épée. — Ses adieux. — Sa douleur à la nouvelle de la capitulation de Paris. — Il monte sur le *Northumberland*. — Sa protestation contre l'Angleterre. — Son départ pour Sainte-Hélène.

I

Les événements désormais allaient régner seuls, et Fouché gouverner seul par les événements. Il fut, cette nuit-là même, nommé président de la commission de gouvernement par la voix de Carnot et de Quinette, et par la sienne qu'il se donna à lui-même pour enlever l'ascendant de la présidence à Caulaincourt ou à Carnot, dont il redoutait les fidélités ou les faiblesses pour Napoléon. Il nomma au ministère de l'intérieur un frère de Carnot; aux affaires étrangères M. Bignon, esprit plus érudit que politique, qu'il était aussi facile de jouer que de flatter. Pelet de la Lozère, homme honnête, patriote et conciliant, gage de modération pour tous les partis qu'il fallait assoupir, eut le ministère de la police; Boulay de la Meurthe, influence napoléonienne qu'il fallait à la fois employer et annuler par des fonctions peu politiques, eut la justice; Masséna, qui venait de montrer son indépendance à la chambre des pairs, et dont la gloire militaire intacte relevait le nom, reçut le commandement général de la garde nationale.

Le reste de la nuit fut employé par la commission de gouvernement et par les ministres à concerter la plus grande concentration possible des débris de l'armée autour de Paris, afin de donner du temps et une base militaire aux négociations qui allaient s'ouvrir. Ces négociations, pour un esprit aussi pénétrant et aussi généralisateur que celui de Fouché, n'étaient, en réalité, qu'une apparence qu'il voulait sauver et une satisfaction qu'il voulait donner aux susceptibilités du pays. Il savait bien qu'on ne négocie qu'à forces égales. Où étaient les forces? Elles étaient anéanties d'un seul coup à Waterloo. Les agents confidentiels de Fouché remplissaient déjà la cour de Louis XVIII et le quartier général de Wellington. Faire signe au roi que l'heure du retour allait sonner pour lui; convaincre Wellington que lui seul pouvait ouvrir les portes de Paris, sans nouvelle effusion de sang, au roi et aux alliés; persuader à M. de Talleyrand, et par lui au cabinet du roi, que lui seul aussi pouvait pacifier la France; endormir les chambres, fasciner, tromper ou dompter la commission de gouvernement; congédier l'empereur, et enfin présenter par sa propre main, main régicide, le peuple au roi et le roi au peuple : telle fut, dès ce premier jour, toute l'action secrète ou publique de Fouché. Rarement un ministre en entreprit une plus complexe et plus périlleuse, et y réussit avec plus d'audace unie à plus d'habileté. Fouché comptait sur la médiocrité des intelligences et sur la malléabilité des caractères autour de lui. Il comptait aussi sur l'impatience de l'ambition de régner qui assouplissait Gand à ses volontés. Il ne présuma pas trop de la nullité des uns, de la servilité des autres, de l'appétit du trône d'une cour exilée. Tous les vices et toutes les ambitions le servirent, parce qu'il avait eu l'expérience de leur ascendant sur les âmes et l'humiliant courage de compter sur eux.

II

Une première difficulté s'offrait à lui. L'empereur, obstiné à l'Élysée, apprenant à son réveil que Grouchy s'avançait intact sur Paris, et que des corps importants se recomposaient sous Excelmans et sous d'autres généraux énergiques, entre Paris et Wellington, se repentait déjà d'une abdication trop précipitée, et fomentait, par ses derniers adhérents, une nouvelle discussion sur la régence dans la chambre des représentants. Si la régence était proclamée, il ressaisissait le pouvoir au nom de son fils; si elle était rejetée, il reprenait l'empire au nom de la condition trompée, qu'il avait mise, disait-il, à son abdication.

La proposition de proclamer Napoléon II allait donc être reproduite à l'ouverture de la séance avec des efforts mieux concertés dans la chambre. Regnault de Saint-Jean d'Angély, Boulay de la Meurthe, Defermon, conseiller d'État, émules de Fontanes et de Cambacérès, étaient sûrs d'entraîner l'irrésolution de leurs collègues. Fouché, instruit de cette tentative, qui pouvait déconcerter ses desseins, hésita un moment s'il la combattrait à visage découvert, ou s'il la tournerait par une apparente indifférence. Il fallait choisir entre le danger d'une réinstallation de Napoléon lui-même au trône et à la tête de l'armée, si la chambre refusait de proclamer son fils, et le danger plus éloigné de rompre les négociations avec les puissances et de retarder la rentrée de Louis XVIII, si la chambre proclamait la souveraineté préalable de Napoléon II. Il se tint prêt à l'une ou l'autre de ces éventualités, selon que la chambre indécise paraîtrait pencher, sous la parole des orateurs, pour ou contre la dynastie de Napoléon.

Manuel avait les confidences de Fouché, et se préparait à servir de sa parole exercée, patriotique et puissante, la pensée politique de l'homme qui manœuvrait au dehors dans ce conflit de tant d'opinions. Jeune, neuf, d'une renommée naissante et pure, d'un grand courage, d'une froide résolution, d'un coup d'œil profond, d'un patriotisme presque républicain, qui ne le rendait pas suspect de connivence avec les Bourbons, Manuel était plus qu'un orateur dans la chambre; c'était déjà l'ombre d'un homme d'État. Son crédit, quoique à son aurore, était grand sur ses collègues, plus grand au dehors. La Fayette, Sébastiani, le cultivaient. Ennemi de Napoléon par l'instinct d'une âme élevée et libre, le désir de faire sortir ou la république ou le gouvernement constitutionnel de ces ruines du despotisme militaire, l'avait non asservi, mais lié à Fouché et aux libéraux lassés du joug. Telle était la situation de l'Assemblée le 25 juin à midi.

III

M. Dupin, pressé d'aplanir la route à des accommodements avec les Bourbons, et à des négociations avec les alliés, que son sens exquis des circonstances lui montrait comme la nécessité et le salut commun, ayant insisté pour que le gouvernement nouveau prêtât serment de fidélité à la nation seule, cette motion devint le signal d'une lutte dont l'issue, quelle qu'elle fût, pouvait rendre à Napoléon le sceptre ou l'épée pour quelques jours.

Defermon demanda impérieusement qui avait donc caractère pour recevoir un tel serment, et s'il n'y avait pas un empereur. — « Oui, lui répond le parti des bonapartistes, nous avons un empereur, nous voulons Napoléon II ! — Il est notre souverain par les lois fondamentales ; à ce nom seul, l'armée et la garde nationale se grouperont autour de la patrie ! — Oui, oui ! » reprennent les mêmes voix, plus nombreuses par cet écho dont le patriotisme grossit toujours les motions qui paraissent un courageux défi à l'étranger. Cet écho se prolonge, et fait éclater enfin la salle aux cris de : « Vive l'empereur ! » Béranger tremble qu'une acclamation de courage ne soit prise pour une proclamation réfléchie d'un nouvel empire. Il demande une nuit de réflexion. La chambre, déjà refroidie, l'applaudit. Boulay de la Meurthe s'indigne de ce retour à l'indifférence : « La France est perdue, si nous semblons seulement douter de l'hérédité du pouvoir dans le fils de l'empereur, » s'écrie-t-il en objurguant la mollesse de ses collègues. « Nous sommes entourés de beaucoup d'intrigants, de beaucoup de factieux hors de cette enceinte, poursuit l'orateur de Napoléon en faisant allusion à Fouché, aux royalistes, aux républicains, à La Fayette ; ils voudraient faire déclarer le trône vacant pour y replacer les Bourbons! La France aurait le sort de la Pologne! Les étrangers s'en partageraient les lambeaux! Il existe une faction d'Orléans! » — Des murmures d'incrédulité éclatent. — « Oui, continue Boulay, je sais que cette faction existe, je sais qu'elle entretient des intelligences avec les républicains. Si le duc d'Orléans acceptait le trône, ce serait pour le rendre à Louis XVIII! Prévenez ces menées, rompez ces trames, proclamez Napoléon II empereur des Français! »

IV

On applaudit Boulay ; d'autres orateurs de la même opinion le secondent. Mouton Duvernet, un des généraux les plus compromis dans la défection du 20 mars, ose dire qu'il n'y aura pas de Français qui ne vole aux armes pour le service du jeune empereur. Cette parole de cour révolte la fierté endormie de la représentation. « Vous et nous, généraux et empereur, s'écrie Flaugergues indigné de la servilité des termes, vous êtes au service de la nation! »

Regnault de Saint-Jean d'Angély répète et délaye Defermon. Dupin lui succède.

« Si Napoléon lui-même, dit-il avec une rudesse de raisonnement qui ne laissait rien à la réplique, avait cru pouvoir être utile à la nation, aurait-il laissé à un autre l'honneur de la sauver en abdiquant? Comment espérer d'un enfant ce qu'un héros n'espère plus pour nous de lui-même? » La faction de l'Élysée veut couvrir sa voix. « Je demande, reprend-il avec sang-froid, si un enfant captif pourra ce que son père libre et souverain reconnaît par son abdication ne pouvoir faire lui-même? On demande qui nous aurons à opposer à l'ennemi? Je réponds : la nation! C'est elle qui précède ses gouvernants et qui leur survit! »

Dupin, dont la pensée flottait, dit-on, sur le duc d'Orléans, avait entraîné la chambre trop loin au gré de Fouché. Ce ministre, qui aurait été favorable quelques semaines plus tôt à cet expédient, avait le bon sens de le reconnaître impossible après Waterloo. Cette bataille rendait inévitablement le sceptre au prince et au principe de la légitimité. La couronne offerte au duc d'Orléans n'aurait été qu'un obstacle de plus à la pacification de la patrie, un défi sans force à l'Europe, une prolongation des calamités publiques. La vaine proclamation de Napoléon II n'offrait aucun de ces inconvénients. Elle n'avait que la valeur d'une protestation sans puissance, elle désarmait momentanément les bonapartistes et l'armée, elle permettait de s'affranchir, par l'éloignement de l'empereur, des menaces et des alarmes de sa présence à Paris. Fouché pressa ce dénoûment avec autant d'ardeur qu'il en aurait mis la veille à l'écarter. Manuel, son organe, parut à la tribune.

V

Son discours fut long, raisonné, balancé entre toutes les opinions diverses, avec cette justice apparente qui concède à chaque parti son honneur, pour obtenir en retour attention et raison. Il les analysa sans les décourager. Il écarta surtout le parti des orléanistes, que venait de faire apparaître ou soupçonner Dupin. « Le pire des dangers, dit-il en finissant, entre tant d'opinions qui nous divisent, c'est de découvrir la patrie par nos hésitations. Prononçons-nous pour Napoléon II. » Après cette conclusion, qui enthousiasma le parti bonapartiste, l'orateur lut un projet de déclaration dans ce sens, mais dont le texte ambigu et indécis semblait plutôt un ajournement de la reconnaissance d'un autre gouvernement que la proclamation du gouvernement de Napoléon II. Les assemblées s'évadent toujours avec bonheur d'une situation extrême par une de ces issues ouvertes à tous les partis. Manuel avait simplement sauvé l'honneur des partisans obstinés de l'empereur, en achevant en réalité leur déroute.

Fouché, en apparence vaincu, triompha. L'empereur, forcé de paraître satisfait, fut contraint de céder enfin la place au prétendu gouvernement de son fils et de quitter l'Élysée et Paris. Déjà le représentant Duchesne demandait à la tribune qu'on le sommât de s'éloigner. Des avis sinistres lui arrivaient de toutes parts sur le danger qu'il courait en prolongeant son séjour dans ce palais. Soit manœuvres secrètes de la police de Fouché pour l'intimider, soit zèle ombrageux de ses adhérents pour préserver ses jours, on ne cessait de l'assiéger de soupçons, de lui montrer le cachot, l'enlèvement, le poignard ou le poison en perspective.

L'État, en effet, ne pouvait pas, en présence de l'ennemi aux portes et des factions dans l'intérieur, supporter impunément deux maîtres. L'Élysée était devenu une solitude; un seul vétéran en gardait la porte. La moindre émotion des partis pouvait la forcer. L'empereur sentit enfin la nécessité d'abandonner une capitale inquiète de sa présence, et qui, après l'avoir accueilli, l'abandonnait à son isolement.

VI

Il fit brûler en sa présence, par ses aides de camp et ses secrétaires, tous les papiers qu'il avait reçus depuis le 20 mars et qui pouvaient servir de texte à des accusations de complicité dans son retour. Il ne réserva que ses correspondances de famille.

Le 25, à midi, il partit de l'Élysée pour son habitation de la Malmaison, séjour de ses plus belles années de puissance, de gloire et de bonheur, plein aujourd'hui du deuil de sa fortune et des amers souvenirs de sa première femme, l'impératrice Joséphine Beauharnais, qui venait d'y mourir. Sa belle-fille, Hortense Beauharnais, qu'il avait assez aimée pour la couronner sur le trône de Hollande et pour destiner l'empire à son fils, l'avait précédé et l'attendait à la Malmaison; femme qu'il avait protégée enfant, qu'il avait faite reine, mais dont il avait répudié la mère. Elle avait sollicité de Louis XVIII, après la première abdication, le titre de duchesse de Saint-Leu et la liberté de résider dans la patrie. Elle avait aspiré au retour de Napoléon, entretenu le fanatisme de l'empire, par sensibilité ou par ambition, dans l'âme des jeunes officiers dont elle était entourée; mais, fidèle au moins à sa disgrâce, elle se dévouait à lui adoucir les dernières heures de la séparation, et elle l'aidait à descendre avec moins de rudesse du faîte des trônes où lui-même l'avait portée. La mère lui avait aplani le chemin de la toute-puissance, la fille lui aplanissait celui de l'exil.

VII

Les lieux retrempent les âmes dans les souvenirs. L'empereur, que ses biographes les plus complaisants et ses affidés les plus assidus dépeignent tous comme atteint, depuis Waterloo, d'une sorte de stupeur morale, attestée par tant de langueurs, d'incertitudes, d'irrésolutions et de soubresauts depuis le champ de bataille jusqu'au moment de son départ de l'Élysée, parut reprendre dans la demeure de sa jeunesse la trempe usée de son âme, la résolution de son esprit, la vigueur de son corps. « Il n'avait pas assez appris, — dit son secrétaire intime et son historien domestique, — à lutter de bonne heure contre l'adversité. » La prospérité l'avait saisi au berceau et suivi jusqu'aux sommets du bonheur humain. Il n'avait que la moitié de l'éducation des événements sur les grands hommes;

les déceptions et les châtiments lui avaient manqué.

Il se retrouva à la Malmaison dans les murs de la demeure de sa gloire, dans les jardins de ses délassements, dans la solitude et dans le silence de sa retraite, dans le sein de la sollicitude et de la tendresse d'une fille d'adoption. Il laissa sa fortune s'en aller à Paris comme elle voulait, sous le souffle de Fouché et des événements, sans regarder davantage derrière lui. Les premières journées furent tout à l'oubli du présent et à la mémoire lointaine. Son âme se détendit, soulagée du poids du monde et de sa propre destinée. Ainsi est fait l'homme, heureux de porter, heureux de déposer quand le poids l'écrase. Ses confidents et Hortense le retrouvèrent tel qu'ils l'avaient toujours rêvé.

VIII

Cependant une journée et une nuit passées dans ce séjour, plein aussi de ses souvenirs militaires du consulat, lui rendirent le sentiment de cette armée dont il avait été le héros. Il ne voulut pas quitter la patrie sans avoir adressé une dernière fois à ses compagnons d'armes des adieux plus tristes et plus éternels que ceux de Fontainebleau. L'écho de sa voix dans les camps lui complaisait même après avoir quitté le commandement et l'empire. Il s'enferma dans son cabinet et il écrivit une adresse à l'armée de Paris. Mais cette adresse conservait trop encore l'accent de l'empereur et le ton habituel de la souveraineté, pour qu'elle ne parût pas à ses confidents un retour sur son abdication et une menace au gouvernement et aux chambres. Ils lui en firent l'observation et il fut forcé d'y condescendre. L'acte en lui-même était hardi dans un homme qui n'était plus qu'un citoyen sans titre et un général sans commandement. On pouvait le tolérer par considération pour la nouveauté de la vie privée dans cet homme qui n'avait jamais, depuis vingt ans, été l'égal d'un autre; il ne fallait pas l'aggraver par le ton de maître qui ne convenait plus au souverain déchu. Il modifia patiemment les termes de cette adresse, et l'envoya ainsi modifiée aux journaux de Paris :

« Soldats !

» Quand je cède à la nécessité qui me force de m'éloigner de la brave armée française, j'emporte avec moi l'heureuse certitude qu'elle justifiera, par les services éminents que la patrie attend d'elle, les éloges que nos ennemis eux-mêmes ne peuvent pas lui refuser.

» Soldats, je suivrai vos pas, quoique absent. Je connais tous les corps, et aucun d'eux ne remportera un avantage signalé sur l'ennemi que je ne rende justice au courage qu'il aura déployé. Vous et moi, nous avons été calomniés. Des hommes indignes d'apprécier vos travaux ont vu, dans les marques d'attachement que vous m'avez données, un zèle dont j'étais le seul objet; que vos succès futurs leur apprennent que c'était la patrie par-dessus tout que vous serviez en m'obéissant, et que si j'ai quelque part à votre affection, je la dois à mon ardent amour pour la France, notre mère commune. Soldats, encore quelques efforts, et la coalition est dissoute. Napoléon vous reconnaîtra aux coups que vous allez porter.

» Sauvez l'honneur, l'indépendance des Français ; soyez jusqu'à la fin tels que je vous ai connus depuis vingt ans, et vous serez invincibles. »

IX

Cette proclamation jurait trop avec les circonstances pour produire un grand retentissement parmi les troupes. C'était l'accent de la victoire dans la bouche du chef vaincu et abattu. Promettre la dissolution de la coalition, pour prix de quelques derniers efforts, à un peuple dont l'armée sans chef était elle-même dissoute, et dont l'empereur venait de jeter son épée et de remettre son sceptre à ses ennemis, c'était une dérision qu'on ne pouvait respecter que dans un homme privé de son génie par l'excès de l'adversité. Le gouvernement, à qui on transmit de l'Élysée cette adresse, la reçut avec dédain et ne permit pas qu'elle fût publiée.

L'empereur, s'étant informé plusieurs fois, le lendemain, de l'effet de son adresse à l'armée, et ayant appris par ses aides de camp l'indifférence avec laquelle elle avait été reçue par Fouché et par ses collègues, fut obligé de dévorer en silence cet outrage. C'était la première fois que cette voix qui avait ébranlé le monde ne trouvait pas un écho dans Paris pour la répéter.

X

L'empereur était à peine parti pour la Malmaison que Fouché et les membres de la commission, obéissant en cela aux vœux des chambres et de l'opinion, nommèrent des plénipotentiaires chargés d'aller négocier une suspension d'hostilités ou la paix au quartier général de Wellington et de Blücher. Ces plénipotentiaires étaient habilement choisis parmi les hommes importants des deux chambres qui s'étaient montrés depuis ses revers les plus hostiles à Napoléon et à sa famille, et qui donnaient cependant par leurs antécédents et par leurs opinions patriotiques le plus de gages apparents de l'indépendance du pays. C'était Sébastiani, à la fois diplomate et militaire, longtemps dévoué à l'empereur, maintenant détaché, aigri, allié à la haute aristocratie bourbonienne par la maison de Coligny dont il avait épousé une fille, et trop intelligent pour ne pas comprendre qu'entre Louis XVIII et Napoléon il n'y avait que des chimères et des impossibilités ;

D'Argenson, homme de bien et de patriotisme, sans répugnance contre les Bourbons, dont sa haute naissance le faisait le client naturel, mais assez indépendant de caractère pour sacrifier au besoin sa naissance même à ses opinions presque radicales ; homme du reste facile à tromper par ses vertus ;

Pontécoulant, cœur honnête, raison froide, âme sans fanatisme et sans préjugés, anciennement à la cour, plus tard à la révolution modérée, quelque temps à l'empire, toujours à l'honneur, étoile constante de sa vie. Il était plus capable que personne de ménager la dignité de sa patrie en cédant aux nécessités du temps et en acceptant une restauration libérale qui ne répugnait ni à son nom ni à ses souvenirs ;

Laforêt, ancien ambassadeur de la république et de Napoléon, convaincu de la nécessité de la paix et capable de la négocier, si la négociation avait eu des bases ;

La Fayette enfin, un des hommes qui s'étaient le plus acharnés contre Napoléon, trompé, après sa chute, dans le vague espoir qu'il avait eu d'élever une république sur ses ruines, ajournant son rôle à un autre temps, toujours patient, toujours trompé, toujours épiant son heure, et ayant accepté, dans cette négociation illusoire, une ombre de rôle qui ne répugnait pas à l'importance de son nom.

Benjamin Constant, ami de La Fayette et de Sébastiani, désorienté à la fois dans l'opposition libérale qu'il avait trahie et dans la faveur impériale qui s'écroulait sous lui, fut nommé secrétaire de ce congrès de négociateurs. C'était pour cet homme à tant de faces un moyen habile de paraître servir à la fois un reste de cause napoléonienne dans la cause de la patrie et de la paix. Interposé, aux yeux des patriotes, entre la France et l'étranger, il ressortait ainsi des ruines du 20 mars et de Waterloo par la porte d'une capitulation où il paraîtrait du moins avoir stipulé pour la liberté. Il était trop clairvoyant pour voir autre chose dans ce simulacre de négociation.

XI.

Les instructions données par la commission de gouvernement à ces négociateurs portaient que la base de leur négociation serait l'intégrité du territoire français, l'exclusion des Bourbons, la reconnaissance de Napoléon II. Dans le cas où ces trois bases ne pourraient être acceptées par les alliés, les négociateurs devaient concentrer tous leurs efforts pour obtenir un armistice. La première partie de ces instructions n'était évidemment qu'une lettre morte destinée seulement à endormir quelques jours le peu qui restait de passion bonapartiste dans les chambres et dans le peuple. L'armistice était la seule chose sérieuse. Cet armistice, s'il n'était pas obtenu, témoignerait du moins aux yeux des chambres des efforts de Fouché et de ses collègues pour avoir une négociation en faveur du fils de Napoléon; s'il était obtenu, il donnait à la France un avant-goût de la paix qu'elle désirait avec trop de passion pour renouveler la guerre à l'expiration de la suspension d'armes, et il donnait le temps aux germes d'impérialisme de mourir dans Paris, et aux germes de restauration de se développer, de mûrir et d'envahir tous les esprits.

Fouché, par cette feinte espérance du succès qu'il n'avait pas dans une négociation impossible, ne se trompait pas lui-même; mais il trompait tous les partis, impérialiste, républicain, libéral ou orléaniste. Tout indique qu'à l'exception du ministre des affaires étrangères Bignon, et de d'Argenson, homme facile à tromper par sa candeur, les autres négociateurs avaient le mot de Fouché et qu'ils ne tendaient en réalité qu'à un but, l'armistice. Tout ce qu'on a écrit alors et depuis sur les prétendues espérances de cette négociation est une illusion que ces diplomates ont voulu prolonger, au delà de l'événement, sur le parti bonapartiste ou sur le parti orléaniste en France. Le mot de l'histoire est dans la volonté des alliés et dans la volonté de Fouché. Ni les alliés vainqueurs, ni Fouché vendu par l'intérêt de son ambition à Louis XVIII, ne voulaient autre chose que la restauration de la maison de Bourbon.

XII

Fouché conduisait à la fois une triple négociation : officielle auprès des alliés, par les négociateurs dont nous venons de raconter la mission ; confidentielle auprès de lord Wellington, qu'il engageait à peser sur la cour de Gand dans le sens des déclarations les plus libérales à faire à la France ; intime enfin auprès de Louis XVIII, à qui il voulut envoyer M. de Vitrolles pour le presser de se jeter entre son peuple et les étrangers. M. de Vitrolles, dont nous avons vu le rôle de négociateur volontaire et officieux en 1814 entre les royalistes de Paris et le comte d'Artois, avait acquis une certaine importance par son activité et son insinuation entre tous les partis dans la cour du comte d'Artois. Chargé par le roi, peu avant le 20 mars, d'aller insurger Toulouse contre l'empereur, il y avait réussi quelques jours ; mais, arrêté bientôt par le général Chartran, et conduit à Paris pour y être jugé, il avait été enfermé à

Vincennes. Ses rapports avec Caulaincourt et avec Fouché lui firent rendre la liberté, sur les instances de sa femme, aussitôt après l'abdication de l'empereur. Fouché le chargea, le jour même où il nommait des négociateurs auprès des puissances pour écarter les Bourbons, d'aller inviter Louis XVIII à précipiter son retour en France.

« Vous voyez, lui dit-il, que les embarras de la situation sont suprêmes. Je joue ma tête tous les jours depuis trois mois pour la cause de la France, de la paix et du roi. La chambre vient de proclamer Napoléon II. C'est un acheminement aux Bourbons. C'était un degré à descendre : ce nom impossible rassure les hommes simples et systématiques qui s'imaginent, comme mon collègue Carnot, que le salut de la France et de la liberté est dans cette chimère d'empire libéral sous un enfant prisonnier de l'Europe. Il faut les laisser traverser quelques jours cette illusion, cela durera le temps nécessaire pour nous débarrasser de Napoléon. Carnot et ses amis se payent de vains mots, pourvu que ces mots leur rappellent la liberté et le patriotisme. Après cette période des partisans surannés de Napoléon II viendra celle des partisans du duc d'Orléans. Ce prince, ajouta Fouché en grossissant avec intention l'importance de cette faction aux yeux de M. de Vitrolles, compte ici de nombreux partisans. »

Cette faction, très-circonscrite alors, n'avait de valeur que dans quelques réunions de diplomates et d'impérialistes pressés de concilier leur défection à l'empire avec leur répugnance aux Bourbons. Elle n'inquiétait pas sérieusement Fouché, mais elle lui servait à relever le prix de ses services auprès du roi par l'exagération des obstacles qu'il voulait se donner l'honneur de vaincre pour sa cause.

M. de Vitrolles, alarmé par cette fausse confidence de Fouché, refusa d'aller à Gand, pour rester à Paris et pour y surveiller, dans l'intérêt de Louis XVIII et du comte d'Artois, les prétendues menées de la faction d'Orléans. C'était tout ce que voulait Fouché. Il avait assez d'autres intermédiaires confidentiels à Gand entre lui et les princes, et il savait bien que M. de Vitrolles ne manquerait pas de faire valoir dans ses correspondances avec le comte d'Artois les dangers du parti orléaniste et le mérite de Fouché. M. de Vitrolles demanda seulement à ce ministre de lui répondre de sa liberté et de sa tête, s'il restait à Paris.

« Votre tête, répondit Fouché en souriant, comment pourrais-je vous la garantir, puisque je ne suis pas sûr de la mienne? Tout ce que je puis faire, c'est de vous promettre qu'elles tomberont ensemble! » M. de Vitrolles, homme éminemment propre aux diplomaties secrètes et aux doubles confidences, reçut de Fouché de nombreux passe-ports pour Gand, destinés à ses agents, et l'invitation de venir l'entretenir tous les jours des intérêts du roi.

XIII

Avant de partir pour le quartier général des souverains, Benjamin Constant vint prendre congé de l'empereur. Ce négociateur lui ayant demandé quel asile il comptait choisir sur la terre pour achever sa vie loin du trône : « Je ne suis pas encore décidé, répondit l'empereur d'un ton d'indifférence à son propre sort, la fuite me répugne; pourquoi d'ailleurs ne resterais-je pas ici? Que voulez-vous que fassent les étrangers à un homme désarmé? Je vivrai dans cette retraite avec quelques amis qui resteront attachés non à ma puissance, mais à ma personne. »

Il se complaisait dans la description de cette vie paisible et insouciante, comme si la grandeur passée n'avait pas de contre-coup, et qu'on descendît de plain-pied du trône dans la vie privée.

« Si on ne veut pas me laisser ici, où veut-on que j'aille? ajoutait-il. En Angleterre? mais mon séjour y sera ridicule ou inquiétant. J'y serais tranquille, qu'on ne le croirait pas, chaque brouillard serait suspect de m'amener sur votre côte, on me mettrait hors la loi, je compromettrais tous mes amis, et à force de dire : Le voilà qui arrive, on me donnerait la tentation d'arriver... L'Amérique serait plus convenable, je pourrais y vivre avec dignité ; mais, encore une fois, qu'ai-je à craindre en restant ici? Quel souverain pourrait me persécuter sans se flétrir? J'ai rendu à l'un la moitié de ses États; combien de fois l'autre m'a serré la main, en se félicitant d'être l'ami d'un grand homme!... Au reste je verrai, reprenait-il, je ne veux point lutter avec la force ouverte... J'arrivais à Paris pour combiner nos dernières ressources... on m'abandonne avec la même facilité avec laquelle on m'avait reçu!... Eh bien! qu'on efface, s'il est possible, cette double tache de faiblesse et de légèreté! qu'on la couvre du moins de quelque lutte, de quelque gloire! Qu'on fasse pour la patrie ce qu'on ne veut plus faire pour moi! Mais je ne l'espère pas, ajoutait-il avec l'accent de l'incrédulité. Il me livrent aujourd'hui pour sauver, disent-ils, la France, demain ils livreront la France pour sauver leurs têtes. »

XIV

Puis un autre interlocuteur le félicitant sur le départ des plénipotentiaires qui allaient présenter aux puissances la reconnaissance de sa dynastie comme *ultimatum* de la France : « Non, lui dit-il, les alliés ont trop d'intérêt à vous imposer les Bourbons pour couronner mon fils ! Le nom des plénipotentiaires dément leurs instructions. La Fayette, Pontécoulant, Sébastiani, sont mes ennemis, ils ont conspiré contre moi ; les ennemis du père ne peuvent être les amis du fils ! Les chambres d'ailleurs obéissent à Fouché. Si elles m'avaient donné ce qu'elles lui prodiguent, j'aurais sauvé la France. Ma seule présence à la tête de l'armée aurait plus fait que toutes vos négociations ! » — Il oubliait qu'il avait quitté lui-même cette armée où sa présence, en effet, aurait pu combattre ou négocier encore. « Moi seul, reprenait-il sans cesse, je pourrais tout réparer ; mais vos meneurs aimeraient mieux s'engloutir dans l'abîme que de se sauver avec moi. »

Ces meneurs cependant étaient tous les hommes sortis du 20 mars, ses ministres, ses maréchaux, ses lieutenants, ses partisans, qui avaient joué avec lui et pour lui la dernière armée de la France. Mais l'ambition ne se trouve jamais assez servie si on ne lui sacrifie jusqu'à la patrie !

L'affectation qu'il montrait à se considérer comme en parfaite liberté de prolonger son séjour à la Malmaison avait évidemment pour but d'attendre encore quelques retours des événements vers lui. Dans le secret de ses épanchements avec ses confidents plus intimes, Caulaincourt et Maret, il parlait déjà de se retirer en Angleterre et d'y demander l'hospitalité d'un sol libre. Maret l'en dissuada.

Caulaincourt lui conseilla, s'il adoptait ce parti, de ne pas perdre un moment pour en assurer le succès, de s'embarquer sur une barque de contrebandiers, de descendre sur la côte d'Angleterre, de se rendre devant le premier magistrat du lieu de son débarquement, et d'y invoquer la protection que l'Angleterre accorde à tout étranger qui touche son sol. Il recommença à délibérer avec lui-même et parut incliner vers l'Amérique. Il fit demander au ministre de la marine la liste des navires américains à l'ancre dans nos ports. On la lui envoya.

« Remarquez surtout, Sire, lui disait le ministre dans la lettre qui contenait ces renseignements, un bâtiment américain stationné au Havre ; son capitaine est dans mon antichambre, sa voiture est attelée à ma porte, il va partir, je réponds de lui, il attend vos ordres ; demain, si vous voulez, vous serez en pleine mer, sous un pavillon secret, à l'abri des atteintes de vos ennemis ! »

Caulaincourt, dans son double rôle de membre du gouvernement, intéressé à affranchir la France du danger de la présence de son maître, et d'ami de Napoléon, répondant de sa sûreté à son propre honneur, insistait vivement afin que l'empereur profitât de cette occasion providentielle pour s'éloigner. « Je sais bien, lui dit Napoléon avec amertume, qu'on voudrait me voir déjà parti, pour se débarrasser de moi à tout prix et me faire prendre prisonnier de mes ennemis ! » Caulaincourt fit un geste d'indignation et de reproche. L'empereur lui dit que ces paroles ne tombaient pas de sa pensée sur son nom. « Qu'ai-je à craindre après tout? répéta-t-il de nouveau à son ancien ministre, c'est à la France à me protéger! »

XV

Les chambres cependant pressaient le gouvernement d'éloigner en lui l'obstacle aux négociations, le ferment de l'agitation de Paris, le tribun encore dangereux de l'armée. L'empereur répondit aux instances du gouvernement à ce sujet qu'il était prêt à s'embarquer pour les États-Unis avec sa famille, si on lui fournissait deux frégates. Le ministre de la marine ordonna à l'instant l'armement de ces deux frégates, et M. Bignon, ministre des affaires étrangères, demanda des sauf-conduits à lord Wellington.

Mais le gouvernement et les chambres, informés des hésitations de Napoléon et craignant, d'après les indices multipliés qu'ils recevaient de la Malmaison, que ces hésitations et ces lenteurs ne fussent en lui qu'une tactique pour user les jours et pour attendre l'occasion de se faire enlever par un corps de son armée; ou de se jeter de lui-même à la tête d'un mouvement militaire qui rallumerait l'incendie et renverserait les chambres, se décidèrent à le faire surveiller par un commandant militaire de sa résidence, déguisant seulement à demi la captivité sous les honneurs rendus à son ancien rang.

Le général Becker, beau-frère du général Desaix, tué à Marengo en décidant la première victoire de Napoléon, reçut ordre de se rendre à la Malmaison, d'y prendre le commandement de la garde de l'empereur, sous l'apparence d'une garde d'honneur chargée de répondre de la sûreté du prince déchu. Mais en même temps il fut chargé du devoir d'empêcher qu'on ne se servît du nom ou de la personne de l'empereur pour exciter des troubles.

Davoust, ministre de la guerre et investi du commandement général de l'armée depuis l'abdication, intima au général Becker les ordres à la fois respectueux et sévères que comportait une telle mission. Becker, attaché à Napoléon, plus attaché à sa patrie et à son devoir de soldat, reçut ces ordres avec douleur et les accomplit avec convenance. Mais leur signification ne pouvait échapper à Napoléon. Il y vit la première menace des extrémités auxquelles son indécision pouvait porter contre lui les chambres, ses ennemis et même ses amis dans le gouvernement. Il s'indigna d'abord, comme à Fontainebleau et à l'Élysée, puis il plia avec les apparences de l'insouciance et de la grâce même, comme s'il eût voulu se dérober à lui-même son abaissement et paraître encore commander quand il obéissait. Les familiers crurent à un ordre sinistre. On parlait d'arrestation et de prison d'État.

Gourgaud, jeune homme passionné et chez qui, comme dans les nobles natures, l'adversité accroissait le dévouement, jura qu'il frapperait le premier qui porterait la main sur son maître. Les larmes coulèrent dans l'appartement de la reine Hortense.

XVI

Becker, attendri à la vue de l'empereur, honteux de sa mission de rigueur et contenant mal l'émotion qu'excitait dans son cœur sensible la vue de cette décadence, aborda Napoléon avec une respectueuse compassion. Il semblait lui demander pardon des sévérités et des contrastes de la fortune. Napoléon l'entraîna dans ses jardins et lui demanda, avec l'insouciance de la familiarité, ce qui se passait à Paris. Becker lui répondit avec cette adulation respectable que la compassion autorise envers l'irrémédiable adversité. Il ne put néanmoins déguiser à son ancien général que, s'il n'avait pas abandonné son armée après Waterloo, il aurait pu, sinon vaincre, au moins intimider à la fois Paris et l'étranger, à la tête de ses forces ou derrière les remparts de Strasbourg, et, en donnant du temps aux négociateurs, assurer son héritage à son fils et des conditions à la France. « J'attendais mieux des chambres et de la France, répondit en s'excusant l'empereur ; mais je me suis aperçu bientôt que tout était usé, démoralisé ! » Becker prit le commandement de la résidence de l'empereur.

Le lendemain, il s'entretint de nouveau avec Napoléon, dont la nuit avait changé les pensées, et qui ne parlait plus que de départ. Il envoya Savary au gouvernement pour presser l'armement des deux frégates. Fouché lui dit qu'elles étaient prêtes, mais qu'il ne permettrait pas qu'elles partissent avant que les sauf-conduits fussent arrivés, ne voulant pas, disait-il, déshonorer sa mémoire par une imprudence qu'on appellerait piége et trahison si les frégates venaient à être prises avec Napoléon à bord en sortant du port. Carnot lui-même s'impatientait de ces sollicitations et de ces refus alternatifs de l'empereur. « On ne veut pas, dit-il avec humeur à Savary, mettre'obstacle à son départ ; loin de là, on veut prendre des mesures pour ne jamais le revoir ici ! » Caulaincourt, de son côté, conjura Savary de persuader à l'empereur de partir sans plus de délai : « Dites-lui que je l'en supplie, ajouta-t-il, et qu'il ne saurait partir assez vite. »

XVII.

Le soir du 27, Fouché et ses collègues, écrasés sous la double responsabilité qui pesait sur eux par la présence de Napoléon, funeste à la patrie s'il s'échappait, funeste à leur renommée s'il était fait prisonnier par l'ennemi, ordonnèrent au ministre de la marine de se rendre à la Malmaison et de déclarer à l'empereur que les frégates mises à sa disposition étaient prêtes et qu'on le priait de s'embarquer même avant l'arrivée des sauf-conduits. Une heure après, cet ordre du gouvernement au ministre de la marine était révoqué.

Par suite des progrès des alliés autour de Paris et de la Malmaison et des croisières anglaises devant les côtes, Fouché donnait ordre au ministre de la guerre Davoust d'envoyer au général Becker des gendarmes et des troupes pour garder les avenues de la résidence de Napoléon et pour prévenir son évasion. Becker, en conséquence de ces nouveaux ordres, qui resserraient la captivité de l'empereur, était autorisé seulement à l'escorter, sans le perdre de vue, à l'île d'Aix, où il devrait s'embarquer, ou rester en surveillance jusqu'à ce que la mer fût libre ou que les sûretés demandées aux Anglais pour sa fuite par mer fussent accordées. Fouché, Davoust et le gouvernement rappelèrent en même temps de la Malmaison, sous divers prétextes de service militaire ou civil, les officiers de la maison de l'empereur qui pouvaient servir ses desseins de résistance à l'exil, et fomenter dans son âme, ou parmi les troupes voisines, des idées de révolte contre l'abdication.

Sa cour ainsi décimée, tant par les mesures du gouvernement que par cette solitude naturelle qui se fait d'elle-même autour des malheurs sans espoir, ne se composait plus que des hommes les plus irrémédiablement compromis dans son retour de l'île d'Elbe : Maret, Lavalette, Flahaut, Gourgaud, Bertrand, Montholon, Savary, Las Cases. Ce dernier, ancien émigré d'une famille de cour, n'était qu'un simple chambellan admis dans la domesticité d'honneur du palais, et, plus tard, dans le Conseil d'État après son retour de l'étranger. Il n'avait aucune complicité dans la nouvelle tentative d'empire. Plus enclin, par sa naissance et par ses relations, aux Bourbons qu'au règne nouveau, c'était un volontaire de la disgrâce impériale. Homme d'étude, familier avec l'histoire, il savait que les fidélités les plus obscures reçoivent des grands hommes auxquelles elles s'attachent dans des revers mémorables un reflet de grandeur et d'immortalité. Il méditait d'être un jour l'historiographe de cet exil sur lequel le monde et la postérité allaient porter à jamais leurs yeux. Il briguait dans cette pensée une place dans l'infortune de Napoléon, comme d'autres et comme lui-même en auraient brigué dans sa prospérité. Noble flatteur, qui n'avait pas caressé l'empire par ambition, et qui allait flatter l'exil par la vanité du dévouement! Il ne connaissait l'empereur que de vue dans ses palais, l'empereur ne le connaissait que de nom.

XVIII

Le général Becker avoua à l'empereur les ordres de rigueur qu'il venait de recevoir. Mais répugnant à ce rôle de geôlier que ces ordres lui infligeaient, il se rendit à Paris pour en avoir le commentaire ou l'adoucissement de la bouche des membres du gouvernement. On lui donna de nouveau l'ordre de presser le départ de Napoléon et de l'accompagner à l'île d'Aix, dans la rade de Rochefort. Il reçut un passe-port où Napoléon était désigné comme secrétaire de ce général. On craignait des émotions du peuple et des troupes pour ou contre lui sur la route. Becker avait-il des instructions secrètes pour cette éventualité? On l'ignore. Ce général montra, dans l'accomplissement si complexe et si délicat de ses devoirs, une mesure et une loyauté qui concilièrent toujours en lui le militaire obéissant à sa patrie et l'homme sensible respectant sa dignité et la dignité du malheur. Il communiqua à son retour à la Malmaison les ordres de départ et le passe-port à l'empereur. « Me voici donc votre secrétaire, dit avec résignation le prisonnier. — Oui, Sire, répliqua Becker attendri, mais pour moi vous êtes toujours mon souverain! »

XIX

On feignit de se préparer au départ, mais tout annonçait encore dans l'intérieur de Napoléon que ces préparatifs et cette résignation n'étaient qu'une feinte et qu'on attendait un prétexte à une insurrection contre la nécessité. L'empereur avait bien voulu détendre jusqu'à la Malmaison les liens qui l'attachaient à l'empire, il ne pouvait se résoudre à les trancher par un départ. Il attendait l'inconnu, il espérait l'impossible. Les premiers corps de l'armée de Grouchy se rapprochaient de plus en plus de lui, refoulés par les Prussiens et les Anglais.

Un général de cavalerie aventureux, intrépide, ne connaissant de la patrie que les camps, du gouvernement que l'empereur, méditait d'enlever son ancien général, de le replacer sur le pavois de ses escadrons, de grouper autour de lui les quatre-vingt mille hommes épars, débris de la campagne, et de remettre encore à son génie la lutte à mort, au delà de la Loire, contre l'étranger. C'était Excelmans, dont nous avons vu la faute contre la discipline, l'arrestation par Soult et la disgrâce populaire sous la première restauration.

Excelmans envoya à la Malmaison un de ses colonels, nommé Sencier, pour tenter Napoléon de ce noble désespoir. « L'armée du Nord, dit le colonel au nom de son général, est intacte et passionnée encore pour vous. Il est facile de rallier à ce noyau de troupes tout ce qui reste de patriotisme et d'armes en France. Rien n'est désespéré avec de telles troupes sous un tel chef. » L'empereur réfléchit, et, comme il avait fait constamment depuis quatre mois, à peine fut-il en présence de son espérance, qu'il l'abandonna pour une autre, et se rejeta sur les obstacles et dans la résignation.

« Remerciez votre général, dit-il à l'envoyé d'Excelmans, mais dites-lui que je ne puis accueillir sa proposition. *Il faudrait que la France me soutînt! Mais tout est détraqué, personne n'en veut plus!* Que ferais-je seul avec quelques soldats contre l'Europe? » Ainsi il avouait, dans la sincérité du soldat, ce qu'il ne cessait de nier dans le langage officiel de l'homme politique en face du gouvernement, des chambres et du peuple. Il affirmait à ceux-ci que lui seul pouvait tout sauver, tout relever; il avouait à Excelmans qu'il ne pouvait plus rien pour la patrie, pour l'armée, pour lui-même. Il avait déjà deux langages, l'un pour le dehors, l'autre pour l'intimité. Il voulait paraître victime de l'abandon des hommes, quand il n'était plus que le jouet de la nécessité. Il trompait l'histoire, il ne se trompait plus lui-même.

XX

Cependant l'ennemi allait l'entourer, et campait déjà à Compiègne. Un détachement de cavalerie pouvait traverser la Seine et l'enlever. On entendait le canon du fond de ses jardins. Il parut se ranimer à ce bruit, demanda ses chevaux et ses armes, comme si la résolution de mourir avec ceux qui mouraient si près de lui, pour lui, l'emportait enfin dans son âme sur la langueur dans laquelle il s'assoupissait depuis tant de jours. Il appela le général Becker dans son cabinet. Il avait la fièvre du soldat qui entend le canon. « L'ennemi à Compiègne, à Senlis! lui dit-il avec l'accent du désespoir; demain il sera aux portes de Paris! Je ne conçois rien à l'aveuglement du gouvernement! Il faut être insensé ou traître à la patrie pour révoquer en doute la mauvaise foi de l'étranger. Ces gens-là, ajouta-t-il en parlant des chambres et du gouvernement, n'entendent rien à leurs affaires! »

Il attendait un mot d'approbation du général Becker, qui se taisait, ne voulant ni accuser l'empereur de ces désastres, ni encourager en lui des pensées qui pouvaient tout aggraver. L'empereur feignit de prendre ce silence pour un acquiescement à ses idées. « Tout est perdu, n'est-ce pas? dit-il à Becker. Eh bien! en ce cas, qu'on me fasse général! Je commanderai l'armée! Je vais en faire la demande. » Puis, reprenant l'avance et tout à coup le ton du commandement qui interdit l'objection par l'autorité de l'accent : « Général, dit-il, vous allez porter ma lettre au gouvernement. Partez à l'instant. Une voiture vous attend. Expliquez-leur que mon intention n'est point de ressaisir le pouvoir, que je ne veux que battre l'ennemi, l'écraser, le forcer par la victoire à de meilleures conditions, que, ce résultat obtenu, je poursuivrai ma route. Allez, général! je compte sur vous! » Puis, comme s'il eût voulu tendre une amorce à l'infidélité de Becker par la perspective d'une haute faveur, prix de sa complaisance : « Vous ne me quitterez plus ! » ajouta-t-il en le congédiant.

XXI

Becker, incertain de son attitude, mais dominé par l'ascendant de cette voix à laquelle il avait l'habitude d'obéir, n'osa résister en face et partit pour accomplir une mission dont nul plus que lui ne sentait l'inanité. Arrivé aux Tuileries, il présenta timidement le message de son prisonnier au gouvernement rassemblé.

« En abdiquant le pouvoir, disait ce message, je n'ai point renoncé au plus noble droit du citoyen, au droit de défendre mon pays ! L'approche des ennemis de la capitale ne laisse plus le moindre doute sur leur intention, sur leur mauvaise foi. Dans ces graves circonstances, j'offre mes services comme général, me regardant encore comme le premier soldat de la patrie ! »

Cette lettre vaine au fond, quoique noble dans les termes, trahissait assez l'intention toute populaire dans laquelle elle avait été écrite. Qui pouvait douter que l'ennemi, affronté sur le sol étranger par Napoléon lui-même, ne poursuivît sa victoire en refoulant l'agresseur sur le sol français? Quelle mauvaise foi y avait-il à Wellington et à Blücher vainqueurs, n'ayant consenti à aucun armistice, de s'avancer sur Paris? Et, enfin, comment Napoléon général aurait-il eu plus d'ascendant sur la fortune, à la tête de débris d'armée abandonnés par lui-même quelques jours auparavant, que n'en avait eu Napoléon à la fois empereur et général, à la tête de ses armées intactes, belliqueuses et réunies sous sa main?

Fouché reçut, comme président, la lettre des mains timides de Becker, la lut tout haut au conseil avec l'accent et le geste importunés par la démence, puis la jetant sur la table : « Cet homme se moque-t-il de nous? dit-il. Sans doute, ajouta-t-il en regardant Becker avec la pénétration du soupçon, cette lettre n'est qu'une formalité de déférence envers les chambres, et, à l'heure où nous la recevons, il est déjà évadé de la Malmaison, il passe en revue ses soldats et les harangue contre nous? » Becker jura que l'empereur attendait son retour et leur réponse.

On délibéra en quelques mots. Carnot seul, au commencement, parut accepter la pensée antique de replacer, pour un moment, l'empereur à la tête de l'armée. Fouché démontra que Napoléon était la seule cause de la guerre. Sa présence à la tête de l'armée serait le défi personnifié de nouveau à l'Europe et l'obstacle invincible à tout accommodement pour l'armée et pour la patrie. Il ajouta que le caractère de Napoléon défendait de croire à aucun désintéressement durable du pouvoir dans un tel esprit, et que, s'il obtenait assez de succès pour remonter une troisième fois sur son trône, il entraînerait dans sa dernière et inévitable chute l'armée, la capitale, le sol et l'intégrité même de la patrie.

Carnot, Caulaincourt, Davoust et tous les membres du gouvernement n'hésitèrent pas à reconnaître la solidité des considérations objectées par Fouché. Carnot se chargea lui-même, pour adoucir le refus et pour convaincre Napoléon par la parole et par le cœur d'un homme dont Napoléon ne doutait pas, de porter des considérations moins sévères, mais aussi péremptoires, à la Malmaison.

XXII

Pendant la courte absence de Becker, l'empereur, croyant ou feignant de croire au consentement du gouvernement, s'était habillé, avait fait rassembler ses aides de camp, adressé ses adieux à Hortense et fait seller ses chevaux de bataille, qui l'attendaient au seuil du palais.

Becker lui remit la réponse du gouvernement. Il la lut et, la rejetant avec dédain : « Je le savais d'avance, dit-il ; ces gens-là n'ont point d'énergie ! Eh bien, général, ajouta-t-il en interpellant Becker comme s'il eût été sûr de lui, puisqu'il en est ainsi, partons ! partons ! »

Becker, de plus en plus embarrassé, s'enveloppa d'immobilité et de silence. L'empereur appela M. de Flahaut, plus jeune, plus décidé à tout céder à l'empereur, ou à tout imposer en son nom. Il lui ordonna de courir à Paris et de concerter son départ résolu pour l'armée avec le gouvernement. M. de Flahaut obéit. En entrant aux Tuileries, il se heurta contre le maréchal Davoust, ministre de la guerre, homme de guerre fidèle jusqu'aux limites où la fidélité devenait trahison à sa patrie. Davoust, ferme de résolution, rude de langage, repoussa énergiquement la tentative de Flahaut sur le gouvernement. « Votre Bonaparte, lui dit-il avec l'accent de l'impatience et du dégoût, ne veut pas partir ? Il faudra bien qu'il s'y décide, sa présence complique et trouble tout, nous ne pouvons ni négocier, ni combattre avec lui ! S'il se flatte que nous le reprendrons pour maître et pour chef, dites-lui qu'il se trompe ! Qu'il parte à l'instant, ou nous serons forcés de le faire arrêter. S'il le faut, pour sauver la patrie et l'armée, je l'arrêterai moi-même ! »

L'aide de camp de l'empereur répondit au maréchal qu'il se respectait trop et qu'il le respectait trop lui-même pour reporter à l'empereur de telles menaces de la part d'un de ses lieutenants, qui, huit jours auparavant, recevait ses ordres et lui prodiguait son zèle. Davoust lui répliqua avec l'autorité d'un ministre de la guerre sur un subordonné et lui prescrivit de se rendre à Fontainebleau pour y attendre des ordres. « Je n'irai pas, répondit M. de Flahaut, je n'abandonnerai pas l'empereur, je lui garderai jusqu'au dernier moment la fidélité que d'autres lui ont jurée. — Je vous punirai ! s'écria Davoust. — Je vous en ôte le droit, répliqua le jeune homme, je donne ma démission de mon grade et je n'ai plus à obéir qu'à mon honneur. »

XXIII

L'empereur, au retour de son aide de camp, aperçut sur ses traits les traces de sa douleur. Il voulut tout savoir ; l'aide de camp dit tout. « Qu'il vienne, s'écria Napoléon, je suis prêt, s'il le faut, à lui tendre la gorge ! » Il congédia ses écuyers, fit rentrer ses chevaux, et recommença à se plaindre dans l'intimité de ses jardins et de ses derniers courtisans.

« Ces hommes-là sont enivrés de leur rôle de souverain, dit-il à Maret ; ils sentent que, s'ils me replaçaient à la tête de l'armée, ils ne seraient plus que mon ombre ! Ils me souffrent à peine dans leur importance et leur orgueil. Ils perdront tout! » Comme si tout n'eût pas été perdu déjà.

Il reprenait de temps en temps, ou il affectait, des retours d'énergie après des affaissements de volonté, comme Tibère négociant avec le Sénat, tantôt par la résignation, tantôt par l'insolence. « Mais pourquoi les laisserais-je régner? s'écriait-il avec un soubresaut du corps et de l'âme; j'ai abdiqué pour mon fils; si ce nom doit être perdu, j'aime mieux le perdre sur un champ de bataille qu'immobile ici! Je n'ai rien de mieux à faire pour mon fils, pour moi, que de me jeter dans les bras de mes soldats! Mon apparition électrisera l'armée, foudroiera l'ennemi! »

Il ne se souvenait plus qu'il avait repoussé la veille avec réflexion ce parti offert par l'héroïque témérité d'Excelmans. Il reprenait: « Les ennemis, sachant que je ne suis revenu sur le terrain que pour les écraser ou pour mourir, vous accorderont, pour se délivrer de moi, tout ce que vous demanderez. Si au contraire vous me laissez ici ronger mon épée, ils vous mépriseront, et vous serez forcés de recevoir humblement Louis XVIII. Il faut en finir!... Si vos cinq empereurs, faisant allusion ainsi aux cinq membres du gouvernement, ne veulent pas de moi pour sauver la France, je me passerai de leur consentement!... Il me suffira de me montrer, Paris et l'armée me recevront une seconde fois en libérateur! — Je le crois, Sire, répondait Maret accoutumé à tout croire de la toute-puissance de son maître; mais si la chambre vous déclarait hors la loi... si la fortune trompait vos armes, que deviendrait Votre Majesté?

» Allons, répliquait l'empereur aussi facile à plier en apparence aux avis de l'amitié qu'à se révolter de nouveau contre le destin, je le vois, il faut céder!... Vous avez raison, je ne dois pas prendre sur moi la responsabilité d'une si grande résolution... Je dois attendre que la voix du peuple, des chambres, des soldats me rappelle... » Puis, comme s'il eût attendu à chaque instant ce cri imaginaire de l'opinion publique : « Mais comment Paris ne me rappelle-t-il pas encore? disait-il, on ne s'aperçoit donc pas que les ennemis ne tiennent aucun compte de mon abdication?... Cet infâme Fouché! poursuivait-il, il vous trompe! La commission, trompée elle-même, se laisse conduire par lui seul. Elle aura de grands reproches à subir un jour!... Il n'y a là que Caulaincourt et Carnot qui vaillent quelque chose; mais ils sont mal associés. Que peuvent ces deux hommes dévoués contre un traître!... deux imbéciles, et deux chambres flottant à tout vent? Vous croyez tous, comme des dupes, aux promesses et aux générosités des étrangers? Vous croyez qu'ils vont vous donner un prince selon vos désirs! Vous vous abusez. Alexandre obéira aux Anglais, et l'Autriche obéira à Alexandre!... »

XXIV

Quelques généraux, les plus compromis dans les événements de mars et les plus menacés par le retour des Bourbons, vinrent l'assiéger de demandes d'argent pour sauver leur vie. Il leur fit distribuer de faibles secours par Hortense, tremblante de leur obsession pour la sûreté de son beau-père.

Un de ses secrétaires intimes, qu'il avait envoyé à la

recherche de nouvelles, lui annonça que l'ennemi touchait de trois côtés aux murs de Paris, et qu'il était temps de songer à sa sûreté personnelle. « Je ne craindrai rien d'eux demain, lui répondit-il, j'ai pris mes mesures pour partir cette nuit; je m'ennuie de moi-même, de Paris et de la France; préparez-vous à me suivre! » Le secrétaire s'excusa sur l'âge et sur les infirmités de sa mère. Napoléon feignit de se contenter de ces excuses qui se multipliaient d'heure en heure autour de lui.

« Il ne me faut plus à moi qu'un bon vent et la fortune, dit-il avec un accent de résolution résignée au sort. J'irai en Amérique, on me donnera des terres, ou bien j'en achèterai, et nous les cultiverons! Je finirai par où l'homme a commencé; je vivrai du produit de mes terres et de mes troupeaux! » Et sur quelques objections faites par son confident, touchant le voisinage des États-Unis de l'Europe : « Eh bien! reprit-il, j'irai au Mexique me mettre à la tête des indépendants! J'irai enfin de rivage en rivage et de mer en mer, jusqu'à ce que je trouve un asile contre le ressentiment et la persécution des hommes. Au fond, que voulez-vous que je fasse? Voulez-vous que je me laisse prendre ici comme un enfant par Wellington, pour décorer son triomphe à Londres? Je n'ai qu'un parti à suivre, celui de me retirer. Les destins feront le reste!... Sans doute, je pourrais mourir!... je pourrais me dire comme Annibal : Délivrons-les de la terreur que je leur inspire! Mais il faut laisser le suicide aux âmes mal trempées, aux têtes faibles! Quant à moi, quelle que soit ma destinée, *je n'avancerai jamais ma fin naturelle d'un seul moment!* » Il réfutait ainsi la comédie de suicide que ses adulateurs lui avaient arrangée à Fontainebleau.

XXV

Savary, qu'il avait maltraité à son retour de l'île d'Elbe, et qui rachetait les dévouements de ses services sans réserve par l'obstination désintéressée de sa fidélité, lui conseillait aussi, non de se frapper par sa propre main, mais de s'offrir à la mort sous le canon qui foudroyait la France.

Déjà la Malmaison était tournée par les troupes légères de Blücher : « Si je puis le faire prisonnier, avait dit Blücher à Wellington, je le ferai pendre à la tête de mes colonnes ! » Ce général, d'une sauvage énergie, brûlait de venger la reine de Prusse, morte sous les coups implacables de Napoléon et l'humiliation de sa patrie. Wellington s'était indigné de ces honteuses représailles. Il respectait ses ennemis en les combattant. L'empereur, en apprenant ce danger rapproché, envoya reconnaître si les ponts de Bezons et du Pecq, qui couvraient la Malmaison, étaient coupés. Ils ne l'étaient pas. Les officiers de sa maison et les troupes commandées par Becker prirent des dispositions défensives autour de sa résidence pour résister à un coup de main. La nuit s'écoula dans ces agitations.

A trois heures du matin, les amis qui lui restaient dans la chambre des députés et dans le gouvernement vinrent lui annoncer que les alliés refusaient les sauf-conduits et les passe-ports demandés par Fouché, et qu'il lui restait à peine le temps d'échapper à la captivité par la fuite. Il demanda encore des heures, et promit de s'éloigner dans la journée.

Le général Becker reçut l'ordre de ne point lui permettre de revenir sur ses pas une fois qu'il serait enfin parti, et le commandant de la marine à Rochefort reçut l'instruction de ne pas permettre qu'il remît le pied sur le sol français aussitôt qu'il se serait embarqué pour l'île d'Aix.

Les historiens ont présenté cet ordre et l'ensemble des circonstances qui précédèrent le départ de Napoléon de la Malmaison comme autant de piéges combinés par les membres de la commission et par Fouché pour le perdre. Ces accusations sont démenties par les faits. On voit que le gouvernement ne cessa pas un instant de désirer et de presser le départ de Napoléon qui embarrassait à la fois la paix, la guerre, et la liberté des mouvements du pays, depuis son arrivée à l'Élysée jusqu'au 29 juin. Ces dix jours perdus par Napoléon en velléités de dictature, en abdication, en retour de sa pensée vers l'empire, en délais calculés, en irrésolutions, en contestations avec la nécessité, avec le gouvernement et avec lui-même, lui auraient donné tout le temps et tous les moyens de sécurité dans la fuite. On voit aussi qu'une fois engagé dans des négociations avec l'ennemi vainqueur, le gouvernement ne pouvait, pendant qu'il traitait, ou peut-être après avoir traité, permettre à Napoléon, seule cause de la guerre, de rentrer sur le territoire qu'il avait librement quitté, et de renouveler la guerre après une capitulation dont la première condition était son éloignement. Ce ne fut point la faute des chambres si Napoléon flotta tant de jours entre tous les partis, laissant le pouvoir lui échapper dans Paris, l'ennemi se rapprocher en masse et à marches forcées de la capitale, et les troupes légères de Wellington et de Blücher occuper Compiègne, Senlis, et tourner la Malmaison.

Une triple responsabilité pesait sur les membres du gouvernement : affranchir les négociations de la personne et de la présence de l'empereur; prévenir de sa part, après l'abdication, une tentative de dictature militaire qui remettait tout en question, même l'existence de Paris et l'intégrité du sol national; enfin empêcher que l'empereur, pris à la Malmaison par l'ennemi, ne parût avoir été livré par la France, et que la paix elle-même ne fût ainsi déshonorée. Dans l'anxiété où l'obstination de Napoléon plaçait le gouvernement le 29 juin sous le canon de l'ennemi, il ne restait évidemment d'autre parti à prendre que d'abriter la personne de Napoléon à l'île d'Aix, à portée des frégates qu'on lui avait préparées ou des ressources d'évasion par mer qu'un parti lui offrait, et de lui interdire, jusqu'à son embarquement, le retour sur le sol continental de la France. Ce n'était pas la perfidie du gouvernement qui avait rendu son départ de la Malmaison si tardif, attendu ces extrémités et accru les difficultés de sa fuite, c'était sa propre volonté. On va voir que ce fut encore par sa volonté qu'elle devint impossible. L'histoire ne doit pas se faire l'écho complaisant et menteur des accusations de la famille ou des serviteurs de Napoléon, ni déshonorer la nation pour laver un grand homme de ses irrésolutions d'esprit. Napoléon, dans toutes ces circonstances suprêmes de son départ, ne fut trahi que par lui-même. Il se cramponnait au rivage, le rivage lui manqua.

XXVI

Il consuma encore toute la journée du 29 en vague expectative, en attente désespérée, en regards inutilement portés sur Paris et sur tous les points de l'horizon, en promenades dans ses jardins, en entretiens avec ses familiers, en adieux prolongés à sa famille et à ses amis. A cinq heures du soir, on lui annonça que les deux voitures que le général Becker avait commandées l'attendaient dans le parc. Il embrassa la reine Hortense qui fondait en larmes, fit un signe de triste adieu aux officiers et aux soldats de sa garde, et, s'enfonçant dans l'allée du parc à l'extrémité de laquelle les voitures l'attendaient, il se retourna plusieurs fois pour contempler ce cher séjour de sa jeunesse, de son bonheur et de sa gloire, et monta enfin dans une calèche de promenade avec le général Becker, son grand maréchal du palais Bertrand, et Savary.

Deux autres voitures suivaient la même route avec Gourgaud et une partie de sa suite. Les autres équipages qui devaient atteindre aussi Rochefort par une autre route emportaient sa suite, composée de la femme du général Bertrand et de ses enfants, de M. et de madame de Montholon, de M. de Las Cases, du jeune Emmanuel de Las Cases, son fils, et de sa nombreuse domesticité. Napoléon, Becker, Bertrand et Savary avaient dépouillé leurs uniformes et s'étaient revêtus d'habits de voyage pour échapper aux regards et aux attroupements sur la route. Gourgaud seul voyageait en grand uniforme dans une berline dorée de l'empereur, afin que l'attention du peuple, trompée par ce luxe et par cet appareil, attirât sur cette voiture seule les embûches, les dangers du chemin, si la perfidie des ennemis de l'empereur en avait préparé, ou si l'émotion spontanée des populations devait en faire courir à son maître.

Les contrées que Napoléon allait parcourir étaient à peine pacifiées des insurrections royalistes contre lui. Becker désirait précipiter la course pour assurer plus tôt la sécurité du dépôt qui lui était confié, et pour se décharger plus vite de la responsabilité qui pesait sur son âme. Mais, arrivé à Rambouillet, Napoléon voulut encore y passer la nuit. Il conservait même sur la route de l'exil l'illusion qu'il avait nourrie depuis dix jours. Il ne pouvait croire que la France laissât partir son héros sans le rappeler. Sa longue insomnie à Rambouillet ne fut remplie que de ces rêves de rappel du peuple, de l'armée, des chambres, à qui la nouvelle de son départ aurait, selon lui, donné le remords et la passion de le retenir. Il passa la nuit à prêter l'oreille à tous les bruits de la ville, et il envoya plusieurs fois le général Gourgaud sur la route de la Malmaison pour qu'il saisît de plus loin, dans le silence des ténèbres, le bruit des pas des courriers qu'il ne se lassait pas d'attendre de ce côté.

Excelmans, en effet, était arrivé dans la soirée du 29 à Vincennes avec deux divisions de dragons, toujours possédé de la même pensée qu'il avait communiquée à l'empereur par son aide de camp, le colonel Sencier. Ce général n'avait pas été rebuté par le premier refus de Napoléon. Il voulait faire violence à son indécision. Il fit confidence de son projet au général Daumesnil, commandant de Vincennes. Daumesnil lui annonça le départ de Napoléon. Excelmans ne songea plus qu'à s'illustrer lui-même par un coup d'audace contre les Prussiens.

XXVII

Bien que la nuit n'eût apporté aucune nouvelle de Paris, l'empereur ne consentit à s'arracher de Rambouillet qu'au milieu du jour, le lendemain 30. On eût dit qu'il voulait savourer jusqu'à la dernière minute les souvenirs de grandeur et d'empire que ce séjour impérial lui rappelait. A midi, les chevaux l'entraînèrent vers Châteaudun. Le bruit courait dans cette ville que Napoléon avait été tué dans une rencontre avec les Prussiens. En changeant de chevaux, il fut reconnu par la maîtresse de poste, qui se tut et versa des larmes en le reconnaissant. Il traversa Tours et Poitiers sans s'y arrêter. A Saint-Maixent, un attroupement menaçant se forma autour de sa calèche. Le général Becker se fit ouvrir le passage par un officier de gendarmerie que le tumulte avait appelé sur la place. La calèche arriva de nuit à Niort.

Napoléon, tranquille sur sa sûreté dans une ville où il avait concentré quelques troupes d'observation contre la Vendée, voulut y rester encore un jour. Il coucha dans la maison de poste. A son réveil, il ouvrit sa fenêtre et se complut à se laisser reconnaître par des hussards qui soignaient leurs chevaux sur la place. Leur cri de : « Vive l'empereur ! » ce mot d'ordre des soldats partout, éveilla la ville et attira la population sous ses fenêtres. Le préfet accourut et lui fit accepter l'hospitalité dans son hôtel. La ville et la troupe entourèrent tout le jour la préfecture de leur empressement et de leurs acclamations. On ne craignait plus rien de son ambition, on ne se souvenait que de sa gloire. Il reçut tout le jour les officiers, les fonctionnaires et les habitants, qui venaient saluer en lui le héros désarmé.

Quelques-uns de ces officiers le conjuraient de se mettre à leur tête et de renouveler la résistance. Il semblait se complaire à ces instances et désirer que le sentiment de ces soldats se propageât dans le peuple. Il ordonna au général Becker d'envoyer un courrier au gouvernement pour l'informer de l'enthousiasme rallumé dans les troupes par sa présence, pour lui faire appréhender une résistance à force ouverte à son départ, et enfin pour lui faire connaître que des nouvelles reçues de Rochefort annonçaient que les passes de la rade étaient fermées aux frégates par les croisières anglaises. « Le gouvernement, répétait-il sans cesse, connaît mal l'esprit de la France, on s'est trop pressé de m'éloigner de Paris; s'il avait accepté mes dernières propositions, les choses auraient changé de face. Je pouvais exercer encore une grande influence sur les affaires politiques, mon nom aurait servi de point de ralliement. » Il ordonna aussi au général Becker d'écrire au gouvernement qu'il s'offrait de nouveau pour général d'une armée qui couvrirait Paris.

Becker obéit par une dernière condescendance, et pour tromper jusqu'au terme les douleurs et les illusions de son prisonnier.

XXVIII

Arrivé enfin à Rochefort le 3 juillet dans la matinée, il descendit à l'hôtel de la préfecture maritime. Son attitude pendant toute la route, dit le général Becker, avait été calme et digne. Il gardait le silence dans la voiture, où l'on n'entendait que le bruit de la respiration des quatre personnes qui l'occupaient. Il semblait affaissé, courbé sur lui-même, abîmé dans ses pensées, planant encore sur des éventualités de retour de fortune, révélées seulement de temps en temps par le peu de paroles qui échappaient à ses rêveries.

La population de Rochefort, avertie de son arrivée par Gourgaud, qui l'avait précédé, entourait sa demeure dans un respectueux silence entrecoupé de généreuses acclamations, consolation de son infortune. Les deux frégates qui l'attendaient étaient à l'ancre dans la rade, sous le canon de l'île d'Aix. Les vents étaient contraires; les Anglais croisaient aux deux issues de la rade. Les commandants de la marine et les officiers des frégates se réunirent en conseil à la préfecture pour délibérer sur les possibilités ou sur les dangers de l'embarquement et de la sortie du port. Les chances, sans être toutes contraires, parurent grandes. On en chercha d'autres dans une évasion de la rade sur des bâtiments légers, capables de tromper par leur vitesse la poursuite de l'escadre anglaise, ou sur un bâtiment danois, qui s'offrait à couvrir l'empereur de son pavillon et de sa rapidité. Enfin, on proposa à l'empereur de se rendre par terre jusqu'à la rivière de Bordeaux, ou l'intrépide capitaine Baudin proposait de le recevoir à bord de sa frégate *la Bayadère*, et jurait par son honneur et par son habileté de le transporter aux États-Unis.

L'empereur, assistant lui-même à ces conseils, discutait, admettait toutes les résolutions, prenait des dispositions en conséquence, puis les abandonnait pour d'autres, laissait user les heures et flotter les décisions au gré de l'instabilité de son âme. Était-ce irrésolution ou calcul? Attendait-il un dernier appel de Paris, ou hésitait-il à mettre l'Océan entre son passé et lui? L'impression des témoins de ces journées, perdues à la fois pour son salut et pour sa puissance, est qu'il espérait contre toute espérance, et qu'il croyait tout gagner en ajournant tout.

XXIX

Le gouvernement avait répondu à la dépêche de Becker, écrite sous la dictée de Napoléon : « Napoléon doit s'embarquer sans délai. S'il eût pris son parti immédiatement, le préfet maritime de Rochefort nous écrit que le départ n'eût pas été impossible. Nous plaçons donc sa personne sous votre responsabilité. Vous devez employer *tous les moyens de force* qui seront nécessaires, en conservant le respect qu'on lui doit. Faites-le embarquer aussitôt. Quant aux *services* qu'il offre, nos devoirs envers la France et nos engagements avec les puissances étrangères ne nous permettent pas de les accepter, et vous ne devez plus nous en entretenir... »

La sévère impatience des termes de cette dépêche, signée de Caulaincourt et de Carnot, dont l'attachement à l'empereur n'était pas douteux, prouve assez jusqu'à quel excès de lassitude ses hésitations avaient fatigué ses meilleurs amis. L'amitié même se révoltait contre cette aveugle importunité d'espérance. Davoust avait écrit par le même courrier au général qui commandait les troupes dans le département de prêter main-forte à Becker pour obliger Napoléon à s'embarquer. La capitulation de Paris, conclue avec l'ennemi le même jour, ne laissait plus au gouvernement la faculté de temporiser avec l'empereur déchu.

Becker communiqua loyalement ces ordres à Napoléon lui-même. « Eh! bien, qu'en pensez-vous? demanda l'empereur au général. — Je ne suis pas en position de donner des conseils, répondit le général affligé; le seul avis que je puisse me permettre, c'est de prendre une résolution prompte et de l'exécuter ensuite sans perdre un moment. Le sort de la France peut être consommé à chaque instant. Le nouveau gouvernement peut envoyer des exécuteurs de nouveaux ordres sur vos pas; dès lors les pouvoirs que je tiens du gouvernement provisoire cessent, et des dangers inconnus peuvent vous menacer. — Mais, répliqua Napoléon en interrogeant du regard Becker, dans tous les cas, vous seriez incapable de me livrer? — Vous savez, répondit le général, que je donnerais ma vie pour protéger la sûreté de votre fuite; mais les commandants des frégates seront aux ordres de Louis XVIII, et ne reconnaîtront pas les miens. — Eh! bien, ordonnez les embarcations nécessaires pour un transport à l'île d'Aix, » dit l'empereur.

Les embarcations hélées apparurent sur les quais. L'empereur s'embarqua sur celle de la frégate *la Saale*. Un long cri d'adieu sur le rivage répondit aux coups de rame qui le séparaient du continent. Le vent et la mer étaient rudes dans la rade. La traversée de Rochefort à l'île d'Aix fut longue et contrariée. L'empereur, au lieu d'aborder l'île, aborda la frégate *la Saale* et s'y installa pour la nuit avec Becker, Bertrand, Savary et Gourgaud.

Il était huit heures du soir, heure à laquelle Louis XVIII, chassé par lui le 20 mars, après avoir traversé Paris au milieu des acclamations du peuple, qui saluait en lui la paix, s'installait dans le palais des Tuileries.

XXX

Le 9, à l'aurore, Napoléon descendit à l'île d'Aix. Le peuple et le régiment de marine en garnison dans l'île couvraient la côte d'une foule avide de le contempler, et ébranlaient l'air de leurs acclamations. L'exil ressemblait à un triomphe parmi cette population des vaisseaux, des côtes et des camps. L'empereur passa en revue le régiment. Après avoir parcouru l'île et savouré les dernières joies du commandement, il retourna à sa frégate. Le préfet maritime l'y attendait avec une dernière instruction du gouvernement pour son embarquement. L'acte de le débarquer de nouveau sur le territoire français était déclaré haute trahison. L'empereur, repoussant toujours les offres aventureuses de salut qui lui étaient faites par le capitaine Baudin, par le navire danois et par les jeunes officiers de marine, qui s'engageaient à le faire traverser les croi-

sières sur des bâtiments rapides mais périlleux, résolut de
se rendre à bord du *Bellérophon*, commandé par le capitaine Maitland, mouillé à l'île d'Oléron avec un brick qui
composait toute la croisière anglaise. Il y envoya M. de
Las Cases pour parlementer avec le capitaine Maitland,
et pour demander des gages de sûreté si l'empereur se
réfugiait à son bord.

« Je ne puis prendre aucun engagement, répondit le capitaine Maitland; je vais rendre compte de notre entrevue
à l'amiral Hotham, mon supérieur, qui est mouillé avec
l'escadre entière dans la baie voisine de Quiberon; je vous
transmettrai sa réponse. » M. de Las Cases ayant demandé
au capitaine Maitland s'il laisserait passer les frégates ou
un bâtiment neutre portant l'empereur Napoléon à leur
bord, le capitaine répondit qu'il attaquerait les frégates si
elles étaient ennemies, qu'il ferait Napoléon prisonnier, et
que, dans le cas où Napoléon serait monté sur un navire
neutre, il retiendrait le navire et remettrait le sort de Napoléon à la décision de son gouvernement. Il parut redouter l'idée du passage de Napoléon aux États-Unis, et
ouvrir à Las Cases l'idée d'un asile demandé à l'Angleterre; mais il ne présuma rien dans ce cas des résolutions
de son gouvernement sur la liberté ou sur la captivité de
Napoléon.

XXXI

Las Cases revint et rendit compte à l'empereur de cet
entretien. L'empereur en parut découragé. Le vaisseau

et le brick anglais se rapprochèrent aussitôt après l'entretien avec Las Cases, et se placèrent l'un à l'issue d'une des passes de la rade, l'autre à la seconde issue, pour intercepter la mer à la fuite nocturne des frégates. Le capitaine de la *Méduse*, une des deux frégates, exalté par la gravité des circonstances et par la grandeur du dépôt qui se confiait à lui, proposa de forcer pendant la nuit le passage. Il s'attacherait au *Bellérophon* et périrait sous ses sabords en l'empêchant de manœuvrer pendant que la *Saale*, combattant et écrasant le brick, emporterait l'empereur en pleine mer. Napoléon refusa un dévouement qui sacrifiait tout un équipage à sa fuite. Il passa la nuit dans son indécision prolongée. Il ne pouvait ignorer que cette indécision aboutirait à la capitulation inévitable de sa personne, puisque l'escadre tout entière de l'amiral Hotham, avertie par Maitland, allait profiter de cette même nuit pour cerner la rade. Cependant il reprit ou feignit de reprendre l'idée de profiter des offres de traverser l'Océan sur la *Bayadère*. Il envoya le général Lallemand pour se concerter avec le capitaine Baudin. En même temps il écouta de nouveau les propositions du capitaine danois. Quelques heures plus tard, il faisait embarquer ses équipages et ses bagages sur des goëlettes de charge pour les transporter à bord du vaisseau anglais, où il se décidait à se rendre lui-même. Le soir du même jour, il se reprenait encore et se faisait débarquer à l'île d'Aix; il s'installait dans l'hôtel du directeur du génie militaire.

Les jours marchaient plus vite que ses pensées. Lallemand revenait de la *Bayadère*, rapportant les mêmes assurances et les mêmes instances du capitaine Baudin. Il était à terre, la terre le retenait. Il écarta les offres de la *Bayadère* qu'il avait une seconde fois sollicitées. Il parut alors accepter le dévouement de quelques jeunes enseignes de vaisseau qui lui demandaient d'équiper deux chasse-marée, deux navires de pêcheurs mouillés dans la rade, et de le porter à l'abri des terres hors de vue des croiseurs anglais, puis de franchir avec lui l'Océan. Il acheta les deux barques, composa les équipages, transborda ses bagages, se prépara en apparence à s'embarquer dans la nuit.

Becker, à minuit, annonça à l'empereur que tout était prêt. « Je vais descendre, » répondit l'empereur. Il parut en effet vouloir descendre au rivage. Les pleurs et les lamentations des personnes de sa suite, dispersées et séparées de lui sur ces petits bâtiments, le rappelèrent. Tout le monde criait : L'Angleterre ! — « Vous le voulez, dit Napoléon, eh bien ! nous irons en Angleterre ! » Un grain de sable le faisait vaciller et changer de résolution.

Il donna une nuit encore à la vague espérance qui le berçait depuis son départ de la Malmaison. La nuit n'apporta rien que la vue du drapeau blanc des Bourbons qui flottait sur Rochefort et sur tous les caps de la côte. Il renvoya Las Cases, Savary, Lallemand au *Bellérophon*. Le capitaine leur dit qu'il était autorisé par son gouvernement à recevoir Napoléon et sa suite à son bord, mais qu'il ne garantissait ni sauf-conduit ni passe-port pour passer d'Angleterre aux États-Unis. « Je ne vois là aucune garantie, » dit Napoléon à ses amis au retour de Lallemand. Le capitaine danois insistait pour avoir la préférence. Napoléon recueillit les avis. A l'exception de Lallemand, tous le conjurèrent de se confier à la loyauté britannique plutôt que de courir les hasards des mers et des rivages inconnus et peut-être inhospitaliers où les vagues le ballotteraient loin des siens. Il céda à une pression évidemment trop conforme à ses propres résolutions, et, s'enfermant dans sa chambre, il écrivit au prince régent d'Angleterre la lettre suivante, où l'on retrouve, dans l'accent de Marius à Minturnes, l'intonation d'une grande âme aux prises avec les extrémités du sort :

« Altesse Royale,

» En butte aux factions qui divisent mon pays et à l'inimitié des grandes puissances de l'Europe, j'ai terminé ma carrière politique, et je viens comme Thémistocle m'asseoir au foyer du peuple britannique. Je me mets sous la protection de ses lois, que je réclame de Votre Altesse Royale, comme du plus puissant, du plus constant et du plus généreux de mes ennemis.

» NAPOLÉON. »

Méditée entre la patrie qui lui refusait le trône et l'Océan qui lui refusait la fuite, cette lettre, épitaphe de sa vie politique, était digne d'être inscrite sur la dernière page de sa décadence. Elle résumait avec une majesté triste et calme ce qu'il avait été et ce qu'il consentait à devenir. Maître de l'Europe, implorant l'hospitalité de l'île que l'Océan seul avait préservée de sa domination, elle faisait à la loyauté et à la générosité d'un ennemi un appel qui devait être entendu, si l'Angleterre eût apprécié plus la grandeur morale de son hospitalité que la sûreté politique du monde. L'Angleterre seule pouvait peut-être commettre cette généreuse imprudence ; mais elle faisait partie de cette croisade européenne contre l'homme qui avait subjugué et asservi le continent. On peut espérer la grandeur d'âme d'une cour, jamais d'une coalition. Les actes collectifs sont plus implacables que les actes individuels, parce que nul n'en porte la responsabilité devant le genre humain. Un homme d'État écoute quelquefois son cœur; un congrès de rois n'écoute jamais que la politique. La vengeance conseillait les représailles, la politique autorisait les souverains à ne plus compter sur un homme qui avait déchiré le traité de Fontainebleau et était rentré l'épée à la main sur le sol et sur le trône auxquels il avait renoncé par ce traité.

On ne saurait assez déplorer, pour la majesté et pour la moralité de l'histoire, que l'Angleterre n'ait pas répondu par un magnanime asile à la lettre de Napoléon. La grandeur est la souveraine prudence. On n'est jamais trompé par sa vertu.

XXXII

Gourgaud fut chargé de cette lettre pour Londres. Ses instructions portaient qu'il s'efforcerait d'obtenir audience du prince régent, âme molle, mais loyale; qu'il demanderait pour Napoléon une résidence à la campagne, à une distance rapprochée de Londres; que Napoléon s'engageait à y vivre en homme privé; qu'il y prendrait le nom de *Muiron* ou de *Duroc*, deux noms de compagnons de guerre qu'il avait aimés et perdus, dont il baptisait son propre nom avec une superstition de souvenir, preuve d'une honorable tendresse d'âme; et qu'il accepterait la surveillance d'une commission résidant auprès de lui.

Une seconde lettre, adressée au nom de l'empereur au capitaine Maitland par le maréchal du palais, Bertrand, annonçait à ce commandant que Napoléon se rendrait le lendemain, à quatre heures du matin, à bord du *Bellérophon*. Gourgaud et Las Cases, porteurs de ces lettres, partirent dans la soirée pour les remettre au capitaine Maitland. Ils furent à l'instant embarqués sur un bâtiment léger qui les transporta à la côte d'Angleterre pour y accomplir leur mission.

La nuit du 15 au 16 juillet fut pleine encore pour Napoléon d'irrésolutions, d'anxiétés, de doutes et de sollicitations de la part des marins dévoués qui lui juraient de le dérober à l'infidélité de l'asile qu'il allait demander à ses ennemis. Il hésitait encore, quand le général Becker lui apprit l'arrivée à Rochefort de M. de Rigny, capitaine de frégate, neveu de l'abbé Louis, arrivant de Gand, où il avait suivi le roi, et chargé, disait-on, d'arrêter Napoléon, s'il prolongeait davantage son séjour sur une île française où il était hors la loi.

Napoléon s'habilla comme pour une des grandes solennités de sa vie, s'embarqua avec le général Becker et ses officiers dans un canot, et monta aussitôt sur le pont d'un brick français qui l'attendait pour le conduire à l'escadre anglaise. Becker, monté avec lui sur le brick, lui demanda la permission de l'accompagner jusqu'à son dernier pas sur un pont français. « N'en faites rien, général, lui répondit l'empereur avec une délicatesse de sentiment qui attestait la sollicitude d'un homme d'honneur pour la renommée de son gardien, n'en faites rien; songeons à la France; si vous me suiviez jusqu'au *Bellérophon*, on pourrait croire que vous m'avez livré aux Anglais; c'est de ma propre volonté que je me rends à la croisière anglaise, je ne veux pas laisser peser sur la France le soupçon et l'apparence d'une telle trahison. » Puis, tendant la main à Becker : « Embrassez-moi, général, lui dit-il ; je vous remercie de tous les soins que vous avez pris de moi ; je regrette de ne vous avoir pas connu plus tôt. Adieu !... » Becker, ému jusqu'aux larmes, l'embrassa en lui souhaitant plus de bonheur qu'il n'en laissait à la patrie.

XXXIII

Le brick vogua rapidement vers le *Bellérophon*. L'empereur y fut reçu par le capitaine Maitland, ses officiers et l'équipage avec l'appareil et le respect dus à son titre, à son nom et à son infortune. Le brick s'éloigna en jetant sur la mer un dernier cri de : « Vive l'empereur ! » Le drapeau blanc fut arboré sur tous les bâtiments de la rade. Le second empire était fini. Napoléon, du haut d'un vaisseau anglais, voyait s'évanouir avec ses couleurs les dernières traces de son apparition sur le continent, incertain si le pont qu'il foulait sous ses pieds était une prison ou un asile.

L'amiral Hotham, officier de la plus haute dignité d'âme et de manières, véritable type de l'aristocratie navale de l'Angleterre par la figure et par le sentiment, aborda, quelques moments après, le *Bellérophon*. Il fit demander à l'empereur, déjà enfermé dans sa chambre, la permission de lui présenter ses hommages, et s'entretint respectueusement avec lui. Le lendemain il reçut Napoléon sur son vaisseau amiral avec les honneurs dus à un souverain qui visite sa flotte. L'empereur, remonté après cette réception sur le *Bellérophon*, fit voile pour Torbay. Il y fut rejoint par Gourgaud, qui n'avait pu obtenir de descendre à terre et d'accomplir sa mission auprès du prince régent. Le *Bellérophon* alla mouiller dans la rade de Plymouth, sous les ordres de l'amiral Keith. Cet officier reçut l'empereur avec la même convenance respectueuse dont il avait été l'objet sur l'escadre de l'amiral Hotham. La curiosité des Anglais de contempler, dans le vaisseau qui portait l'empereur fugitif des Français, le monument d'une si grande vicissitude du sort, couvrait jour et nuit la rade de Plymouth d'une nuée de canots et d'embarcations. L'empressement prenait l'apparence de l'enthousiasme, les hommes sont enclins à admirer la grandeur dès qu'ils cessent de la craindre. Napoléon était la dépouille de l'Angleterre, on ne se lassait pas de le regarder. Le spectacle seul d'une telle merveille de la fortune est une date dans la vie.

La lettre de Napoléon au prince régent avait été remise au conseil des ministres à Londres. Ils ne se reconnurent pas le droit de délibérer seuls sur le sort d'un ennemi tombé dans les mains de la Grande-Bretagne, par suite d'événements de guerre faits en commun avec leurs alliés. Ils considérèrent Napoléon comme le captif de la coalition, jeté seulement en dépôt dans leurs mains ; ils déclinèrent la responsabilité d'une décision, d'une captivité ou d'une hospitalité britanniques. La nécessité seule, disaient-ils, avait jeté Napoléon vaincu, à qui la terre manquait, sur le pont d'un de leurs vaisseaux. S'il s'était rendu sur le champ de bataille à un officier russe, prussien ou autrichien, auraient-ils eux-mêmes reconnu au roi de Prusse, à l'empereur de

Russie ou à l'empereur d'Autriche, le droit de disposer seuls de l'ennemi commun ? Évidemment non ; ils en référèrent donc aux puissances leurs alliées, qui portèrent la déclaration suivante :

« Article 1ᵉʳ. Napoléon Bonaparte est regardé par les puissances signataires du traité du 20 mars dernier comme leur prisonnier.

» Article 2. Sa garde est confiée spécialement au gouvernement britannique.

» Article 3. Les puissances nommeront des commissaires, qui résideront au lieu que le gouvernement britannique aura assigné pour le séjour de Napoléon Bonaparte. »

L'Angleterre, en accomplissant ainsi le devoir de ne pas disposer d'un prisonnier collectif, acceptait néanmoins trois rôles odieux, dont son histoire restera teinte devant l'avenir : le rôle de livrer à l'Europe le réfugié, non pris sur le champ de bataille, mais venu volontairement demander l'hospitalité à son foyer ; le rôle de veiller seule sur ses chaînes ; le rôle enfin d'assigner la prison. L'Angleterre, champion du monde, en devenait le geôlier. Elle assumait sur elle les sévérités, les distances, les malédictions de la captivité. Sa gloire en souffre ; l'hospitalité, plus généreuse, aurait eu moins de probité devant les puissances, moins de sécurité devant le présent, mais plus d'humanité devant le cœur humain, et plus de majesté devant l'histoire.

XXXIV

Napoléon consuma les six jours passés dans la rade de Plymouth en conjectures sur son propre sort, en regards jetés sur la côte d'Angleterre, et en impressions de sa popularité, si puissante sur ses ennemis, qu'elle les rendait avides d'un coup d'œil à son profil dessiné sur la dunette du *Bellérophon*. Il mesurait sa grandeur à leur curiosité, il jouissait tristement du spectacle de lui-même. Son âme reprenait sa sérénité dans le repos. Il avait touché le fond de sa ruine, mais cette ruine était encore de la gloire.

Le 7 août, le *Bellérophon* le ramena à Torbay. L'amiral Cockburn l'y attendait sur le vaisseau *le Northumberland*. On lui demanda son épée, comme à un prisonnier de guerre. Il s'indigna, et rougit pour ses ennemis plus que pour lui-même. Les amiraux rougirent eux-mêmes, et respectèrent cette susceptibilité du guerrier. Bertrand, Savary, Lallemand, Gourgaud, ses compagnons d'armes et de suite, furent désarmés. Napoléon, avant de quitter le vaisseau qui l'avait porté jusque-là avec ses amis, pour monter sur le *Northumberland*, fut contraint de congédier une partie de sa suite. Savary lui-même lui fut arraché. On ne lui laissa que Bertrand, la femme et les enfants de ce général, Las Cases et son fils, M. et madame de Montholon, Gourgaud et ses serviteurs les plus intimes. Il dit adieu à tous les autres, et, recevant dans ce moment d'attendrissement la capitulation de Paris, il s'enferma seul dans la chambre du vaisseau, où on l'entendit pleurer. Napoléon, qui n'avait pas versé une larme sur les cadavres de quatre cent mille hommes jonchant les neiges de la Russie d'une trace de mort, sur le désastre de Leipzig, sur l'empire perdu à Fontainebleau, sur Waterloo, tombeau de sa dernière armée, pleura de honte en lisant les détails de la seconde occupation de Paris, et en arrachant de son cœur le petit nombre d'amis, compagnons de son exil, que la dureté de ses ennemis lui enviait. Il savait déjà que le lieu assigné pour sa résidence était l'île de Sainte-Hélène.

Après avoir caché un moment ses larmes, mais sans pouvoir étouffer le bruit de ses sanglots, il reprit la majesté de son malheur et monta sur le *Northumberland*. Il prononça la protestation suivante, première représaille de son infortune contre le gouvernement anglais. C'était son appel à l'histoire. Elle doit le consigner.

« Je proteste solennellement ici, dit-il en lisant cet acte adressé au temps, je proteste à la face du ciel et des hommes contre la violation de mes droits les plus sacrés, en disposant par la force de ma personne et de ma liberté. Je suis venu librement à bord du *Bellérophon*. Je ne suis pas prisonnier ; je suis l'hôte de l'Angleterre.

» Aussitôt assis à bord du *Bellérophon*, je fus sur le foyer du peuple britannique. Si le gouvernement, en donnant des ordres au capitaine du *Bellérophon* de me recevoir, ainsi que ma suite, n'a voulu que me tendre une embûche, il a forfait à l'honneur, il a flétri son pavillon.

» Si cet acte se consommait, ce serait en vain que les Anglais voudraient parler de leur loyauté, de leurs lois, de leur liberté. La foi britannique se trouverait perdue dans l'hospitalité du *Bellérophon*.

» J'en appelle à l'histoire ; elle dira qu'un ennemi, qui

fit vingt ans la guerre au peuple anglais, vint librement, dans son infortune, chercher un asile sous ses lois : quelle preuve plus éclatante pouvait-il donner de son estime et de sa confiance? Mais que répondit-on, en Angleterre, à tant de magnanimité? On feignit de tendre une main hospitalière à cet ennemi, et, quand il se fut livré de bonne foi, on l'immola!

NAPOLÉON. »

Le 8 août, dans la soirée, le *Northumberland* ouvrit ses voiles au vent qui allait l'emporter vers Sainte-Hélène. Au lever du soleil, le jour suivant, on apercevait encore les côtes de France. Napoléon les regarda longtemps, et s'écria, en les perdant de vue : « Adieu! terre des braves! » Puis il reprit la vie oisive et insouciante d'un passager sur un vaisseau, pendant une traversée, qui suspend l'action et qui assoupit la pensée.

Laissons-le voguer vers son île et vers sa mémoire, et reprenons le récit des événements, d'où sa grande destinée nous a distraits avec la toute-puissance des choses humaines, qui ne palpitent jamais mieux que dans le cœur d'un grand homme, vaincu et survivant à son destin.

LIVRE VINGT-NEUVIÈME

Wellington après la bataille de Waterloo. — Ses dépêches au duc de Berri. — Sa lettre à Dumouriez. — Il entre en France. — Sa proclamation aux Français. — Il écrit au duc de Feltre et à M. de Talleyrand. — Entrée de Louis XVIII en France. — Conférences d'Haguenau. — Réponse de Wellington aux plénipotentiaires français. — Renvoi de M. de Blacas. — Louis XVIII au Cateau-Cambrésis. — Sa proclamation aux français. — Il arrive à Cambrai. — Seconde proclamation aux Français. — Tentatives de Fouché près de la commission de gouvernement en faveur des Bourbons. — Davoust, généralissime de l'armée. — Démarches de MM. de Vitrolles et Ouvrard près des chefs de l'armée. — La commission de gouvernement ordonne l'arrestation de M. de Vitrolles. — Sa fuite. — Adresse de plusieurs généraux à la chambre des représentants. — Conférence de la chambre des pairs. — Envoi de plénipotentiaires à Wellington et à Blücher pour négocier un armistice. — Conférences des plénipotentiaires avec Wellington. — Blücher passe sur la rive gauche de la Seine. — Situation de la France. — Forces de l'armée. — Excelmans attaque et bat un corps de cavalerie prussienne. — Conseil de gouvernement. — Conseil de guerre à la Villette. — Il autorise Davoust à capituler. — Démarche de Davoust près de Blücher. — Réponse de Blücher. — Fouché envoie le colonel Macerone à Wellington et le général Tromelin à Blücher. — Conférences à Saint-Cloud. — Capitulation de Paris. — Adoption de la convention de Saint-Cloud par la chambre des représentants. — Agitation du peuple. — Opposition de l'armée. — Entrée des Prussiens et des Anglais dans Paris. — La chambre des représentants. — Vote de la constitution. — Entrevue de Fouché et de Wellington à Neuilly. —

Présentation de Fouché au roi Louis XVIII par M. de Talleyrand. — Conférence. — Nomination de Fouché au ministère de la police. — Composition du ministère. — Entrevue de Louis XVIII et de M de Chateaubriand. — Conférences de la commission de gouvernement. — Occupation des Tuileries et expulsion de la commission par Blücher. — Dispersion de la chambre des pairs. — M. Decazes fait fermer la chambre des représentants. — Impuissance de La Fayette. — Entrevue de Carnot et de Fouché.

I.

La veille de la bataille de Waterloo, lord Wellington, présumant mieux de l'attaque de Napoléon contre la forêt de Soignes et préparant déjà une retraite éventuelle de sa propre armée, qui aurait découvert Bruxelles et Gand, avait écrit au duc de Berri d'engager Louis XVIII à quitter Gand au premier signal. Tout était défiance et incertitude dans cette résidence du roi. On y était accoutumé aux triomphes de Napoléon. Le génie encore inconnu de Wellington et la témérité fougueuse de Blücher ne rassuraient pas cette cour. Le roi se préparait avec résignation à porter plus loin, et peut-être au delà de la mer, sa tente et son gouvernement. Le bruit du canon avait retenti toute la journée du 18 juin jusque sur les hauteurs voisines de Gand. Des nouvelles sinistres, répandues à Bruxelles par les fuyards des bagages de l'armée anglaise et rapportées avec des exagérations plus sinistres aux oreilles du roi et des princes, avaient fait pour eux de cette journée, qui leur rendait la patrie et le trône, une journée d'angoisse, de panique et de désespoir. Leur sort se jouait à une distance assez rapprochée d'eux pour qu'ils en eussent l'émotion, trop loin pour qu'ils en connussent les péripéties. Wellington, dans la nuit qui suivit la bataille, se hâta de les rassurer. Il écrivit de sa main au duc de Berri, commandant en chef la petite armée du roi à Alost, pour lui annoncer la victoire. « Comme je compte passer la frontière demain, lui disait le général victorieux, je prie Votre Altesse de se mettre en marche pour se joindre à nous. J'écris au roi pour le prier de se mettre en mouvement par la même route. »

Il écrivait, la même nuit, au général Dumouriez, ce vieux transfuge de la France qui suivait de l'œil la guerre contre sa patrie, et à qui Wellington rendait compte de ses succès comme un élève à un maître de la guerre : « Vous apprenez ce que j'ai fait, et j'espère que vous en serez content. Jamais je n'ai vu une telle bataille, ni remporté une telle victoire, et j'espère que c'est fini de Bonaparte! Nous allons le poursuivre vivant. »

Il adressait le lendemain une proclamation aux Français, en franchissant la frontière, pour leur annoncer qu'il entrait à la tête d'une armée victorieuse, non en ennemi, disait-il, mais en libérateur, et pour les aider à secouer le joug de l'ennemi du genre humain, avec lequel on ne pouvait avoir ni paix ni trêve. Il recommandait la plus scrupuleuse discipline à son armée.

Il écrivait au duc de Feltre, ministre de la guerre de Louis XVIII à Gand, de presser le roi, dont la présence était très-nécessaire, de marcher sur ses pas et de se présenter aux Français, qui imploraient son retour et sa médiation. « Nous trouvons déjà le drapeau blanc sur les villes et sur les villages, lui écrivait-il ; la défaite de l'armée de

Napoléon est plus décisive qu'on ne le croyait au premier moment. Les soldats s'en vont par bandes à leurs foyers, la cavalerie et le train d'artillerie vendent leurs chevaux dans les pays qu'ils traversent, l'infanterie jette ses armes et se disperse pour regagner ses habitations. Il y a plus de deux mille fusils à ramasser dans la forêt de Mormal. »

Il sommait les commandants de place et le général qui occupait Cambrai de rendre les armes au roi de France. Enfin, préoccupé lui-même autant que les ministres de Louis XVIII de la crainte d'une divergence entre les puissances sur la restitution du trône au roi, il écrivait à M. de Talleyrand du Cateau-Cambrésis, où ce prince venait d'arriver à sa suite :

« Le roi est arrivé, il a été accueilli avec les transports de joie que j'espérais par les habitants; je regrette que vous n'ayez pas accompagné le roi ici; c'est moi qui ai vivement insisté auprès du roi pour qu'il entrât en France aussitôt que nous, parce que je désirais donner, par la présence du roi à la bataille de Waterloo, tous les résultats qu'elle doit avoir, et parce que, prévoyant que Sa Majesté toucherait à une crise grave de son trône, surtout quand nous approcherions de Paris, je voulais que le roi fût aussi près que possible de la scène où se déciderait son sort. Je ne doute pas que, si vous aviez entendu les considérations qui me dirigent dans cette occurrence, lorsque vous avez conseillé à Mons au roi de ne pas entrer en France, vous auriez donné un conseil différent à Sa Majesté. »

Lord Wellington exprimait plus clairement dans une autre lettre la crainte que, si Louis XVIII ne se hâtait pas de ressaisir le rôle de souverain, reprenant de lui-même et par la volonté de son peuple la couronne, l'Autriche, la Prusse et la Russie n'abandonnassent la cause du souverain légitime et ne transférassent son droit à quelque autre prince de la maison de Bourbon ou de la famille de Napoléon.

Le roi, sourd aux avis de M. de Talleyrand et attentif à ceux de lord Wellington, s'avançait avec sa petite armée et sa cour vers Cambrai. On l'accueillait partout comme le médiateur naturel entre le peuple et l'étranger. Indépendamment des sentiments royalistes, plus développés dans le nord et dans l'ouest que dans le centre de la France, et qui précipitaient les populations au-devant de lui, l'instinct du salut public, dominant toutes les négociations de partis, appelait évidemment ce prince à pacifier et à préserver une seconde fois le sol des représailles de l'Europe. Rien ne résistait à ce courant général de l'opinion et du bon sens en France. Le nœud du 20 mars se dénouait partout de lui-même à l'approche du roi. A Paris seulement, centre de toutes les intrigues et de toutes les factions napoléoniennes, orléanistes, militaires ou parlementaires, il y avait quelque difficulté de le trancher.

II

La Fayette, Sébastiani et Laforêt, plénipotentiaires nommés par Fouché pour aller suivre aux quartiers généraux des puissances une ombre de négociation dont nous avons dit plus haut le sens, n'obtenaient que des égards évasifs et des ajournements. A Haguenau, séjour momentané des deux empereurs et du roi de Prusse, ces souverains avaient éludé les audiences qu'ils avaient demandées. M. de La Fayette, qui comptait sur son nom et sur quelques relations directes qu'il avait eues chez madame de Staël, l'année précédente, avec l'empereur Alexandre, tenta en vain de raviver ces souvenirs pour attirer l'empereur de Russie dans je ne sais quelle cause mal définie d'empire modifié ou de royauté altérée par l'illégitimité de la couronne. Alexandre refusa de le voir. Les souverains se bornèrent à nommer des commissaires devant lesquels les plénipotentiaires français seraient admis à présenter leurs bases de négociation. Ces conférences, qui n'étaient qu'un jeu pour Fouché, n'étaient qu'une complaisance sans portée aussi de la part des puissances. Elles se passaient en vaines conversations. On parla pour le trône de France de Napoléon II, du duc d'Orléans, du prince d'Orange, du roi de Saxe. Ces chimères du parti bonapartiste, qui cherchait seulement à ne pas recevoir un démenti complet de la révolution du 20 mars, n'obtinrent pas même l'honneur d'une sérieuse réfutation. S'il était humiliant pour le parti bonapartiste ou ennemi des Bourbons de recevoir de nouveau Louis XVIII, imposé par la nécessité et par la victoire, mais accepté par le sentiment de la majorité du peuple, il était mille fois plus honteux de solliciter de la complaisance des souverains vainqueurs de Bonaparte un prince étranger et inconnu de la patrie. M. de La Fayette et M. de Laforêt montrèrent dans ces conférences, aussi peu de sens politique que de véritable esprit national. Sébastiani parut plus intelligent de la force et des convenances des circonstances. « Le peuple français, dit-il, est libre toujours de son choix; il n'a rien prononcé, il ne demande que paix et rétablissement de bons rapports entre lui et l'Europe. » Les conférences, après ces courtes divagations de paroles, furent rompues par le commissaire anglais, qui déclara, de concert avec les autres puissances, qu'il n'avait aucun pouvoir pour rien stipuler,

III

Lord Wellington répondit avec plus d'égards, mais avec plus de franchise, à ceux des plénipotentiaires qui avaient été dirigés sur son quartier général et sur celui de Blücher. Il ne leur dissimula pas que dans sa pensée la première condition de tout armistice et de toute négociation était la reconnaissance des droits de Louis XVIII, expulsé du trône par une faction vaincue, et rentrant de plein droit dans son pouvoir sur les ruines de cette faction. Seulement, d'accord déjà en tout avec M. de Talleyrand et avec Fouché, qui correspondaient tous les jours avec lui et qui voulaient obtenir du roi l'éloignement de M. de Blacas et la nomination d'un ministère plus national et plus dans leur parti, lord Wellington avouait officieusement aux plénipotentiaires que le roi avait fait des fautes en 1814, qu'il ne s'était pas entouré d'hommes d'État suffisamment caractérisés par leur esprit constitutionnel, et les assurait qu'en rentrant à Paris ce prince donnerait librement tous les gages compatibles avec la dignité du trône. En ce qui concernait l'insinuation des partisans du duc d'Orléans, lord Wellington répondit que ce prince sur le trône serait le démenti à tous les principes d'hérédité qui régissaient les monarchies en Europe, et qu'il ne serait aux yeux de l'Angleterre qu'un autre Napoléon, moins sa gloire, et un usurpateur de sang royal.

IV

Pendant ces vaines tentatives de négociation, le roi s'avançait lentement derrière les armées de Wellington et de Blücher. Avant de mettre le pied sur le sol français, il s'était séparé momentanément de M. de Blacas, ce favori dévoué, mais redouté, dont l'impopularité aurait élevé entre la France et le roi une inopportune antipathie. M. de Chateaubriand et ses amis, M. de Talleyrand, Fouché et leurs agents, lord Wellington lui-même, obtinrent avec peine de ce prince ce sacrifice à la nécessité. La séparation douloureuse pour le roi fut adoucie pour le favori par des titres et des munificences qui s'élevaient à sept ou huit millions. M. de Blacas se montra digne de ces bienfaits de son maître en reportant cette fortune, don de la main royale, aux pieds de Charles X détrôné et pauvre dans son dernier exil.

Louis XVIII publia au Cateau-Cambrésis la proclamation royale qui rappelait son peuple à lui.

« Dès l'époque, disait le roi, où la plus criminelle des entreprises, secondée par la plus inconcevable défection, nous a contraint de quitter momentanément notre royaume, nous vous avons avertis des dangers qui vous menaçaient si vous ne vous hâtiez de secouer le joug du tyran usurpateur.

» Nous n'avons pas voulu unir nos bras ni ceux de notre famille aux instruments dont la Providence s'est servie pour punir la trahison. Mais aujourd'hui que les puissants efforts de nos alliés ont dissipé les satellites du tyran, nous nous hâtons de rentrer dans nos États pour y rétablir la constitution que nous avons donnée à la France, réparer, par tous les moyens qui sont en notre pouvoir, les maux de la révolte et de la guerre qui en a été la suite nécessaire ; récompenser les bons, mettre à exécution les lois existantes contre les coupables ; enfin pour rappeler autour de notre trône paternel l'immense majorité des Français, dont la fidélité, le courage et le dévouement ont porté de si douces consolations dans notre cœur.

» Donné au Cateau-Cambrésis, le 25 juin 1815, et de notre règne le vingt et unième.

» *Signé* : LOUIS. »

L'influence des conseils de M. de Blacas se faisait encore sentir dans cette imprudente proclamation, rédigée par le roi et par son chancelier, M. Dambray. Le ressentiment des paroles pouvait porter les chambres, l'armée et les nombreux complices du 20 mars, au désespoir par la perspective des châtiments dont le prince les menaçait si impolitiquement. L'amnistie est la première condition des réconciliations entre un roi et son peuple. Un vainqueur aurait eu à peine le droit de parler ainsi. Louis XVIII n'était qu'un vaincu ramené par une victoire étrangère. Son rôle était de se présenter comme l'intercesseur et non comme l'exécuteur de l'Europe. Cette proclamation mal inspirée ralentit le mouvement qui entraînait tout à lui.

V

Le roi arriva à Cambrai, dont les portes lui furent ouvertes par le peuple, malgré la résistance de la garnison. Il y entra par la brèche triomphale que l'amour du peuple et le délire des femmes et des enfants lui avaient faite, et que des jeunes filles jonchaient de fleurs. Il y trouva son ministère tout entier, qui lui inspira une proclamation aux Français plus paternelle et plus habile.

« Les portes de mon royaume, disait le roi, s'ouvrent devant moi. J'accours pour me placer une seconde fois entre les Français et les armées alliées, dans l'espoir que les égards dont je peux être l'objet tourneront au salut de mes sujets. C'est la seule manière dont j'ai voulu prendre part à la guerre. Je n'ai point permis qu'aucun prince de ma famille parût dans les rangs des étrangers, et j'ai enchaîné le courage de ceux de mes serviteurs qui avaient pu se ranger autour de moi.

» Revenu sur le sol de la patrie, je me plais à parler de confiance à mes peuples. Lorsque je reparus au milieu d'eux, je trouvai les esprits agités et emportés par des passions contraires, mes regards ne rencontraient de toutes parts que des difficultés et des obstacles. Mon gouvernement devait faire des fautes; peut-être en a-t-il fait. Il est des temps où les intentions les plus pures ne suffisent pas pour diriger, où elles égarent. L'expérience seule pouvait avertir; elle ne sera pas perdue. Je veux tout ce qui sauvera la France !

» Mes sujets ont appris, par de cruelles épreuves, que le principe de la légitimité des souverains est une des bases fondamentales de l'ordre social, la seule sur laquelle puisse s'établir, au milieu d'un grand peuple, une liberté sage et bien ordonnée. Cette doctrine vient d'être proclamée comme celle de l'Europe entière. Je l'avais consacrée d'avance par ma charte, et je prétends ajouter à cette charte toutes les garanties qui peuvent en assurer le bienfait.

» L'unité du ministère est la plus forte que je puisse offrir ; j'entends qu'elle existe, et que la marche franche et assurée de mon conseil garantisse tous les intérêts et calme toutes les inquiétudes.

» On a parlé dans les derniers temps du rétablissement de la dîme et des droits féodaux. Cette fable, inventée par l'ennemi commun, n'a pas besoin d'être réfutée. On ne s'attendra pas que le roi de France s'abaisse jusqu'à repousser des calomnies et des mensonges. Le succès de la trahison en a trop indiqué la source ; si les acquéreurs de domaines nationaux ont conçu des inquiétudes, la charte aurait dû suffire pour les rassurer. N'ai-je pas moi-même proposé aux chambres et fait exécuter des ventes de ces biens ? Cette preuve de ma sincérité est sans réplique.

» Dans ce dernier temps, mes sujets de toutes les classes m'ont donné des preuves égales d'amour et de fidélité ; je veux qu'ils sachent combien j'y ai été sensible, et que c'est parmi tous les Français que j'aimerai à choisir ceux qui doivent approcher de ma personne et de ma famille.

» Je ne veux exclure de ma présence que ces hommes dont la renommée est un sujet de douleur pour la France et d'effroi pour l'Europe. Dans la trame qu'ils ont ourdie, j'aperçois beaucoup de mes sujets égarés et quelques coupables.

» Je promets, moi qui n'ai jamais promis en vain, — l'Europe entière le sait, — de pardonner aux Français égarés tout ce qui s'est passé depuis le jour où j'ai quitté Lille aumilieu de tant de larmes, jusqu'au jour où je suis entré dans Cambrai au milieu de tant d'acclamations.

» Mais le sang de mes enfants a coulé par une trahison dont les annales du monde n'offrent pas d'exemple. Cette trahison a appelé l'étranger au cœur de la France. Chaque jour me révèle un désastre nouveau. Je dois donc, pour la dignité de mon trône, pour l'intérêt de mes peuples, pour le repos de l'Europe, exempter du pardon les instigateurs et les auteurs de cette trame horrible. Ils seront désignés à la vengeance des lois par les deux chambres que je me propose de rassembler incessamment.

» Français ! tels sont les sentiments que rapporte au milieu de vous celui que le temps n'a pu changer, que le malheur n'a pu fatiguer, que l'injustice n'a pu abattre.

» Le roi, dont les pères règnent depuis des siècles sur les vôtres, revient pour consacrer ses jours à vous défendre et à vous consoler.

» Donné à Cambrai, le 28ᵉ jour du mois de juin de l'an de grâce 1815 et de notre règne le vingt et unième.

» *Signé :* Louis. »

VI

On reconnaissait dans ce manifeste l'esprit insinuant de M. de Talleyrand, la magnanimité royaliste de M. de Chateaubriand, et la majesté de style du roi lui-même. Concerté aussi avec Fouché, dont les émissaires se succédaient sous différents déguisements auprès du prince, il produisit une immense impression sur l'esprit public en faveur du roi. Ses promesses désintéressaient tout le monde de la résistance, excepté trois ou quatre grands coupables du 20 mars, pour qui la nation irritée n'était pas disposée à sacrifier son existence ou à ajourner sa pacification.

Les maréchaux et les généraux restés fidèles à la cause du roi pendant le second règne de Napoléon accouraient au-devant de lui. Macdonald, Oudinot, Gouvion Saint-Cyr, étaient déjà à Cambrai. Les restes de l'armée repliés autour de Paris, et les chambres enfermées dans la capitale, s'opposaient seuls à la complète restauration du trône des Bourbons. Fouché, feignant toujours de négocier avec les ennemis, négociait en réalité avec les chambres. Mais, embarrassé par ses collègues du gouvernement, il comptait sur la pression des dangers publics pour l'aider à triompher des obstacles dont il était entouré, et pour faire éclater le cri des royalistes, comprimé encore par la terreur de l'armée dans Paris. Si, d'un côté, ce ministre, jeté au milieu de tant de hasards, souffrait de l'impatience d'en finir avec les débris de Napoléon, d'un autre côté, il n'était pas fâché que la prolongation et la complication de ces difficultés élevées par la nature même des choses, sous les pas de Louis XVIII, missent plus d'éclat, plus d'importance et plus de prix aux services qu'il voulait lui rendre pour racheter son irrémissible régicide dans le cœur d'un roi, et pour conquérir une large part du pouvoir, après son second avénement.

VII

Il tâta plusieurs fois le conseil de gouvernement sur une proclamation des Bourbons. Ses insinuations mal accueillies par la majorité de ses collègues et surtout par Carnot, qui voulait des gages de liberté en échange du trône restitué au roi, forcèrent Fouché à ajourner à des moments plus extrêmes.

La première condition de liberté pour Paris était l'éloignement de l'armée peuplée des créatures de Napoléon, et qui, en fraternisant avec les chambres, les fédérés, les faubourgs, pouvait ensevelir Paris sous ses propres débris. Fouché, sûr de la fermeté, de la mesure et de la prudence du maréchal Davoust, le fit nommer généralissime de l'armée sous Paris. Davoust était trop soldat pour porter ombrage à l'armée, trop patriote pour immoler cette armée et la capitale à un accès de rage contre les Bourbons et à un dévouement posthume à Napoléon.

Il établit son quartier général à la Villette. Grouchy, tous les chefs et tous les corps de l'armée du Nord s'y groupaient autour de lui; l'ennemi grossissant en face, Paris travaillé et fluctuant derrière eux, situation qui commandait la négociation, non la bataille. Fouché l'insinuait à toute heure plus clairement ou plus obscurément au maréchal. Lui-même y était résolu, les généraux, ses subordonnés, autant que lui. Les plus difficiles, en apparence, à convaincre, ne cherchaient évidemment qu'à faire de meilleures conditions. Les nombreuses versatilités de leur vie militaire les avaient trop assouplis aux événements, pour qu'une fois l'honneur sauvé, aucun d'eux s'aventurât dans une opposition désespérée à la fortune. Ils n'étaient retenus que par cette pudeur muette qui, dans des circonstances impérieuses, mais douloureuses, empêche chacun de prendre l'initiative et la responsabilité d'une résolution secrètement désirée par tous. Le quartier général du maréchal était assiégé de conseillers officieux, d'agents secrets, de négociateurs avoués ou désavoués du roi, de M. de Talleyrand, de Fouché, qui se mêlaient aux entretiens des généraux et qui s'efforçaient de les incliner à la capitulation. De ce nombre étaient encore M. de Vitrolles, homme habile à s'introduire partout, et qui savait ce qu'on peut oser avec des caractères ébranlés par des intérêts; M. Ouvrard, un des hommes les plus aventuriers de la fortune sous le Directoire, qui savait la puissance des affaires publiques sur l'argent et de l'argent sur les affaires publiques. Tous ces hommes, les uns par un intérêt, les autres par une opinion, poussaient les généraux à composer avec les circonstances. La masse des bons citoyens parlait le même langage à l'armée. A quoi bon s'obstiner dans une antipathie militaire contre les Bourbons, quand Napoléon était vaincu, déchu, fugitif, déjà peut-être voguant vers le Nouveau-Monde, et quand la capitale et la patrie n'avaient plus à donner que leurs cendres au fanatisme de ce nom?

VIII

Carnot soupçonnait Fouché de souffler le nom de Louis XVIII par la bouche de ces hommes, de ruiner ainsi les concessions qu'il espérait toujours arracher à la monarchie. Provoqué par quelques représentants bonapartistes de l'Assemblée qui voulaient disputer l'entrée de Paris au roi, et qui accusaient tout bas la trahison de Fouché, Carnot éclata enfin dans le conseil contre les manœuvres dont le quartier général était le foyer et contre l'intervention de M. de Vitrolles, agent avoué des royalistes, insurrecteur de Toulouse, emprisonné pour ce fait, aujourd'hui libre, et corrupteur impuni des généraux tandis qu'il devrait être enfermé dans les cachots de Vincennes. « Oui, s'écria-t-il, cet homme conspire pour Louis XVIII ; et il n'est peut-être pas le seul, ajouta-t-il en plongeant dans les yeux de son collègue un de ces regards qui achèvent la parole. — Voulez-vous dire que je conspire avec lui ? répondit Fouché en affectant une assurance que cette interpellation avait un moment troublée. Eh bien, dites-le tout haut, et accusez-moi devant la chambre ! rien ne vous en empêche. Mais je me défendrai ! » Carnot, aussi prompt à désavouer son soupçon qu'il avait été hardi à le produire, dit qu'il n'accusait pas son collègue d'une complicité coupable avec cet agent du royalisme, mais que cet homme corrompait jusqu'au généralissime lui-même, et qu'il était urgent de l'emprisonner de nouveau. « Comment, reprit alors dérisoirement Fouché, le maréchal Davoust lui-même aussi vous est suspect? Celui-là, du moins, sera difficile à arrêter; allez le saisir, si vous l'osez, au milieu de son quartier général! »

Fouché se refusa à l'arrestation de M. de Vitrolles. Caulaincourt, lié par des rapports personnels avec cet agent de Louis XVIII, annula sa voix; la majorité décida l'arrestation : Fouché fit prévenir son intermédiaire, qui échappa ainsi à quelques jours de prison. Carnot, nonchalant et silencieux, parut se contenter de cette puérile satisfaction donnée à ses ombrages, et plia de nouveau, tout en murmurant, sous l'ascendant de Fouché et des événements.

IX

Un petit nombre de généraux exaltés s'indignaient, seuls dans l'armée, contre les apparences visibles de négociations qui se nouaient entre Davoust, Grouchy et les armées étrangères. Les généraux Dejean, Freissinet et quelques-uns des colonels et des officiers de l'armée signèrent une adresse aux chambres pour protester contre l'entrée des Bourbons. Cette adresse, communiquée à Davoust et envoyée à la chambre des représentants, y fut lue par Dupont (de l'Eure). Les généraux Pajol, Freissinet, d'Erlon, Roguet, Harlet, Pelet, Christian, Brunet, Chasteau, Vandamme, Ambert, l'avaient signée. Davoust, lui-même, pour ne pas rompre avec ses lieutenants, avait consenti à y mettre son nom. « Les Bourbons n'offrent aucune garantie à la France, nous saurons mourir contre eux, » disait cette adresse, sorte de serment renouvelé du 20 mars.

Elle reçut quelques vains applaudissements du parti militaire ou bonapartiste de l'Assemblée, et ne changea rien à des nécessités qui n'écoutaient plus de paroles. Les événements marchaient en laissant les chambres derrière eux. Le maréchal Davoust, lui-même, n'avait signé cette protestation que pour ne pas perdre son crédit sur ses camarades. Grouchy négociait pour un armistice par ses ordres et par ceux de Fouché. Personne ne voulait avoir l'apparence de traiter; tout le monde traitait. On fermait les yeux aux pourparlers entre les deux armées et les deux causes. Le maréchal Ney, le maréchal Grouchy, le maréchal Mortier, consultés par la chambre des pairs sur la possibilité de prolonger la défense de Paris, après la prise du village d'Aubervilliers par les troupes de Blücher, répondaient qu'une capitulation était indispensablement commandée par les lois civilisées de la guerre, si l'on ne voulait pas livrer la capitale à l'assaut et au ravage d'un ennemi irrésistible. La chambre, convaincue, mais retenue encore par les protestations de quelques généraux, moins sincères ou plus désespérés dans leur cause, attendit néanmoins le résultat d'une autre négociation ouverte par M. Bignon.

Ce ministre, qui portait les illusions de la diplomatie dans les réalités de la guerre, avait envoyé des plénipotentiaires à Wellington et à Blücher pour en obtenir un armistice après l'insuccès de La Fayette et de Sébastiani. Ces plénipotentiaires diplomates, Andréossy, Valence, Boissy d'Anglas, Flaugergues, Labesnardière, avaient pour instruction de faire accepter pour limite infranchissable aux deux armées une ligne distante de vingt lieues de la capitale. Cette démarcation, arbitrairement tracée sur la carte par le ministre dans son cabinet, n'était défendue que par le doigt de ce diplomate. Blücher la franchit avec dédain, refusa de recevoir des plénipotentiaires qui n'avaient à opposer que des paroles à deux cent mille hommes vainqueurs et irrités. A peine leur permit-il, par égard pour l'Angleterre, de traverser ses avant-postes et une partie de son armée pour se rendre au quartier général de son collègue Wellington.

X

Ce général rendit compte ainsi à son gouvernement de sa conférence avec eux : « J'ai reçu les cinq commissaires envoyés de Paris pour me demander une suspension d'armes. Je leur ai dit que je ne pouvais, dans l'état présent des choses, considérer toute tentative de négocier avec nous que comme un piége, et que suspendre mes opérations, ce serait trahir nos alliés. Ils m'ont dit qu'ils avaient tous les motifs de croire que Napoléon avait définitivement quitté Paris, et que, dans le cas où il s'obstinerait à rester à la Malmaison, il y avait plusieurs moyens de s'en défaire, soit en l'envoyant en Angleterre, soit en le confiant à l'empereur d'Autriche, son beau-père. J'ai répondu que je n'avais aucun pouvoir pour décider entre ces divers partis, mais que, s'il était envoyé en Angleterre, je ne doutais pas que le prince régent ne crût de son devoir de le remettre à la disposition de ses alliés.

» Ils me dirent alors qu'ils le croyaient déjà à Rochefort ou embarqué pour l'Amérique, et me demandèrent si, dans le cas où ce départ serait accompli, je consentirais à suspendre ma marche sur Paris. J'ai répondu qu'indépendamment de la présence de Napoléon, il y avait les adhérents à sa cause qui avaient déclaré la guerre aux alliés, et qu'avant de suspendre mes opérations, la prudence me commandait de voir établir préalablement en France l'ébauche au moins d'un gouvernement qui donnât quelques gages de sécurité dans la paix de l'Europe. Ils me demandèrent de leur indiquer la pensée des alliés sur cet article; je leur dis que je n'avais à cet égard aucun titre pour parler, soit au nom de l'Angleterre, soit au nom de ses alliés, mais que mon opinion privée et personnelle était qu'il n'y avait de sécurité pour l'Europe et pour eux que dans la restauration du roi, que tout autre système enfanterait inévitablement de nouvelles éventualités de guerre, qu'il y avait même plus de vraie dignité pour eux à rappeler sans condition leur roi fugitif que de lui imposer des entraves qui retarderaient la paix et gêneraient ses intentions constitutionnelles. Ils professèrent tous devant moi la conviction individuelle que le rappel du roi pouvait seul obvier aux malheurs des circonstances. Ils me dirent que le rétablissement de Louis XVIII était au fond le vœu du gouvernement provisoire lui-même, et que ce gouvernement et les chambres n'avaient proclamé momentanément Napoléon II que pour assoupir et se concilier les soldats réfugiés à Paris en si grande masse après la bataille de Waterloo, qu'on craignait leur sédition et la guerre civile. Ils m'interrogèrent pour savoir de moi si une régence, gouvernant au nom de Napoléon II, serait de nature à satisfaire les alliés. Je répondis énergiquement que je ne le pensais pas. Enfin, ils insistèrent encore pour avoir mon opinion sur l'appel au trône de France d'un prince autre que le roi légitime. Je refusai de discuter ces hypothèses, m'en référant à ce que je leur avais précédemment répondu.

» Ils me suivirent encore à mon quartier général. Ils renouvelèrent leurs questions sur l'appel au trône d'un prince autre que leur roi. Je répondis plus catégoriquement que je ne voyais de gage de paix pour la France et de sécurité pour l'Europe que dans Louis XVIII. Ils me dirent qu'ils m'avaient parfaitement entendu; quelques-uns ajoutèrent, en faisant allusion à l'opinion que je venais d'exprimer : « Vous avez parfaitement raison ! »

» Le surlendemain enfin, m'ayant appris le départ de Napoléon pour les États-Unis, et m'interrogeant sur ce qu'il y avait à faire préalablement à la paix, je leur déclarai que, le principal obstacle à un armistice étant écarté, la mesure la plus convenable à prendre, selon moi, était de faire replier l'armée française derrière la Loire, et de confier Paris à la garde nationale. J'ajoutai que, si ces termes étaient consentis par eux, j'interviendrais auprès de mon collègue Blücher pour l'engager à suspendre sa marche et les hostilités. Ils firent des objections à la retraite de l'armée derrière la Loire, bien qu'ils m'eussent dit l'avant-veille que la présence de l'armée à Paris avait été le seul motif qui avait induit le gouvernement et les chambres à proclamer Napoléon II. Je répliquai, que tant qu'un soldat serait dans Paris, je ne suspendrais pas mes opérations, et, dans le fait, s'ils consentaient à restaurer Louis XVIII sur son trône, ce prince, entouré dans Paris par l'armée et par les chambres, serait à la merci des créatures de Napoléon et l'instrument de leurs desseins. »

XI

Les plénipotentiaires de M. Bignon rentrèrent dans Paris au moment où Blücher, tournant la capitale, passait sur la rive gauche de la Seine. La ville, faiblement fortifiée sur les deux rives, n'avait pour se défendre que les débris de Waterloo, réduits par la désertion et le découragement à environ vingt mille hommes de toutes armes, l'armée de Grouchy réduite à trente mille combattants, quelques dépôts de troupes qui n'avaient pas fait la campagne, quelques poignées de volontaires et de fédérés propres seulement à combattre derrière des retranchements, beaucoup de pièces de canon, peu d'artilleurs pour les servir, des généraux divisés d'intérêt et d'opinion, se défiant les uns des autres, des maréchaux dont les uns se hâtaient de rejoindre le roi, dont les autres traitaient dans leurs cœurs, tout en affectant de vouloir combattre encore pour obéir à leurs soldats, et dont les plus renommés avouaient hautement dans leurs entretiens et dans leurs rapports aux chambres que la lutte, désormais sans objet par l'abdication de l'empereur, n'était que l'incendie de Paris, le massacre de nos derniers bataillons, le sacrifice inutile et sans espoir de la capitale et de la patrie à une ombre d'empire en fuite que la victoire même ne ressaisirait pas.

Les historiens du 20 mars, qui ont énuméré complaisamment, depuis, les forces imposantes ralliées sous Paris, en les portant à cent dix mille hommes, ont pris des chiffres pour des hommes sur les tableaux militaires qu'ils ont compulsés. L'armée n'existait plus qu'en noyaux de cinquante ou soixante mille combattants autour de Paris pour protéger le gouvernement et les chambres dans la ville, défendre les murs, et tenir la campagne contre trois cent mille hommes couvrant déjà les deux rives de la Seine, et contre quatre cent cinquante mille hommes arrivant des Alpes et du Rhin par la Bourgogne et la Champagne.

Le Midi s'insurgeait partout pour les Bourbons, idoles des populations de ces provinces. L'Ouest courait aux armes, et s'organisait sous les chefs royalistes, pour combattre à la fois les troupes de Bonaparte et interdire l'accès de leur contrée à l'étranger. Le Nord ouvrait toutes ses places fortes au roi lui-même. Paris l'attendait avec impatience. Que pouvaient quelques milliers d'hommes, même vainqueurs, contre les trois quarts de la France et contre l'Europe entière sous Paris? Exaspérer la victoire, et faire à l'ombre de Napoléon un sacrifice de plus. Ces historiens écrivent pour consoler un parti, non pour rendre témoignage aux faits. L'armée, dans l'intérêt de la patrie, devait se conserver à la France et au roi, en s'abritant derrière la Loire et en cessant de disputer la paix à la nation et le trône à Louis XVIII. Les hommes de guerre les plus héroïques, les plus éprouvés et les plus compromis de l'époque, Soult, Davoust, Grouchy, Oudinot, Masséna, Ney lui-même, en jugeaient unanimement ainsi. De quel droit des écrivains de parti accusent-ils d'inexpérience ces maîtres de la guerre et de lâcheté ces braves ? Ils immolent au fanatisme pour l'empereur jusqu'à ses plus intrépides lieutenants.

XII

Davoust, résolu à traiter, mais voulant honorer la négociation même par les armes, profita d'une témérité de Blücher, qui avait aventuré un de ses corps de cavalerie jusqu'à Versailles, en passant la Seine à Saint-Germain, pour tenir en respect les Prussiens quelques jours de plus. Il ordonna au général Excelmans, impatient d'exploits, même après ses espérances anéanties, d'attaquer avec quinze cents hommes de cavalerie le corps de Blücher à Versailles et de le refouler sur la Seine, où il pouvait être précipité. Ce coup de sabre dégageait quelques jours de plus la rive gauche, et donnait du temps aux négociations et du respect à l'ennemi.

L'homme était admirablement choisi pour l'exécuter dans Excelmans. C'était le Murat de l'armée de Paris. Élevé à l'école du roi de Naples, son ami Excelmans en avait la rapidité et la chevalerie dans le bras et dans le cœur. Davoust lui avait promis de le faire soutenir par deux corps d'infanterie, auxquels il fit repasser la Seine pour cette expédition. Excelmans, ayant divisé sa cavalerie en deux colonnes, s'avança sur Versailles à la tête de la première. La seconde, commandée par le général Vichery, se porta sur Roquencourt, afin d'attaquer en flanc les Prussiens, qu'Excelmans aborderait en face. Les Prussiens, déjà sortis de Versailles pour se répandre dans les plaines de Paris, à gauche de la Seine, rencontrèrent la colonne d'Excelmans dans les chemins creux de la forêt de Verrières. Le choc du général fut terrible. Ses régiments, animés par un chef qui combattait lui-même à la tête de ses escadrons, sabrèrent les Prussiens jusque dans les rues de Versailles, et les rejetant sur Roquencourt, où les attendait la colonne de Vichery, les détruisirent jusqu'au dernier homme.

Libre alors de ses mouvements, et croyant former l'avant-garde des deux corps d'infanterie promis par Davoust, Excelmans, avec ses deux colonnes réunies et victorieuses, galopa vers Saint-Germain pour jeter le reste du corps de Blücher dans la Seine. Mais il se heurta seul à Marly contre des masses d'infanterie de Blücher qui occupaient ces collines. Les corps d'infanterie lancés le matin par Davoust avaient reçu contre-ordre. Fouché, informé de ces opérations agressives contre les armées avec lesquelles il était en négociation, avait blâmé énergiquement cette témérité inutile à la défense, funeste à la paix. Davoust, convaincu, avait obéi. L'héroïsme d'Excelmans n'avait fait que de décorer d'un dernier lustre et d'un dernier sang la capitulation inévitable.

XIII

Carnot, le membre le plus militaire du gouvernement, fit lui-même l'inspection des fortifications et des troupes. Il déclara devant le conseil de guerre, assemblé et réuni au conseil de gouvernement, qu'il était sans doute possible de balayer pour un moment la rive gauche des Prussiens qui commençaient à s'y répandre, mais que ce succès serait momentané, et qu'unis à l'armée anglaise, ils repasseraient bientôt le fleuve en nombre et en force irrésistibles. Les conclusions de son rapport étaient décourageantes, quoique amères contre les chefs militaires. Fouché, interrogé par Dupont de l'Eure sur l'état des négociations, déclara que les alliés imposaient Louis XVIII ; que l'Europe voulait à tout prix les Bourbons ; que s'y refuser, c'était autoriser le joug de fer que ces princes, soutenus par l'Europe contre l'armée impuissante, voudraient imposer à la patrie ; que les recevoir sous des conditions nationales et constitutionnelles, c'était sauver à la fois la capitale, la France et la liberté ; qu'on stipulerait avec eux pour l'armée, pour les chambres, pour les hommes compromis dans le 20 mars et couverts ainsi d'une amnistie dans une capitulation. Ces paroles, appuyées par Masséna et par Soult, affirmant unanimement que la défense de Paris était au-dessus des forces humaines, achevèrent de motiver la conviction des ministres, des représentants, et des militaires présents à cette délibération.

Un seul, un vieux soldat, le maréchal Lefebvre, témoigna quelques doutes sur la possibilité de défendre au moins quelques jours de plus la rive gauche. Fouché, feignant d'adhérer aux scrupules d'honneur du maréchal, ordonna la réunion d'un conseil de guerre à la Villette, chez le généralissime, pour décider en dernier appel de la situation défensive de Paris.

XIV

Ce conseil de guerre, formé de tous les maréchaux présents à Paris, se réunit dans la nuit au quartier général de la Villette. Soult représenta que la situation politique dominait la question militaire ; que la prolongation de la défense de Paris pendant plus ou moins de jours ne serait que du temps donné à un plus vaste débordement des armées étrangères sur le territoire et autour de la capitale. Il reconnut franchement et résolûment la nécessité de se rallier à Louis XVIII, si l'on ne voulait pas que la chute de Napoléon entraînât la ruine et le démembrement de la patrie. Davoust, Grouchy, Vandamme lui-même, fortifièrent, avec une triste mais sévère conviction, les paroles sages et politiques du maréchal Soult : « Le bon sens nous crie et crie à la France qu'il n'y a de salut que dans le roi, s'écriaient-ils tour à tour ; sa modération et sa sagesse sont le meilleur traité. » Quelques jeunes généraux, parmi ceux qui s'acharnaient à l'espérance de Napoléon II, par fanatisme pour le père et pour ne pas démentir leur récent enthousiasme, opposèrent de vagues objections. Les militaires en France sont d'héroïques soldats des causes debout, rarement martyrs des causes tombées. Le conseil répondit qu'il n'y avait aucun espoir pour une bataille, aucune garantie pour Paris en cas de défense prolongée sous ses murs.

Fouché, Carnot, Grenier, Caulaincourt, Quinette, armés de cette délibération des chefs militaires, qui couvrait leur responsabilité devant la chambre, autorisèrent, la même nuit, Davoust à conclure une capitulation. En vain des orateurs napoléoniens à la chambre murmurèrent-ils quelques imprécations contre la nécessité, quelques insinuations à la trahison contre Fouché. Fouché, couvert par l'autorité révolutionnaire et militaire de Carnot et par les maréchaux, brava ces rumeurs.

Davoust envoya des parlementaires à l'armée de Blücher. Ce général répondit, avec la brutalité d'un barbare, qu'il n'entendrait aucune parole de paix, tant que l'armée n'aurait pas déposé les armes. Il insulta Davoust dans ses réponses par des insinuations outrageantes et calomnieuses sur les déprédations injustement attribuées à ce maréchal à Hambourg, pendant qu'il exécutait les prescriptions de Napoléon contre la marine et le commerce des villes anséatiques.

XV

Fouché, qui correspondait avec le général anglais par l'intermédiaire d'un Italien, son confident, ancien aide de camp de Murat, le colonel Macerone, engagea Wellington à intercéder auprès de Blücher pour le plier aux négociations. Wellington écrivit au général prussien qu'il serait téméraire à eux seuls d'investir Paris de tous les côtés; qu'un armistice était la meilleure mesure de guerre pour donner le temps aux armées russe et autrichienne d'arriver à leur aide. Blücher, influencé par son collègue et par un autre négociateur de Fouché, le général Tromelin, consentit à une suspension d'armes, à la condition que l'armée française se retirerait à quarante lieues de Paris. Wellington passa sur la rive gauche de la Seine, à Argenteuil, pour fortifier Blücher pendant ces négociations. Le château de Saint-Cloud, ce palais du repos de Napoléon après ses triomphes, fut désigné par les deux généraux pour le lieu des conférences. Le ministre des affaires étrangères, M. Bignon, M. de Bondy, préfet de Paris, et le général Guilleminot, major général de l'armée sous Davoust, s'y rencontrèrent, le 3 juillet, à quatre heures du soir, avec Blücher et Wellington. C'était l'heure précise où Napoléon, s'échappant enfin de la Malmaison, montait, inconnu, dans une voiture de suite pour gagner le rivage de l'Océan.

L'évacuation de Paris par l'armée française et sa retraite derrière la Loire furent le premier article de la convention. Le second portait que les armées anglaise et prussienne protégeraient les autorités actuellement existantes dans Paris, aussi longtemps qu'elles existeraient. L'artillerie et ses munitions étaient livrées aux alliés.

C'était une capitulation véritable, vainement décorée, pour sauver l'honneur, du titre de convention. Tout tombait, ville et trône, à la merci des puissances; mais Waterloo avait malheureusement tout livré.

XVI

Paris consterné offrait sur ses boulevards et sur ses places le même spectacle qu'en 1814 : un peuple nomade de cultivateurs, chassés de leurs villages par l'approche des armées étrangères, campés avec leurs femmes, leurs vieillards, leurs enfants, leurs troupeaux, leurs chars chargés de leurs meubles, dans les rues et dans les promenades de la capitale. Fouché, maître de tous les ressorts de la police, les employait à semer la panique et la défiance mutuelle dans les esprits pour déconcerter toute idée de sédition militaire dans l'armée, d'énergie posthume dans les chambres. Il dominait la crise dans la rue comme il l'avait dominée dans le conseil de l'empereur et dans le conseil de gouvernement. La convention, ainsi habilement préparée dans les esprits abattus du peuple, éclata sans provoquer un murmure; elle fut accueillie avec une résignation officielle et avec une secrète satisfaction par la chambre. L'ancien ministre de la république Garat monta à la tribune et reconnut hautement que l'honneur était satisfait. Il demanda seulement que l'on profitât de cet interrègne pour proclamer, à l'imitation des Anglais, une théorie fondamentale des droits de l'homme, à jamais reconnue par les gouvernements que la France accepterait. Manuel s'y opposa, et demanda que la chambre reprît la délibération sur une constitution en cent articles, dont il était rapporteur. C'était servir peut-être, à coup sûr réjouir Fouché, que d'ouvrir une longue et vaine délibération de principes dans une Assemblée qui avait l'ennemi aux portes, et dont on voulait prévenir l'explosion et modérer l'énergie. Le général Solignac demanda qu'on votât des actions de grâces à l'armée. Ce vote fut porté ; une adresse le fit connaître aux troupes.

XVII

Cependant la convention s'exécutait sans obstacle depuis la veille au soir. Saint-Denis, occupé par les alliés, avait arboré le drapeau blanc. Une passagère émotion agita les faubourgs et les derniers bataillons de l'armée, au moment où les Prussiens se présentèrent pour occuper les postes rapprochés de la ville et abandonnés par la troupe de ligne. Des hommes du peuple et des soldats débandés crièrent « aux armes! » vociférèrent des imprécations contre les traités, tirèrent des coups de fusil en l'air sur les remparts, comme pour défier les étrangers et réveiller le patriotisme de la ville, et se répandirent en groupes menaçants vers les Tuileries, où siégeait Fouché. Masséna se mit à la tête de la garde nationale, levée à sa voix, pour couvrir le gouvernement et maintenir l'ordre. Tout se calma devant le vieux guerrier et devant les baïonnettes de la bourgeoisie armée dans sa ville.

Hors des murs, quelques bataillons acharnés à la lutte reçurent avec des vociférations menaçantes l'ordre de quitter la capitale. Ils crièrent à la trahison et jurèrent au peuple, qui les retenait, de défendre Paris malgré leurs chefs. Quelques-uns brisèrent leurs armes et refusèrent de marcher vers la Loire. On parla dans le camp de déposer militairement le sévère Davoust et de proclamer Vandamme général et tribun des soldats. Les généraux bonapartistes fomentaient sourdement ces révoltes soldatesques. Vandamme, soldat populaire mais discipliné, tout près d'atteindre légitimement les plus hautes dignités de l'armée, refusa d'y monter par la sédition. Il avait voté lui-même, dans le conseil de défense, pour une retraite nécessaire et pour les Bourbons, seule garantie maintenant d'indépendance et de paix. Le général Drouot, commandant la garde impériale à Waterloo, se présenta aux troupes et les convainquit par ses conseils et son exemple. L'armée se borna à demander sa solde, à l'exemple des cohortes romaines du Bas-Empire.

Le gouvernement provisoire, tremblant de son exigence, vida les caisses publiques pour la satisfaire, et emprunta même aux principaux banquiers de Paris les millions nécessaires pour apaiser les chefs et les soldats. M. Laffitte, banquier populaire et libéral, se signala par le généreux concours qu'il offrit ce jour-là au gouvernement. Il lui prêta son or et son crédit, pour préserver la ville des extrémités auxquelles la sédition de l'armée pouvait exposer les citoyens. Dans les tristes nécessités que le retour de Napoléon avait faites à la France, M. Laffitte et tous les hommes nouveaux de la haute bourgeoisie trouvaient plus de patriotisme dans une paix honorée par des conditions libérales avec les Bourbons, que dans les désastres prolongés du pays par l'obstination des adhérents de Napoléon.

Tel était en ce moment le sentiment de la France entière : son attitude le prouvait depuis trois mois. Consternée, mais immobile, elle regardait tomber Napoléon comme elle l'avait regardé revenir de l'île d'Elbe. La nation, depuis longtemps, avait sa cause distincte de celle de l'armée. Cette séparation de l'armée et du peuple, qui datait du 18 brumaire, explique seule ce que les historiens du parti militaire ont voulu depuis expliquer par la trahison des maréchaux et par l'avilissement moral de la nation. Ils mentent ; rien ne s'explique par la lâcheté dans un peuple qui venait de conquérir le monde, et qui se laissait conquérir deux fois sans se lever au bruit de ses armées détruites et de sa capitale envahie. La nation, affligée et humiliée, protestait par son immobilité contre une cause qui se jugeait sur son propre sol, mais qui n'était plus la sienne depuis que la sédition militaire du 18 brumaire et la sédition impériale du 20 mars en avaient fait la cause d'un homme et d'un parti. La ville et le camp étaient deux patries.

XVIII

Les troupes de Blücher et de Wellington étaient entrées dans Paris, et la chambre des représentants affectait de délibérer encore sur la constitution, imitation puérile du sénat de Rome attendant les Gaulois sur ses chaises curules. Quand les sénateurs tendaient la gorge aux soldats de Brennus, c'était après avoir combattu jusqu'à la porte du dernier foyer de Rome. La chambre des représentants n'avait ni combattu ni fourni les armes aux combattants. Elle avait siégé et discouru, indécise entre la tyrannie et la liberté, jusqu'au moment où le sort avait prononcé contre l'homme qu'elle n'avait osé ni renverser ni soutenir. Elle n'était ni la chambre du pays, ni la chambre de Napoléon. Mélange confus et discord de tous les demi-partis, elle était nommée seulement par un petit nombre d'électeurs pour observer les événements plutôt que pour les dominer. Elle n'avait derrière elle ni la nation, ni l'armée. Son rôle était puéril en face de l'étranger vainqueur. Elle n'avait pas paru dans les négociations toutes militaires de Saint-Cloud. L'esprit de la France s'était retiré d'elle. Fouché, qui s'en était servi quelques jours pour intimider les velléités dictatoriales de l'empereur, en était maintenant embarrassé. Il sentait qu'après avoir congédié l'empire, il fallait congédier promptement, devant les nouveaux maîtres, ce vain simulacre de représentation.

XIX

Elle discuta en quelques heures et vota d'enthousiasme une déclaration des droits et une déclaration des principes que la fumée du canon de Blücher allait emporter une heure après. Elle se leva tout entière devant l'ennemi absent et inattentif, comme pour porter défi au vide, et jura qu'elle saurait mourir pour l'indépendance à quatre pas des Anglais et des Prussiens, campés dans ses promenades publiques, et au bruit de ses propres soldats livrant ses murailles. Blücher et Wellington attendaient pour les franchir que des corps d'armée plus imposants les eussent rejoints, afin d'écraser par le nombre l'imagination de Paris.

Fouché, la veille de leur entrée, se rendit, autorisé par ses collègues, au quartier général de Wellington à Neuilly. Il peignit des couleurs les plus sombres au généralissime anglais la situation de Paris et de la France;

il exagéra à dessein les forces de l'opinion napoléonienne et celles du parti républicain ; il atténua celles des royalistes ; il montra la nation comme un volcan mal éteint, prêt à éclater sous le trône des Bourbons et sous les armées même de l'Europe, et à tout engloutir, si une main populaire et expérimentée aux révolutions ne savait, à la fois, le contenir ou l'évaporer à propos. Il se désignait suffisamment ainsi lui-même à lord Wellington comme l'homme de la circonstance et comme le génie de la transaction entre l'esprit révolutionnaire et une seconde restauration.

Lord Wellington, déjà fasciné par les agents de Fouché et favorablement prévenu par M. de Talleyrand lui-même, qui feignait de déclarer bien haut la nécessité de Fouché, sortit de cet entretien plus convaincu que jamais que le roi devait s'en remettre en tout, pour sa rentrée dans Paris et pour son gouvernement après, à l'habileté souveraine d'un homme qui venait de se jouer des événements les plus compliqués avec une si haute supériorité d'intrigue et d'audace. Il vit dans cet homme le dompteur de la révolution, préparé à ce rôle par la révolution elle-même. Fouché, ravi de l'impression qu'il avait produite sur l'homme le plus influent de la coalition, et par lui sur le cabinet britannique, véritable patron de Louis XVIII dans cette guerre, pria lord Wellington d'obtenir du roi, déjà arrivé au château d'Arnouville, sous les murs de Saint-Denis, les déclarations d'amnistie et de pacification les plus libérales. Il lui montra les dangers de laisser plus longtemps Paris à la merci des hasards, des retours d'opinion, des mouvements populaires ou soldatesques, des discussions de l'Assemblée, et le conjura de trancher ces incertitudes en entrant hardiment le lendemain dans Paris. Wellington le promit.

En sortant de Neuilly, Fouché se sentit ministre du roi et arbitre de la Restauration. Un message confidentiel de Talleyrand l'informa que le roi consentait à le recevoir secrètement le lendemain, 6 juillet, au château d'Arnouville, halte et quartier général de Louis XVIII et de sa famille. Fouché, pour se tenir toujours en mesure avec les deux partis, obtint de ses collègues au gouvernement l'autorisation de se rendre à cette entrevue en qualité de président du gouvernement provisoire, sous prétexte de convaincre ce prince de la nécessité d'institutions nationales et de lui imposer les garanties les plus rassurantes pour les principes et les personnes. Il n'eut aucune peine à convaincre des hommes déjà convaincus par la nécessité et qui étaient intéressés à avoir eux-mêmes un négociateur aussi compromis entre eux et le prince bientôt leur maître. Carnot avait vu lui-même le roi en 1814. Caulaincourt avait sollicité de paraître à sa cour. Fouché se rendit donc le 6 à Arnouville.

XX

Tout était déjà disposé dans l'esprit du roi, dans son conseil, dans sa cour, pour préparer à Fouché l'accueil qu'un prince reconnaissant doit à l'homme qui lui rend son peuple et qui lui aplanit le retour au trône. Les royalistes restés à Paris pendant les cent jours de la domination de Bonaparte se pressaient depuis deux nuits sur la route d'Arnouville. Impatients d'assurer le retour du roi et de hâter le règne qu'ils avaient cru perdre pour jamais, ils avaient fait taire toutes les antipathies de leur naissance, de leur opinion, de leur émigration même, contre le proconsul de la terreur, le régicide de Louis XVI, le conspirateur du 20 mars. Les partis, qui ne pardonnent rien à ce qui les a servis, pardonnent tout à ce qui va les servir. L'utilité est pour eux l'amnistie de tous les crimes. Les royalistes de Charles II firent de Monk un héros, les royalistes de Louis XVIII faisaient de Fouché un Monk, dominateur à la fois de la révolution, du peuple et de Napoléon. « Les partis, s'écriaient-ils, n'obéissent qu'à leurs complices. » Pour servir, il avait bien fallu trahir! Mais la trahison pour une si sainte cause ne devenait-elle pas la plus mystérieuse vertu? On s'attendrissait, on s'exaltait jusqu'au mysticisme de l'admiration en parlant d'un si merveilleux jouteur de révolutions. Le journal de la cour, rédigé par les écrivains les plus confidents des pensées de l'aristocratie et de la cour, les *Débats*, s'humiliait devant le génie de cet homme, et montrait dans Fouché le machinateur suprême des vicissitudes des empires. « Il avait dit aux amis du roi, en prenant congé d'eux le 20 mars : « Sauvez le roi, je me charge de sauver la monarchie. » Il a tenu plus qu'il n'avait promis : il a sauvé la monarchie et il ramène le roi.

« Tout s'en mêlait, écrit M. de Chateaubriand lui-même, la religion comme l'impiété, la vertu comme le vice, le royaliste comme le révolutionnaire, l'étranger comme le Français. On criait de toutes parts que sans Fouché, ministre du roi, il n'y avait ni sûreté pour le roi ni salut pour la France; que lui seul avait empêché une grande bataille ; que lui seul pouvait achever son ouvrage. » Aux bonapartistes il garantissait le pardon ; aux révolutionnaires, des concessions ; aux étrangers, l'occupation pacifique de Paris ; aux royalistes, le trône ; au roi lui-même, sa vie. La reconnaissance encore chaude, la complicité, l'intérêt, l'ambition, la peur, toutes les passions généreuses, cupides ou lâches du cœur humain, conspiraient en ce moment pour Fouché. L'intrigue même de ses rivaux d'ambition conspirait à son insu pour lui.

M. de Talleyrand, le chef du ministère de Louis XVIII, l'homme du congrès, le confident et le conseiller des puissances, ne cessait d'exalter au roi, aux généraux et aux souverains coalisés, le génie de Fouché, et d'avouer, avec l'apparence de la supériorité qui reconnaît un égal, la nécessité de cet homme dans les conseils du roi. « Je ne puis rien sans lui, disait-il ; Fouché est en ce moment l'homme des événements. Le méconnaître, c'est se révolter contre l'évidence des situations ; il a la France dans la main, il faut la prendre ou la laisser. »

XXI

Ainsi parlait M. de Talleyrand. Pourquoi parlait-il ainsi, et croyait-il ce qu'il disait? Non. Il n'avait jamais regardé Fouché que comme un Talleyrand subalterne, révolutionnaire sorti de la lie des factions, taché de sang et marqué de ce sceau du régicide qui le rendait à jamais impropre à négocier avec les cours et à commander, au nom d'une monarchie, le respect des rois aux peuples. Il n'honorait pas sa basse et vulgaire intrigue du nom de politique; il le regardait du haut de sa naissance comme un parvenu, il le dédaignait comme son égal, il le haïssait comme son rival; il daignait seulement l'accepter comme son instrument.

M. de Talleyrand, à titre de grand seigneur révolutionnaire, de courtisan longtemps transfuge dans la cour de Bonaparte, de prêtre ayant répudié son sacerdoce et sa foi, avait paru un scandale de la fortune à la cour et à la tête des conseils de Louis XVIII en 1814. Il avait été imposé par les événements plus qu'accepté par le roi, par les princes, les princesses, les courtisans et par l'Europe elle-même. Pénétrant, quoique impassible, l'embarras de cette situation lui pesait et l'inquiétait sur la continuation de son ascendant à venir. Il était trop intelligent pour croire Fouché indispensable à la couronne après Waterloo et devant Paris, déjà évacué par nos troupes et entouré par cinq armées formant ensemble un million d'hommes. Mais, en affectant de croire à la nécessité de Fouché et en déclarant tous les jours au roi qu'il ne répondait de rien sans ce collègue, il se vengeait habilement du roi, des princes, des princesses, des courtisans, des émigrés. Il les forçait à élever, de leurs propres mains, dans leur propre cour, un scandale devant lequel l'inconvenance de sa propre élévation disparaissait. Qu'était-ce, en effet, que M. de Talleyrand, évêque affranchi de ses vœux par le souverain pontife, constitutionnel modéré et ami de Mirabeau en 1790, émigré en Amérique en 1793, pur de sang, grand de naissance, éclatant de négociations et de talents pendant l'empire, auprès de Fouché, proconsul et régicide, meurtrier du frère et du père des princes et des princesses qui allaient lui ouvrir leur cour et leur cœur? Après un tel sacrifice volontairement fait à l'utilité d'un pareil homme, de quoi les Bourbons et leurs amis auraient-ils à se plaindre en voyant M. de Talleyrand régner dans leurs conseils? Il leur ôtait, en les entachant eux-mêmes, tout droit de s'étonner de sa présence et de le flétrir dans l'avenir; il rendait Louis XVIII plus complice mille fois que lui-même de la révolution; il le ravalait au-dessous de Fouché, et une fois que le cri public se serait élevé contre le scandale de ce ministre contre nature et que Fouché serait congédié, le roi et sa cour n'auraient plus rien à opposer à sa propre domination dans le gouvernement. Le contact avec Fouché leur aurait enlevé le droit d'affecter toute autre pudeur.

XXII

Telles étaient, sans aucun doute, les vraies pensées de M. de Talleyrand quand il reçut Fouché dans ses bras à Arnouville pour conduire lui-même son rival d'ambition aux pieds du roi vaincu. La lutte de Louis XVIII avait dû être longue avant de plier sous cet opprobre de la destinée. Languir vingt ans loin du palais de ses pères n'était qu'une infortune commune à bien des rois, tomber d'un trône mal affermi devant le prestige irrésistible d'un conquérant et sous l'abandon de sa propre armée n'était qu'un revers inévitable dans une restauration encore chancelante; mais prendre pour remonter sur ce trône la main teinte du sang d'un roi et d'un frère! démentir ces imprécations royales et ces gémissements européens dont ce prince avait rempli les cours de l'Europe! imposer à sa nièce chérie, la fille de

Louis XVI, la vue et l'horreur de l'homme qui avait sacrifié son père et sa mère à la révolution ! c'était la pire de toutes ses ruines, car c'était le désaveu donné à son rang, le démenti à son propre sang. En se déclarant l'obligé, il devenait en apparence, aux yeux de l'histoire, le complice. Amnistier le régicide n'était que l'exécution du testament de son frère Louis XVI ; l'élever au rang de ses ministres, à la tête de ses conseils, c'était se déclarer le vassal de ce qu'il avait toute sa vie appelé le crime. Le trône même, si une pareille dégradation du caractère royal eût été nécessaire pour s'y asseoir, était trop cher à ce prix.

Le roi sentait toutes ces considérations, sinon par son âme, du moins par son orgueil de roi ; mais il croyait que, s'il ne se hâtait pas de ressaisir sa couronne, les manœuvres de Fouché, de La Fayette, de Sébastiani, les mépris de la Prusse, les faiblesses de l'empereur Alexandre pour la popularité révolutionnaire de quelques salons de Paris, et l'intérêt égoïste et caché de l'Autriche allaient la transporter à d'autres. Lord Wellington, M. de Talleyrand, les clients nombreux de Fouché dans sa cour, peut-être même M. de Vitrolles, entremetteur insinuant des royalistes à Arnouville et d'Arnouville au cabinet de Fouché, lui avaient persuadé que la coalition, à l'exception de l'Angleterre, était prête à l'abandonner à sa fortune et à couronner une autre maison.

On peut croire que le comte d'Artois lui-même, influencé par M. de Vitrolles, et sa cour particulière de gentilshommes et d'évêques, pressés de rentrer à toute condition, n'inclinaient pas moins en secret vers cette faiblesse de cour couverte du nom de nécessité, et qu'ils n'étaient pas fâchés de voir le roi accomplir, sous sa seule responsabilité, une bassesse de règne qu'ils se réservaient de flétrir et d'accuser plus tard. Le roi, qui prétendait au titre d'homme d'État, s'affligeait sans doute de cette contrainte morale qui le soumettait à un régicide; mais, élevé à l'école de Machiavel et affectant de mépriser, pour l'intérêt de sa maison, de son trône et de son peuple, les scrupules du vulgaire, il bravait avec une certaine satisfaction d'orgueil sa propre sensibilité. Il semblait dire ainsi à M. de Talleyrand et aux hommes d'État dont il briguait l'admiration : Je suis votre égal en indifférence pour les moyens; et aux hommes timorés de sa cour : Je suis au-dessus de vos susceptibilités timides, le trône a une morale que vous ne connaissez pas. Il oubliait que, si un souverain doit s'élever au-dessus des répugnances personnelles pour sauver son peuple, nul ne peut impunément s'élever au-dessus de la nature. La nature lui défendait de se laisser présenter à la France et porter au trône par la main de Fouché. Il y avait du sang entre le ministre et le roi.

La duchesse d'Angoulême le ressentait vivement. Elle se jeta plusieurs fois aux pieds de son oncle pour le conjurer de lui épargner cette affliction et cette honte. Elle déclara qu'aucune considération humaine, pas même l'obéissance au roi, ne la contraindrait à se rencontrer dans le palais avec un des meurtriers de son père. Elle arrosa de ses larmes les mains du roi. Il fut tendre, ému, caressant, mais inflexible. « Ma fille, lui dit-il, la politique a d'autres lois que la nature; vous devez pleurer, je dois sauver mes peuples et vous transmettre mon trône; ce n'est pas le roi de France qui s'oublie, c'est le régicide qui s'humilie devant le droit de la couronne, et c'est le roi qui pardonne à de grandes fautes rachetées par de grands services. » La princesse fut obligée de dévorer son humiliation et sa douleur, mais elle resta à la cour de son oncle. Il eût été peut-être plus filial et plus digne à elle de protester par son éloignement contre une contrainte qu'aucune ambition de règne ne pouvait imposer au cœur d'une fille.

XXIII

Fouché arriva à Arnouville avec M. de Talleyrand. Le roi l'attendait. Toutefois, lorsque le prince de Poix, de la maison de Noailles, et le capitaine de ses gardes du corps lui annoncèrent que le ministre attendait à la porte de son cabinet l'audience accordée, le roi se troubla et pâlit. L'ombre de son frère se plaça un moment dans sa pensée entre le juge de Louis XVI et lui. Il reprit sa majesté et son calme, congédia le prince de Poix et ne laissa entrer dans son cabinet que les deux hommes d'État. L'entrevue secrète, la conférence entre ces trois têtes qui représentaient trois époques si diverses : l'ancien régime, l'empire, la révolution, et qu'une triple ambition rapprochait pour les réconcilier, n'eut d'autres témoins que les trois acteurs de cette scène. Louis XVIII, conteur comme la vieillesse, en confia depuis les détails à une personne de son intimité.

M. de Talleyrand introduisit Fouché. Le roi et le régicide se regardèrent longtemps sans parler ; le roi affectant la majesté et l'autorité du coup d'œil d'un supérieur qui consent à se laisser servir ; Fouché, la timidité et l'embarras d'un coupable qui consent à se laisser pardonner, mais qui sent que ses services commandent plutôt qu'ils n'implorent le pardon. M. de Talleyrand cachait sous sa physionomie impassible la joie secrète d'humilier son maître et de protéger son rival. Il dominait l'un et l'autre en ce moment.

Il vint au secours des deux interlocuteurs en abrégeant le cérémonial et en coupant court aux souvenirs et aux explications. Il dit au roi qu'il amenait à ses pieds dans Fouché l'homme nécessaire et dévoué qui avait le mieux secondé les événements auxquels la France devait son roi, et qui pouvait seul, dans des circonstances si difficiles, éclairer les conseils de la couronne et déjouer les trames de ses ennemis. Fouché, ressentant ou jouant une émotion qui lui enlevait toute présence d'esprit et toute attitude devant la majesté royale, se borna à s'incliner et à balbutier quelques mots embarrassés de reconnaissance et de dévouement au prince et à la monarchie, redevenus le seul salut de la France et le seul devoir de tout Français.

« J'apprécie, monsieur, lui dit Louis XVIII avec la majesté du rang qui s'incline devant le mérite, j'apprécie très-haut les services que vous avez rendus dans ces derniers temps à moi et à ma cause, et ceux que vous pouvez me rendre plus que jamais dans le ministère de la police que vous occupez, et je vous ai désigné d'avance, dans ma pensée, pour ce poste, un des plus importants de mon gouvernement. Donnez-moi les idées sur les meilleurs moyens de pacifier mon peuple, d'affermir mon trône, et de ramener les esprits égarés à la monarchie légitime, seule garantie de la sécurité, de l'indépendance et de la liberté de mes sujets. »

Fouché, mal rassuré encore, s'inclina en signe de reconnaissance et d'acceptation de la confiance du roi, et, lui faisant un tableau triste mais exagéré des animosités des factions, des ressources du bonapartisme, des agitations mal assoupies de l'esprit révolutionnaire, lui parla du rôle d'Henri IV, qui n'avait conquis son peuple qu'en se laissant conquérir par les idées dominantes à son époque, et qu'en se faisant moins le roi de ses amis que le roi de ses ennemis. Il insista sur la nécessité absolue d'effacer le passé entre les Bourbons et la France par une amnistie si complète et si réelle qu'elle ressemblât moins au pardon qu'à l'oubli.

« Il faut que tout le monde puisse rester, sous le règne du roi, non-seulement en repos sur les actes accomplis pendant les différentes révolutions qui ont rempli l'interrègne de votre maison, sur les propriétés nationales acquises, sur les grades, les fonctions, les dignités, les titres possédés, mais encore sur la conservation de ces honneurs et de ces fonctions, tellement que chacun puisse croire que les services qu'il a rendus aux gouvernements successifs de la France ont été rendus au roi. En un mot, il faut que Votre Majesté adopte la France, si elle veut que la France adopte irrévocablement sa maison. La sagesse souveraine de votre maison l'a élevée de tout temps, ajouta-t-il, au-dessus des préjugés, des faiblesses, des ressentiments de son propre parti. L'Europe et la nation savent que c'est moins un roi qu'un grand homme d'État que la Providence rend au trône en vous, tout le monde verra dans Votre Majesté le génie de la réconciliation des intérêts et de la restauration des trônes ; il faut que Votre Majesté impose sa sagesse à ceux qui l'entourent et qui perdraient de nouveau la couronne, si on la laissait à la merci de leurs petites intelligences et de leurs petites passions. Le temps veut des concessions, Paris ne se calmera qu'à ce prix. Y entrer est facile, y rester est difficile. C'est le moment de les faire, plus tard elles paraîtront peut-être arrachées par les impatiences et les agitations de l'opinion ; aujourd'hui la France sera reconnaisante, demain exigeante et ingrate. Il faut admettre les faits comme droits et se garder de contester aux chambres et à l'opinion les garanties de sécurité et de dignité qu'elles inscrivent dans leur déclaration, comme des conditions de leur capitulation d'honneur et de principes à leur soumission. »

XXIV

M. de Talleyrand, par son silence et par ses gestes, paraissait acquiescer à tous les conseils de Fouché. Le roi ne se prononçait qu'avec mesure et réserve. Fier de la haute opinion que la révolution même, dans la personne de Fouché, avait de sa modération et de sa sagesse, il l'écoutait néanmoins avec une défiance dissimulée sous un apparent abandon. Il voulait bien rassurer le bonapartisme encore en possession du ministère, du gouvernement et des chambres, mais il ne voulait pas composer avec lui. Tout accorder aux intérêts généraux de la révolution et aux opinions nouvelles qui avaient la majorité dans le pays entrait par force et par raison dans ses idées ; se remettre dans les mains de l'armée, des fonctionnaires de Napoléon, des conspirateurs du 20 mars et des deux chambres nommées par Napoléon ou sous son influence, aux yeux du roi, c'était abdiquer.

Il ne dissimula pas à son nouveau ministre qu'il ne confondrait jamais les besoins réels de l'opinion nationale avec les ambitions et les exigences du parti bonapartiste, et qu'il fallait débarrasser la situation du gouvernement, de l'armée et des chambres, du 20 mars. Fouché s'en chargea. Il était trop avancé pour revenir en arrière; après ce qu'il avait fait pour le roi, il pouvait conseiller encore, mais il ne pouvait plus rien refuser.

M. de Talleyrand soumit au roi, devant le nouveau ministre de la police, avec une haute déférence pour son avis, les noms du nouveau ministère que le renvoi de M. de Blacas et la transition de l'exil au trône rendaient nécessaire de recomposer. M. de Talleyrand conservait les affaires étrangères, le maniement de l'Europe et les traditions du congrès de Vienne; Fouché, avec le ministère de la police, conservait sous la main tous les ressorts de l'opinion et de la haute politique à l'intérieur; le baron Louis prenait les finances; M. de Jaucourt, dévoué aussi à M. de Talleyrand, la marine.

M. Pasquier, ancien membre du parlement de Paris et ancien préfet de police sous l'empire, mais pur de toute trahison et de toute défection au retour de l'empereur, la justice.

Le maréchal Gouvion Saint-Cyr, un des lieutenants les plus consommés de Napoléon, resté fidèle, comme Macdonald, à ses serments au roi, la guerre.

Le roi et M. de Talleyrand, d'accord avec Fouché, réservaient le ministère de la maison du roi à M. de Richelieu, aide de camp et ami de l'empereur de Russie, pour donner un gage à cette cour.

M. Molé, qui avait servi déjà les deux gouvernements,

était présenté par Fouché pour un ministère. Le roi, en considération de son nom monarchique, de sa jeunesse pleine de promesses, de ses talents propres à servir et à décorer tous les pouvoirs, le conserva à la direction des travaux publics.

Un autre aide de camp de l'empereur de Russie, M. Pozzo di Borgo, homme capable de tout comprendre, de tout manier et de tout dire dans un gouvernement constitutionnel où la parole est nécessaire, fut choisi en secret pour le ministère de l'intérieur. M. Pozzo di Borgo n'avait pas quitté le roi pendant l'exil de Gand. Il représentait auprès de lui l'amitié de l'empereur Alexandre. Décidé à rentrer au service de la France, sa patrie, par un emploi si important et si confidentiel, il voulut néanmoins attendre l'arrivée de son souverain, l'empereur de Russie, et son autorisation pour accepter la confiance de Louis XVIII.

M. Pasquier, propre à tout par son attitude comme par sa souplesse aux circonstances, fut chargé de diriger le ministère de l'intérieur pendant l'indécision de M. Pozzo di Borgo.

Un jeune homme inconnu jusque-là et dont la haute fortune date de ce hasard, M. Decazes, fut nommé préfet de police, désigné au roi et au conseil pour cet avant-poste du gouvernement par la courageuse résolution d'acte et de langage qu'il avait montrée à Paris et à Bordeaux contre Napoléon pendant les cent-jours, en suivant l'exemple de M. Lainé. Il fut accepté par Fouché, dont nul autre homme important parmi les royalistes ne voulait subir l'autorité dans cette administration subordonnée à sa direction.

Il fut convenu que ce ministère se réunirait secrètement à Paris le soir même, et préparerait tout pour l'entrée inattendue du roi le lendemain dans Paris.

XXV

Après cet entretien, qui se prolongea deux heures dans le cabinet du roi, et après ces arrangements ministériels convenus, Fouché, toujours conduit par M. de Talleyrand, traversa les appartements du château d'Arnouville, remplis des courtisans anciens et nouveaux de Louis XVIII. Il y fut accueilli par la répugnance de quelques-uns, par l'empressement de plusieurs, par l'étonnement de tous. Il reprit sa sérénité et son assurance.

« Duc d'Otrante, lui dit en souriant M. de Talleyrand devant quelques-uns des grands officiers de la couronne, vous ne connaissez pas le prestige d'un roi légitime et d'un roi au niveau de son trône par son esprit ; convenez que vous avez été ému devant lui.. » Fouché avait trop besoin de flatter le prince et sa cour par son trouble pour n'en pas convenir. Il emportait le prix de tant de ruses et de tant d'audace dans un pouvoir qui allait s'imposer à la fois aux amis et aux ennemis des Bourbons. Il voyait, sans quitter le rôle de ministre et d'arbitre de tous les partis, rentrer, passer et revenir, trois monarchies sous sa tutelle. Il avait congédié une restauration, il avait dirigé et joué un empire, il avait rappelé une seconde restauration. Il allait congédier ses collègues comme des subalternes et les chambres comme des instruments usés. Il avait dompté par la tactique et par l'équilibre des partis le génie et les défiances de Napoléon. Il venait de forcer le roi de l'ancien régime à remettre son sort entre les mains d'un proconsul de la Convention et d'un ministre de Bonaparte. Il jouait avec trois ou quatre destinées, supérieur à toutes par le mépris qu'il faisait d'elles. Il n'estimait ces situations qu'aux difficultés qu'il y avait de les affronter et de les dominer. Sans doute il en sentait la bassesse secrète ; mais dans ces bassesses il voyait tant d'audace et tant de supériorité sur le vulgaire, qu'il s'applaudissait des moyens, en touchant au but, et qu'il s'estimait plus grand que les hommes et les partis, pour avoir trompé les partis et les hommes.

Il cacha dans les ténèbres son retour nocturne à Paris.

XXVI

Cependant il y avait un homme dans la familiarité de l'exil de Louis XVIII et dans les conseils déjà congédiés d'Arnouville qui pressentait, dans cette présence et dans cette complicité du roi avec Fouché, la dégradation prochaine de la royauté. C'était M. de Chateaubriand. Par la poésie, cette noblesse de l'intelligence et du sentiment, il avait, presque seul, la révélation de l'honneur ; par le génie, il devinait de plus loin le jugement de l'avenir sur cette indignité de la couronne.

A peine eut-il appris que Fouché venait de paraître en présence de Louis XVIII, présenté par M. de Talleyrand, et qu'il emportait sa nomination confidentielle au ministère de la police, qu'il se présenta à la porte du cabinet du roi et demanda avec instance à être introduit. Le roi, qui n'aimait pas l'écrivain et qui redoutait sa présence, de peur d'avoir à rougir devant lui de la parole qu'il venait de donner, refusa longtemps de le recevoir. Cependant, l'importune obstination de M. de Chateaubriand, son titre de membre du conseil du prince, sa fidélité, son exil volontaire et ses services à Gand, commandant au roi de derniers égards envers ce serviteur illustre, il lui ouvrit enfin son appartement.

M. de Chateaubriand, avec toutes les marques de respectueux attachement à sa personne et à sa maison, lui dit ce qu'il venait d'apprendre et ce qu'il se refusait à croire. Il le supplia, par les mânes de son frère, par l'honneur de sa maison, par le soin de sa mémoire, de préserver l'histoire de son règne d'une concession que ses ennemis appelleraient une ignominie. Il lui représenta la consternation des royalistes apprenant que le juge qui avait condamné Louis XVI à l'échafaud siégerait en face du roi, frère de Louis XVI, dans les conseils et dans les palais même de sa victime. Il ouvrit devant lui le cœur de madame la duchesse d'Angoulême, pour en arracher les cris d'indignation et de douleur que le respect y contiendrait sans doute devant lui, mais qui éclateraient devant l'ombre de son père et devant Dieu ! Il n'obtint qu'un impassible silence et des signes de résolution arrêtée sur les traits et dans les gestes du roi.

« Cela est nécessaire, monsieur, dit sévèrement le prince ; aucun bon Français ne peut avoir la prétention de sentir plus fortement la nécessité et la douleur vaincue par le devoir envers son peuple, que le roi ! — Ah ! s'écria Chateaubriand, si le trône lui-même était, en effet, le prix d'un tel sacrifice, il conviendrait surtout à un prince si éclairé et si noble que vous de sacrifier un trône à la vertu! » Il voulait insister encore; le roi, poussé par l'importunité et l'impatience, et aussi embarrassé de refuser que de répondre, lui montra la porte du geste et s'écria : « Sortez, monsieur ! » Chateaubriand s'inclina avec douleur, et sortit en emportant dans son cœur un murmure qui ne s'y apaisa jamais.

XXVII

Fouché, rentré à Paris, concerta dans la soirée, avec ses nouveaux collègues, les mesures secrètes à prendre pendant la nuit pour la rentrée du roi le lendemain. Une grande agitation remuait Paris comme aux approches d'un dénoûment qui va décider du sort de tous. Les faubourgs étaient pleins de groupes qui insultaient les royalistes allant à Arnouville, et qui menaçaient de fermer la capitale à un roi ramené par les troupes qui avaient combattu contre leurs frères. On arborait, on abattait, on injuriait le drapeau blanc. Des bandes répandues dans les rues demandaient la tête des traîtres. La garde nationale, patiente mais peu nombreuse, contenait avec peine ces émotions.

Les chambres juraient de mourir à leur poste, si les proclamations royales ne contenaient pas les garanties promises tous les jours par Fouché pour les endormir. Le conseil de gouvernement, sentant l'impossibilité de résister et la honte de céder, feignait de sympathiser avec les exigences de la population militaire et des chambres, et laissait à Fouché tous les périls, toute la responsabilité et tous les reproches du dénoûment. Il les assumait avec une intrépidité, un double visage et une assurance dignes d'une plus belle cause et d'un caractère plus élevé. Il les laissait gémir et murmurer pour sauver les apparences de leur situation. Il savait qu'ils voulaient paraître trompés et contraints par la violence des événements à une abdication qui leur paraîtrait moins humiliante s'ils pouvaient l'attribuer à la trahison et la force. Il les servait comme ils voulaient être servis.

Le rôle de Carnot et de ses collègues était fini du jour où ils avaient attaché leur cause à celle de Napoléon. Vaincus avec lui à Waterloo, vaincus une seconde fois par son abdication forcée à Paris, ils n'étaient plus que des parlementaires entre deux révolutions qui allaient se résoudre sans leur concours. Ils feignaient de s'en rapporter à Fouché pour faire des conditions à la liberté, ou pour garantir des sûretés et des amnisties à l'empire. En réalité, ils n'espéraient rien que d'être déchargés à tout prix du fardeau qui pesait sur eux. Ils auraient pu, avec plus de résolution, suivre l'armée de la Loire ou tenter la bataille à Paris : ils n'avaient fait ni l'un ni l'autre. La faiblesse numérique de l'armée leur avait interdit la guerre avec l'étranger ; le patriotisme et l'opinion leur interdisaient la guerre civile. Ils ne pouvaient qu'expirer entre tous les partis, dans les mains d'un collègue plus pervers, mais plus résolu et plus habile qu'eux.

XXVIII

Fouché, pressé de les congédier pour livrer le palais des Tuileries à Louis XVIII, les réunit le 9 juillet au matin. Il les entretint de ses conférences avec lord Wellington et avec Louis XVIII. Il assura qu'il avait reçu du premier toutes les concessions et toutes les garanties pour lesquelles le gouvernement et les chambres montraient extérieurement tant de sollicitude. Il entendait par là l'amnistie et les institutions libérales; car il ne s'agissait déjà plus pour personne de Napoléon. Un prince nouveau emporte sa postérité avec lui : les vieilles dynasties ont seules des racines et des rejetons après leur chute.

Pendant que Fouché parlait avec cette liberté d'esprit et cette sécurité apparente à ses collègues, comme pour les engager à se désintéresser enfin des affaires et à se retirer, le général Blücher, d'après ce qui avait été convenu la veille entre Fouché, Wellington et lui, faisait occuper, sans résistance, le jardin et le palais des Tuileries par ses troupes.

Les membres du gouvernement protestèrent en vain contre cette violation de l'article de la capitulation qui confiait l'intérieur de la ville, les palais et les monuments à la garde nationale. Le général prussien répondit qu'il ne connaissait que les ordres de son chef. « Eh bien ! dit Fouché avec une colère réelle ou feinte, nous nous retirerons, mais après avoir consigné dans un dernier message aux chambres la violence qui nous est faite. » Et il écrivit :

« Monsieur le président,

» Jusqu'ici nous avons dû croire que les souverains alliés n'étaient point unanimes dans le choix du prince qui doit régner sur la France. Nos plénipotentiaires nous ont donné la même assurance à leur retour. Cependant, les ministres et les généraux des puissances alliées ont déclaré hier, dans les conférences qu'ils ont eues avec moi, que tous les souverains s'étaient engagés à replacer Louis XVIII sur le trône, et qu'il doit faire ce soir ou demain son entrée dans la capitale.

» Les troupes étrangères viennent d'occuper les Tuileries, où siége le gouvernement.

» Dans cet état de choses, nous ne pouvons plus que faire des vœux pour la patrie, et, nos délibérations n'étant plus libres, nous croyons devoir nous séparer.

» Paris, le 7 juillet 1815.

» *Signé* : Fouché, Carnot, Caulaincourt, Quinette, Grenier. »

XXIX

Ainsi se retirèrent sans murmure devant une apparence de violence qu'ils n'avaient su ni prévenir, ni fuir, ni repousser, et devant l'injonction d'un de leurs collègues, déjà ministre en ce moment d'un nouveau gouvernement, des hommes forcés d'accepter le rôle de dupes, bien qu'ils connussent parfaitement les manœuvres de Fouché, pour écarter de leurs têtes les soupçons de lâcheté ou de trahison. Jamais gouvernement en France n'avait jusque-là terminé si honteusement sa carrière. Ce n'était cependant ni le courage personnel, ni le patriotisme, ni l'honneur qui manquaient à ces hommes; mais, à l'exception de Quinette et de Grenier, choisis parmi les hommes étrangers au 20 mars, la situation des trois autres était si fausse dans un gouvernement créé pour congédier et pour remplacer Napoléon, que toute dignité et toute conformité à eux-mêmes devaient manquer à leurs actes comme à leur résignation du pouvoir. Caulaincourt, créature et négociateur de Napoléon; Carnot, qui, par une inconséquence de patriotisme, avait accepté de lui un ministère et un titre de cour sur son nom républicain, étaient sortis des conseils intimes de Napoléon à l'Élysée pour se charger, au nom des chambres, de le surveiller, de le déjouer et de le proscrire. Ce rôle une fois accepté, ils ne pouvaient plus être que les jouets des événements et les vains noms officiels derrière lesquels Fouché masquait sa vraie politique.

Trop éclairés pour ne pas voir aussi bien que lui l'impossibilité absolue de résister dans Paris avec une poignée d'hommes aux armées de l'Europe; trop probes cependant pour trahir eux-mêmes les restes du parti bonapartiste, qu'ils représentaient dans le gouvernement, ils se trouvaient forcés de laisser trahir et ils assistaient à la trahison. La trahison accomplie, ils signaient de leur propre main leur déception et leur humiliation dans cet acte. Ils étaient finis pour les républicains, pour les fidèles de Napoléon, pour les partisans de Napoléon II, pour les constitutionnels, dont ils livraient les garanties, pour tout le monde. Ils n'avaient plus qu'à disparaître. La dernière scène ressemblait à une scène de comédie, dénouant une des grandes tragédies de l'histoire : les triumvirs de la république, de l'empire et de Napoléon II, dissous et congédiés par Figaro. L'histoire a des pages où Tacite doit remettre la plume à Térence, à Molière, à Beaumarchais.

XXX

Cambacérès, bonapartiste malgré lui pendant les cent-jours, favori épouvanté de sa faveur, et désirant l'obscurité comme un autre désire les grands rôles, pour y abriter sa timidité et sa fortune, présidait la chambre des pairs quand le message du gouvernement lui fut apporté. Il le lut avec résignation devant ses collègues. Le silence l'accueillit, et le vide se fit dans l'enceinte par ces sénateurs accoutumés à suivre les obsèques de tant de gouvernements, et à se tourner les premiers au soleil levant de toutes les faveurs et de toutes les servilités.

A la chambre des représentants, les bonapartistes, les républicains et ceux qui affectaient, sous l'inspiration de Fouché, l'attitude de l'expectative et de l'espérance, protestèrent, par quelques murmures et par quelques vaines exclamations, contre la violence faite à leur mandat. Manuel interrompit la discussion spéculative de la constitution pour affirmer à la chambre que les armées étrangères elles-mêmes, intimidées par la sainteté de la représentation nationale, laisseraient leur délibération se continuer solennellement au bruit des armes, et que, dans le cas où la violence oserait attenter à leurs fonctions, ils diraient comme Mirabeau à l'Assemblée constituante : « Nous sommes ici par la volonté du peuple; nous n'en sortirons que par la force des baïonnettes ! »

Mais le soir, à la réunion des ministres chez M. de Talleyrand, Fouché ayant témoigné l'embarras qu'il éprouvait à congédier la chambre des représentants, dont la présence avait l'air d'opposer gouvernement à gouvernement, sans employer les baïonnettes des étrangers et sans exécuter une de ces scènes tachées de sang et vengeresses de paroles qui retentissent et qui protestent dangereusement dans l'histoire contre un gouvernement, M. Decazes, pressé par son royalisme et par son zèle, s'approcha de Fouché et lui dit avec assurance :

« Ce sera moi, si vous voulez, qui vous débarrasserai de l'Assemblée; vous n'avez qu'à m'en donner l'ordre, je réponds de tout. » Fouché, ravi, écrivit l'ordre à l'instant sur la table de M. de Talleyrand, et le remit à M. Decazes, en le félicitant de son assurance.

Le jeune homme sortit, rassembla chez lui quelques gardes nationaux affidés dont le royalisme lui était connu, les chargea de réunir dans la nuit les gardes nationaux de leurs légions dont ils étaient sûrs, et de s'emparer avant le jour de l'enceinte de la chambre, dont ils interdiraient, au nom du gouvernement du roi, les portes aux députés. Cet ordre fut exécuté avec le zèle que l'opinion et le triomphe prochain d'un gouvernement naissant donnent toujours en France à ses partisans. Les députés, en se présentant, le lendemain, à l'aurore, aux portes de leur palais, les trouvèrent fermées et interdites. Ils se retirèrent en murmurant, les uns pour la forme, les autres pour l'honneur, le petit nombre pour la liberté. Le peuple, qui ne voyait plus en eux ni Napoléon, ni la république, ni la patrie, mais quelques hommes de tribune sans cause acharnés à discourir sur des ruines pendant que les armées ennemies étaient en possession de la capitale, ne répondit à leurs murmures que par son indifférence.

XXXI

La Fayette devait à son nom et à son passé une protestation plus personnelle et plus éclatante. Il essaya de la constater en étendant les bras et en haranguant le peuple devant les grilles. Le peuple, qui ne le connaissait plus, fut aussi sourd que les portes à sa voix. Trompé depuis l'abdication dans son espérance de diriger le gouvernement nouveau et d'être l'arbitre entre une restauration et la liberté, il avait été trompé également dans la tentative de négociation au nom de la chambre avec les souverains. Il affirmait, en rentrant à Paris, que Sébastiani et lui avaient obtenu des alliés le libre choix du prince qui conviendrait à la France. Il rêvait, dit-on, le duc d'Orléans comme une déviation de plus du principe monarchique qu'il avait tendu toute sa vie à affaiblir sans avoir la franchise et l'énergie de le vouloir supprimer; et les alliés donnaient un démenti complet à cette négociation, en balayant la chambre et en installant unanimement les Bourbons aux Tuileries. La Fayette, resté sans écho dans le peuple, rentra silencieusement dans la foule, et assista le soir, obscur et inaperçu, à l'expulsion d'une représentation qu'il avait désarmée en désarmant Napoléon.

Fouché triomphait seul de tous ces hommes disparus, les uns dans leur conspiration, les autres dans leur fanatisme, ceux-ci dans leur ambition, ceux-là dans leur inconséquence, tous dans leur incapacité. Il ne leur restait que le murmure. Fouché le bravait, car, n'ayant point de conscience, il n'avait point de remords.

Carnot, apprenant qu'il était ministre de la police de Louis XVIII, et qu'il était chargé de dresser lui-même des listes d'exil contre ses complices et ses collègues, se présenta à l'audience de Fouché; il lui adressa un regard où se peignait le mépris d'une âme sincère pour le succès de la fourberie politique, et, employant ce rude tutoiement antique et révolutionnaire dont ces deux républicains avaient pris ensemble l'habitude à la Convention : « Où dois-je me rendre, traître? lui dit-il. — Où tu voudras, imbécile! » répondit Fouché. On eût dit qu'il respectait assez ou qu'il dédaignait trop Carnot pour le proscrire.

Ce dialogue, vrai ou faux, reste à l'histoire. Il qualifiait admirablement ce gouvernement composé d'un homme habile et astucieux et d'un homme simple et trompé. Fouché était flétri, Carnot était jugé.

LIVRE TRENTIÈME

Jugement sur les cent-jours. — Entrée de Louis XVIII dans Paris. — Discours de M. de Chabrol. — Réponse de Louis XVIII. — Louis XVIII à Paris. — Acclamations de la population. — Situation politique du roi. — Attitude de Fouché. — Ordonnances de réorganisation de la pairie et de convocation de la chambre des députés. — L'armée de la Loire. — Ordres du jour du maréchal Davoust. — Soumission de l'armée à Louis XVIII. — L'armée prend le drapeau blanc. — Blücher veut faire sauter le pont d'Iéna. — Dévastation du musée et des bibliothèques. — Violences des Prussiens. — Réquisitions. — Enlèvement des préfets. — Impôts de guerre. — Occupation de Paris et de la France par les armées alliées. — Licenciement de l'armée de la Loire. — Remplacement du maréchal Davoust par le maréchal Macdonald. — Négociations diplomatiques chez lord Castlereagh. — Ultimatum des puissances. — Éloignement de Louis XVIII pour M. de Talleyrand. — Cour de Louis XVIII. — Sa famille. — Faveur de M. Decazes. — M. Decazes. — Son portrait. — Retour sur sa vie. — Son entrevue avec le roi. — Rapport de Fouché. — Proscriptions. — Faiblesse du roi.

I

Ainsi finirent les cent jours du second empire de Bonaparte, commencé par une descente, les armes à la main et en pleine paix, sur le rivage de la patrie, triomphant par l'embauchement et par la sédition de l'armée, flétri par la trahison de quelques chefs, poursuivi à travers l'humble soumission de la nation aux soldats, affaibli par l'indifférence ou la désaffection des bons citoyens, ruiné par la défaite de Waterloo et par l'anéantissement de cette armée héroïque, par l'hésitation de Napoléon et par son abdication trop tôt ou trop tard accordée à la pression des chambres, exploité et vendu aux Bourbons, sans conditions pour la liberté, par l'ambition de Fouché et par l'inertie de ses collègues; terminé enfin par une seconde invasion de l'Europe et par l'asservissement temporaire du sol de la patrie à l'étranger.

Tel fut ce second empire. Tel fut pour la France le résultat de cet attentat de son ancien chef contre son repos, son indépendance et sa sûreté. Napoléon, en le tentant, montra peu de sollicitude pour le sort de sa patrie compromise dans sa cause, peu de soin de sa renommée qui n'avait qu'à perdre, peu de connaissance de l'histoire qui ne se recommence jamais. Son débarquement à Cannes et sa marche sur Paris furent héroïques et triomphaux, mais c'était l'héroïsme de la personnalité et le triomphe de la sédition. Les préparatifs de guerre furent mous, indécis, embarrassés par cette hésitation entre le rôle de dictateur et le rôle de prince constitutionnel, restaurateur de la souveraineté du peuple. La campagne fut hardie, la bataille désespérée, mais successive, morcelée, sans unité et sans éclair de génie. En ne risquant pas tout, comme le conseillaient Ney et la circonstance, il perdit tout. La défaite le détrônait à la fois à la frontière et dans sa capitale. Ses menaces à l'Assemblée des représentants furent téméraires; ses concessions, forcées; sa résignation de l'empire, humiliante; sa retraite à la Malmaison, inexplicable pour un homme qui connaissait la fortune; ses offres de service comme général, puériles; sa fuite vers la mer, tardive; son embarquement, suspendu pour attendre l'impossible un pied sur l'Océan, chimérique; sa reddition sur un vaisseau ennemi sans avoir fait ses conditions, folle; sa captivité, écrite d'avance. Tout est marqué pour lui, pendant cette période de sa vie, d'un signe de décadence et d'aveuglement, excepté sa marche sur Paris, la plus intrépide et la plus personnelle de ses campagnes. Il se précipitait, sans regarder devant lui ni derrière lui, vers le trône. Dès qu'il l'eut atteint, il fut pris du vertige des difficultés qu'il avait affrontées, et il se précipita pour en descendre. Ce caprice d'ennui, d'héroïsme et d'ambition de Napoléon coûta à la France plus de deux milliards d'armements, de tributs, d'indemnités de guerre à l'Europe; l'insurrection, premier et fatal exemple de son armée contre les lois; l'honneur de ses généraux et de ses maréchaux oubliant leurs serments à la patrie pour leur concession à contre-cœur à la popularité militaire d'un homme; la dernière armée aguerrie qui lui restait après l'invasion de 1814; sa renommée de nation invincible sur le champ de bataille; le prestige de sa gloire, ses frontières rétrécies par l'épée des vainqueurs, son sol envahi, ses villes à merci, sa capitale profanée, ses monuments spoliés par des représailles, ses provinces et ses places fortes occupées trois ans jusqu'à l'acquittement de sa rançon, enfin le licenciement et le désarmement des restes de Waterloo! Il coûta de plus, au gouvernement des Bourbons qui allait succéder à ce désastre, l'indépendance, la liberté et la popularité du trône, qu'on accusa à tort des conséquences du crime de cette seconde invasion. Il fallait une grande soif ou un grand courage de régner dans le roi pour aborder un trône et un peuple ensevelis sous tant de ruines!

Jamais peut-être il n'y eut dans l'histoire de France une époque plus désespérée, plus humiliante et plus douloureuse pour la patrie que ces cent jours et l'époque qui les suivit immédiatement. Patrie, monarchie, liberté, probité de l'armée, patriotisme du peuple, caractère des chambres, fortune publique, gloire des armes; tout souffrait, même l'honneur national. Leçon terrible aux soldats qui osent tout, et plus terrible aux peuples qui laissent tout oser contre eux à ces tribuns de gloire? La France ne s'était pas fait respecter par son armée au 20 mars. L'armée et la France payaient leur faute, l'une par la perte de son sang et de sa domination, l'autre par la perte de sa dignité et de son indépendance. Il n'y avait qu'à pleurer sur la patrie.

II.

C'est dans ces lugubres circonstances que le roi rentrait dans Paris. Aussi, soit pudeur pour son peuple, soit crainte de ses ministres de susciter une émotion désespérée et de laisser courir au roi des dangers personnels par les balles ou par les poignards du dernier fanatique de l'empire, on ne fit annoncer son entrée dans la capitale, par le canon des forts et des troupes étrangères, qu'au moment où il traversait déjà les faubourgs et les boulevards pour se rendre à son palais. M. Decazes, redoutant le faubourg Saint-

Denis, qui avait été, avec le faubourg Saint-Antoine, un des foyers les plus tumultueux des fédérés, avait conseillé au roi d'entrer par Clichy à la chute du jour.

« Non, répondit Louis XVIII faisant allusion à l'entrée nocturne de Napoléon le 20 mars, je veux traverser Paris en plein jour et au milieu de mon pays. Quand on voit son roi en France, il n'y a plus de ligueurs! »

III

Le roi entra en effet au milieu du jour. Malgré les précautions du gouvernement pour dérouter la multitude, elle était immense sur son passage. Tous les dénoûments sont des soulagements pour un peuple. Le parti de Napoléon, composé presque exclusivement d'hommes de cour et d'hommes des camps, avait disparu depuis quatre jours; il avait suivi l'armée de la Loire, où se tenait renfermé dans ses hôtels, attendant l'inévitable événement et négociant avec Fouché pour ses amnisties, ses dignités, ses fortunes. Le peuple, d'abord enthousiaste du retour miraculeux de son empereur et complice par ses acclamations de la sédition militaire du 20 mars, n'avait plus reconnu ni l'armée dans sa défaite, ni l'empereur dans son irrésolution, dans sa fuite sur Paris, dans son immobilité à l'Élysée, dans son abdication et dans sa retraite insouciante à la Malmaison. Sa popularité était usée, il ne restait dans les masses que le ressentiment de tant de déceptions, et la douleur de la patrie et de la capitale livrées par une seule bataille à l'étranger. Les nobles et les bourgeois en masse, les premiers par amour des Bourbons et par représailles de leur défaite du 20 mars, les seconds par amour de la paix, de leurs industries, de leur sécurité, n'avaient qu'un cœur pour rappeler, pour voir, pour acclamer Louis XVIII.

Ce prince, sous son règne court et si malheureusement interrompu, n'avait pas eu le temps de dépopulariser son gouvernement. Ce règne avait été tranché par la violence des bonapartistes au commencement de ses espérances. Ces espérances renaissaient avec son retour. Une imprécation presque unanime accusait Napoléon seul, sa famille, ses courtisans, ses soldats, des calamités de la patrie. Ces imprécations, qui n'osaient pas encore se traduire en représailles contre les conspirateurs civils ou militaires des cent-jours, s'épanchaient en acclamations et en attendrissements pour les Bourbons. Le drapeau blanc, inauguré, dès le matin comme un signal de paix sur le pavillon des Tuileries, avait fait arborer en un clin d'œil un million de drapeaux aux couleurs royales à toutes les fenêtres des faubourgs, des rues et des places que le cortége devait parcourir. Paris entier sembla se pavoiser de lui-même de la bannière des lis. L'impulsion, cette fois, n'était ni donnée par quelques groupes ambulants de royalistes, ni favorisée par Fouché. Ce ministre, au contraire, désirait refroidir l'accueil pour exagérer aux yeux des Bourbons les répugnances et les irritations de Paris. Mais l'enthousiasme de la paix entraînait ces vaines prudences de l'astuce. Le roi revenait cette fois, plus encore qu'en 1814, comme une réparation pour les uns, comme un repentir pour les autres, comme un salut pour tous.

IV

La garde nationale, qui venait de passer sous le commandement du général Dessolles, ancien lieutenant de Moreau, cher à l'armée, agréable aux Bourbons par l'antipathie des hommes de ce parti contre l'empire, hérissait de ses baïonnettes neutres et pacifiques les rues par lesquelles devait passer le cortége. D'innombrables colonnes de bourgeoisie désarmée, de jeunesse royaliste et d'artisans, se succédaient dans le faubourg Saint-Denis, se précipitant spontanément au-devant de Louis XVIII, aux cris de : « Vive le roi ! » et au chant populaire de : *Vive Henri IV !* » Ce peuple, par son concours, par sa masse et par ses démonstrations, semblait vouloir dérober à ce prince et se dérober à soi-même l'aspect des armées étrangères dont la vue humiliait et attristait ce retour. Il voulait prouver qu'entre le roi et Paris il n'y avait eu qu'un homme et ses satellites, et qu'une fois cet homme disparu et son armée écartée, le peuple et le roi s'embrassaient par l'élan naturel d'un père vers ses enfants, des enfants vers leur père. La population de Paris, si froide, si muette et si absente au 20 mars, se vengeait de cette journée et protestait tardivement contre l'oppression que l'armée lui avait fait subir.

V

Le roi parut, à trois heures, à la barrière Saint-Denis. Il était entouré du comte d'Artois à cheval à la portière de sa voiture, du duc de Berri, son neveu, à l'autre portière ; des maréchaux Marmont, Oudinot, Victor, Macdonald, Gouvion Saint-Cyr, du duc de Feltre, des généraux Maison, Villate, Dessolles ; les uns compagnons de son court exil à Gand, les autres restés fidèles à leurs devoirs et à leurs serments pendant l'interrègne. La maison militaire du roi et des princes, les gardes du corps, les mousquetaires, les chevau-légers de la garde, les volontaires royaux, les grenadiers de La Rochejaquelein, qui formaient la petite armée du prince à Alost, et qui s'étaient grossis et reformés sur la trace du roi depuis sa rentrée en France, marchaient à sa suite, saluant la garde nationale, composée de leurs amis, de leurs pères, de leurs frères, et salués par elle comme des hôtes impatiemment attendus au foyer de la patrie. Cette escorte toute française donnait du moins à ce retour une physionomie nationale. Ce n'était ni l'étranger ni la guerre civile qui triomphait dans cet embrassement de Paris et des Bourbons ; cette fois c'étaient des proscrits volontaires qui n'avaient pas tiré l'épée contre leur patrie, mais qui, éloignés d'elle un moment par leur fidélité, en recevaient la récompense dans l'accueil libre et cordial du peuple affranchi de la compression des soldats. La réception du roi en 1814 avait été plus pleine de curiosité, celle-ci d'émotion et d'attendrissement. Les larmes coulaient sur beaucoup de visages. On avait été si malheureux des deux côtés, on était si pressé de réparer et d'oublier en commun le grand désastre! Le roi cachait l'étranger; on se réfugiait en lui pour retrouver la patrie dans un homme.

VI.

Fouché avait rappelé à la préfecture de Paris M. de Chabrol, homme d'une grave popularité, le même qui avait présenté à Louis XVIII les clefs de Paris en 1814, et administré la ville pendant la première restauration. M. de Chabrol, quoique magistrat de l'empire, s'était assez respecté lui-même et avait assez respecté sa patrie pour se retirer avec les Bourbons au retour de l'empereur. Fouché désirait que M. de Chabrol insinuât des conditions à Louis XVIII dans les paroles qu'il devait lui adresser au nom de la ville de Paris, et qu'il donnât des avis ou des avertissements au monarque. M. de Chabrol se refusa à cette inconvenance dans un pareil moment. La défection, la fuite, l'exil, le sang versé à Waterloo, la rentrée sur des provinces envahies et dans une capitale étreinte par quatre armées étrangères, n'étaient-ils pas des avertissements assez éloquents par eux-mêmes, et convenait-il d'attrister encore cette réconciliation du roi et du peuple par des souvenirs ou par des pressentiments sinistres? Fallait-il, d'ailleurs, intervertir ainsi les rôles, et donner au roi seul l'apparence de tous les torts, quand le peuple et l'armée en avaient eu au moins d'aussi reprochables? Était-ce à ceux qui avaient laissé envahir la capitale et le trône par Napoléon de demander réparation à Louis XVIII, qu'ils avaient ainsi eux-mêmes abandonné, détrôné et proscrit? M. de Chabrol se borna, au contraire, à énumérer les calamités que les cent jours de la présence de Bonaparte et de l'absence du gouvernement légitime avaient coûté à la patrie, et à solliciter pour tous les torts le pardon contenu dans l'âme d'un roi et d'un père, et pour tous les malheurs les oublis et les consolations nécessaires à tout réparer.

Louis XVIII, avec une convenance qui était le don de sa nature et l'inspiration de sa politique, répondit sans faire aucune allusion de reproche ou de vengeance à l'organe de la ville de Paris : « Je ne me suis éloigné de ma capitale qu'avec la plus vive douleur, j'y reviens avec attendrissement : j'avais trop prévu les maux dont elle était menacée ; je viens pour les prévenir et les réparer. » Ces mots étaient la situation tout entière. Il y avait un reproche, mais attendri par la douleur ; une promesse d'intervenir entre la France et l'ennemi, pour tempérer, s'il était possible, la victoire ; une espérance de bon gouvernement.

Mais si Louis XVIII voulait adoucir l'expression des amertumes et des humiliations qu'un pareil retour au milieu des armées étrangères infligeait à la nation, il ne voulait pas dissimuler trop complaisamment au peuple la douleur sévère et le ressentiment patriotique qu'il éprouvait, en traversant sa capitale envahie et les provinces conquises par la sédition des uns, par la faiblesse de tous. Il referma promptement la glace de sa voiture, qu'il avait ouverte seulement pour prêter l'oreille au préfet de Paris, et il se composa pour tout le reste de la ville un visage majestueux et impassible où une teinte de colère se mêlait à une grande dignité. Il voulait que le peuple comprît qu'il rentrait sans haine, mais non sans souvenir de l'injure qui lui avait été faite. Il effaça toute larme de ses yeux, tout sourire de ses lèvres, toute banale paternité de ses gestes. On voyait qu'il ne voulait ni implorer l'accueil ni mendier le trône, mais reprendre avec un droit entier et avec une autorité sévère un règne interrompu par des factions. Ce sentiment, peint sur son visage, était compris du peuple, qui aime la fierté, même contre lui. Plus le roi montrait de réserve dans ses démonstrations, plus la foule multipliait et attendrissait les siennes. On eût dit que la population de Paris voulait arracher de son cœur la douleur qui le fermait et le pardon qui devait en sortir.

VII

En approchant du palais par le Carrousel, l'entrée triomphale fut attristée davantage encore par la présence des troupes prussiennes qui campaient dans les cours et dans le jardin. Ce palais d'un peuple ressemblait à la prison de l'Europe. La garde nationale et la maison militaire du roi se hâtèrent de s'emparer des portes, des escaliers et des salles d'armes, pour masquer à la France et au prince cette douleur d'une habitation royale gardée au cœur de la capitale par des soldats du Nord. Le roi descendit de voiture sur le même perron d'où il était sorti, cent jours avant, à la lueur des torches de sa fuite, et où Napoléon avait été enlevé le lendemain et reporté au trône dans les bras de ses grenadiers. Il y fut reçu par ses serviteurs, qui se précipitaient à ses genoux et qui arrosaient de larmes de joie le pan de son habit. Conduit par eux sur le balcon de la salle des Maréchaux qui ouvre sur le jardin des Tuileries, il y reçut, dans le cri unanime et passionné d'une multitude innombrable, le salut de son retour et la touchante réparation de son exil. Ce cri, renouvelé à chacun de ses gestes et prolongé autant que le jour, retint le roi et les princes jusqu'à la nuit tombante aux fenêtres de son palais.

Le délire de cette foule d'élite, composée principalement de la population noble, riche, bourgeoise du quartier aristocratique, voisine du palais, s'exalta même jusqu'à l'oubli de toute convenance et de toute dignité nationale. Les joies d'un peuple ont leur cynisme comme ses fureurs. Les chants, les cris, les larmes, les gestes de cette multitude ne suffisant plus à exprimer son fanatisme, on vit, à l'exemple des peuplades sauvages, les femmes et les hommes des rangs les plus élevés et des noms les plus historiques de la France, former, comme les Israélites devant l'arche, des rondes et des bacchanales turbulentes, et danser les mains dans les mains, à la lueur des torches, devant le roi et sa cour. Toutes les fois que le prince, heureux mais las de ces démonstrations, se retirait du balcon pour conférer avec ses ministres et ses officiers, des vociférations fanatiques l'y rappelaient pour assister à de nouvelles démences de la joie publique. Le roi, entraîné lui-même par l'énergie de ces appels et par ces milliers de mains levées vers lui, fut forcé de descendre sur le perron du palais et de satisfaire de plus près cette soif insatiable de royalisme.

Cette joie attristait. Les âmes réfléchies ne reconnaissaient pas, à ces scandales d'amour de la société élégante et aristocratique de Paris, la convenance d'un peuple qui venait de périr dans son droit de souveraineté au 20 mars, dans sa gloire à Waterloo, dans son indépendance nationale la veille à Paris. Une résignation triste, un accueil tendre et réparateur, mais silencieux et réservé, eût été plus digne de la France devant son roi et devant l'Europe en armes. Mais il y avait des représailles dans ces délires. Le roi, qui en était témoin, dut réfléchir que les partis qui couvaient de telles joies pourraient bientôt couver d'autres vengeances, et lui demander des satisfactions de haines qu'il aurait de la peine à leur disputer.

VIII

Sa première nuit fut troublée jusqu'à l'aurore par les tumultes de ces folles manifestations. Il était plus roi que jamais, car il était le roi du cœur de ce peuple. Mais ce peuple n'était plus à lui-même. Il était livré une seconde fois à l'invasion et aux vengeances de l'Europe armée. Il fallait à la fois apaiser, désarmer, congédier l'Europe et gouverner ce peuple, dans le sein duquel les cent-jours venaient de jeter les germes de division qui feraient de la seconde restauration non plus un règne seulement, mais un parti et un combat.

Le roi sentait profondément ces difficultés, mais il sentait aussi avec une intelligence très-pénétrante les avantages de sa seconde situation sur la première.

A son premier avénement, un an avant, il était inconnu de la France. Il se présentait au trône comme un candidat patronné par l'étranger. Il représentait dans l'imagination de la France un régime répudié et suranné, inconciliable peut-être avec les idées et les intérêts nés depuis son émigration. Il succédait à un héros qui avait enivré la France de la gloire et de l'orgueil de ses conquêtes et qui venait de trébucher pour la première fois de la victoire et du trône. L'armée de ce conquérant, privée de son chef, mais intacte et prestigieuse encore, était un empire dans l'empire, un peuple prétorien avec lequel il fallait compter ou se retirer. Ses chefs, dignitaires, maréchaux, généraux, officiers, diplomates, sénateurs, courtisans même, étaient debout, unis, solidaires. Ils avaient fait leurs conditions avec la restauration et pouvaient la dominer ou la contraindre, s'ils ne la possédaient pas tout entière. Le parti ancien ou le parti du roi n'était reçu à sa suite qu'à titre de grâce et d'hospitalité jalouse par le parti survivant de l'empire. Ces deux partis se disputaient l'ascendant dans le palais, dans les faveurs, dans les emplois publics, dans l'armée. Faire prévaloir les royalistes, c'était désaffectionner les ambitieux de la cour, des camps, des administrations de Bonaparte; faire prévaloir les bonapartistes, c'était désaffectionner les amis de la royauté antique et faire crier au scandale de l'ingratitude devant la haute noblesse, l'Église, l'émigration, l'Europe. Il y avait dans cette situation du roi, en 1814, des piéges et des abimes qu'il était presque impossible d'éviter. Le roi n'était, en quelque sorte, que le fondé de pouvoirs de l'empire, le vice-roi de la révolution, l'arbitre toléré entre les partis; il n'était par lui-même qu'un conciliateur, un hôte du pays; il n'était pas maître, il n'était pas roi.

IX

Le coup de foudre du 20 mars avait frappé son trône, il est vrai, mais il avait en même temps fait le jour dans la situation. Il avait nettement séparé, par une agression franche et irréconciliable, les éléments royalistes et napoléoniens. Il avait fait plus : il avait rejeté du côté du roi, par réprobation contre l'attentat du 20 mars et par ressentiment contre les calamités nationales, — suite de cet attentat, — l'opinion des masses, indifférentes et indécises jusque-là. Le roi, qui n'avait été que subi ou accepté en 1814, était imploré et acclamé aujourd'hui par la presque unanimité de la nation. Lui seul pouvait se jeter utilement cette fois entre la France vaincue et l'Europe provoquée. Les services que seul il pouvait rendre le sacraient aux yeux de la nation. Il était innocent de ses malheurs; il n'avait pas appelé Bonaparte, il n'avait pas appelé l'étranger. L'Europe s'était armée d'elle-même pour sa propre sûreté et non pour la cause de ce roi qui lui était indifférent. Il n'avait pas excité en France la guerre civile; il ne s'était pas retiré dans la Vendée, soulevant derrière lui la moitié de son royaume contre l'autre. Il s'était abrité en Belgique, il était resté à la disposition des événements et de son peuple, spectateur affligé et impuissant, mais spectateur désarmé de la lutte de Bonaparte avec l'Europe. Bonaparte était retombé de lui-même sous le poids de sa propre faute et de sa propre impuissance. Un cri national de détresse avait rappelé Louis XVIII à Paris pour réparer les ruines accumulées par son antagoniste. L'armée avait renoncé à défendre la nation, que son abandon avait livrée à l'étranger ; les chambres fermées ne représentaient plus rien qu'une faction vaincue et discréditée par sa défaite ; le pays se donnait au roi de sa pleine et libre volonté. C'était moins un règne qu'une dictature de salut public que cette situation faisait au roi. Il y trouvait le droit de retirer sa confiance aux hommes qui venaient de la tromper avec tant de déloyauté et tant d'éclat. Il pouvait être l'ami de ses amis, le roi de ses ennemis, l'arbitre absolu des partis et non plus le négociateur embarrassé entre les deux causes. En un mot, il avait transigé en 1814 ; en 1815 il allait régner. Trois mois de douleur et d'exil lui rendaient la plénitude du gouvernement dont il n'avait eu que l'ombre.

X

Seuls, deux dangers le menaçaient : l'exigence, affranchie de toute pudeur, de l'Europe victorieuse, qui, en couvrant ses sévices et ses spoliations du nom du roi, associerait ainsi ce nom dans l'esprit du pays au ressentiment d'une nation conquise contre l'étranger ; et l'exigence, affranchie de toute mesure, du parti royaliste, impolitique et rétrograde de l'émigration, représenté dans sa cour par le comte d'Artois, son frère, et servi dans les chambres et dans les provinces par une grande partie de la noblesse et du clergé, dont l'influence exclusive était redoutée du pays. Mais il espérait se tirer de la première de ces difficultés par le patronage de l'Angleterre, par l'amitié refroidie, mais facile à reconquérir, de l'empereur Alexandre, et par l'habileté consommée de M. de Talleyrand ; et il espérait prévenir la seconde par l'éloignement de M. de Blacas, par la confiance témoignée à Fouché, sacrifice dont la nation lui était témoin, et enfin par cette diplomatie personnelle et par cette sagesse proverbiale dont les années l'avaient doué. Il croyait fortement à sa propre habileté ; il avait l'instinct du gouvernement des temps difficiles, comme il en avait l'ambition naturelle dans un si haut rang. Spectateur et victime des révolutions, longtemps éprouvé et ballotté par elles, témoin des fautes et des ruines de Louis XVI, son frère, profondément convaincu de l'incapacité politique de son autre frère, le comte d'Artois ; dominant, par l'ascendant de l'esprit, de l'âge et du trône, ses deux neveux et sa nièce, il se croyait certain de faire sentir son inflexible supériorité à tous les partis, de contenir les uns en intimidant les autres.

Telle était l'opinion que Louis XVIII avait des autres et de lui-même, et cette opinion n'était pas sans excuse dans sa nature et dans son intelligence. Il avait la première condition d'un roi : il affectait de croire dans la divinité de son droit, et il croyait véritablement en lui-même.

XI

Mais, bien que la seconde chute de Napoléon et le second anéantissement de la France eussent immensément aplani pour le roi les difficultés de régner, et bien que la

France n'eût alors à choisir pour se relever du 20 mars qu'entre les Bourbons ou la mort, quelque chose trahissait même dans leur rappel l'incompatibilité qui existait depuis 1789 entre la France nouvelle et la dynastie de l'ancien régime. Louis XVIII rentrait dans le palais de ses pères, mais il y rentrait appuyé d'une main sur un évêque sécularisé, marié, transfuge de son Église, négociateur de la révolution en 92, ministre, favori, complice peut-être de Napoléon, et appuyé de l'autre main sur un régicide révolté la veille contre lui, et qui ne lui rouvrait les portes de son palais qu'à la condition d'en chasser les amis de sa jeunesse, et d'y faire régner encore la révolution sous son nom.

M. de Blacas éloigné, Talleyrand et Fouché jugés nécessaires par le roi pour y représenter les garants de la révolution dans son conseil, disaient assez quel était le vainqueur, quel était le vaincu, de l'esprit ancien ou de l'esprit moderne, même sur un sol occupé et dominé par un million d'ennemis. Ces deux hommes, placés par la destinée comme une dérision vivante aux deux côtés du prince légitime, humiliaient le triomphe. Ils ressemblaient aux insulteurs antiques placés derrière les ovations de Rome pour rappeler au vainqueur qu'il était homme, et au roi qu'il était amnistié. Louis XVIII avait assez d'intelligence pour comprendre ce symbole, assez d'orgueil pour le ressentir, assez d'ambition pour le subir, assez de sagesse pour l'interpréter dans son nouveau règne. Son conseil s'ouvrit en sa présence le lendemain.

XII

Trois hommes conspiraient déjà dans ce conseil du gouvernement royal les uns contre les autres, s'associant un moment par une nécessité qui simulait la concorde des idées : M. de Talleyrand contre Fouché, Fouché contre M. de Talleyrand, et le roi contre tous les deux. M. de Talleyrand avait trop de pénétration naturelle pour ne pas comprendre qu'en introduisant Fouché dans le conseil du roi il avait pris ce ministre au piége de son ambition, et que le scandale de sa situation l'engloutirait avant peu de temps. Il chargeait le temps de le débarrasser de ce rival.

Fouché, en effet, avait eu, en se précipitant dans le ministère du roi après sa rentrée, une étourderie d'ambition qui attestait en lui plus de manie d'importance que de vrai génie des situations. Son rôle, de quelque façon qu'on le juge, devait être fini aussitôt qu'il aurait replacé le roi sur son trône. Une grande individualité reléguée des affaires et décorée de quelque vain titre sans fonction, ou une grande ambassade dans une cour lointaine, étaient le seul avenir qui lui fût désormais permis. Sa récompense était dans la satisfaction d'amour-propre que sa supériorité d'audace et d'intrigue lui avait donnée sur trois époques : proconsul sous la Convention, ministre sous le destructeur de la république, arbitre de deux règnes et maître de deux révolutions sous le second empire, mauvais génie de Napoléon, modérateur de la crise du 20 mars, restaurateur de ces Bourbons qu'il avait dédaignés et proscrits, nécessaire au roi après lui avoir été terrible, homme retiré de la scène où il ne restait plus rien à jouer que l'histoire.

Mais, pour étonner l'histoire par une intrépidité d'inconséquence de plus, il avait voulu être le ministre des Bourbons sans transition d'époque et de circonstances ; Fouché du lendemain rejetant insolemment son costume révolutionnaire et se retournant dans le costume de cour contre le Fouché de la veille. Outre que ce cynisme de versatilité dégradait l'homme et ne laissait d'alternative en le regardant qu'entre le rire et l'indignation, la situation qu'abordait Fouché était impossible au génie même de l'insolence et de l'intrigue. Elle devait en peu de jours s'écrouler sous lui.

S'il se rendait agréable aux Bourbons en servant leurs ressentiments et en se faisant l'instrument de leur politique, il devenait le proscripteur de ses propres complices, et par là même il perdait toute popularité et toute importance dans le parti de la révolution ; et s'il ménageait la révolution, l'empire et ses complices de 1793 et du 20 mars, il devenait à l'instant suspect au roi et à son parti. Dans ces deux hypothèses, il était perdu. Il se flattait sans doute de se maintenir en équilibre sur les deux factions qui allaient se disputer la France, de dominer le parti de la cour par l'intimidation du parti de l'armée, et de gouverner le parti de l'armée par l'intimidation du parti de la cour, montrant aux uns la révolution prête à renaître, aux autres la vengeance des royalistes prête à les anéantir, et se donnant ainsi l'apparence de tout contenir par sa seule dextérité. Ce rôle eût été possible en 1814 pour un homme d'État, quand les armées étrangères s'étaient retirées, et que le roi restait seul et inconnu en face de son peuple. Il ne l'était plus en 1815, quand les puissances étrangères, présentes et armées autour du trône et sur tous les points du sol, répondaient au roi de la soumission de son peuple et de l'immobilité de la révolution. Ces puissances ne permettaient pas aux royalistes de craindre les mouvements d'opinion ou de démonstration révolutionnaires pendant qu'elles étaient campées pour plusieurs années sur le territoire, et elles brisaient ainsi le levier simulé de Fouché dans ses mains. Le roi ne l'avait évidemment pris que comme parlementaire d'un moment entre lui et les restes de l'insurrection bonapartiste, décidé à le congédier aussitôt qu'il serait entré dans sa capitale, qu'il aurait licencié l'armée, proscrit les coupables, et raffermi son trône sous ses pieds.

Par quel aveuglement d'esprit un homme aussi intelligent d'instinct et aussi expérimenté des réactions que Fouché put-il croire à la reconnaissance des cours, à sa propre nécessité et à la solidité du pouvoir d'un juge de Louis XVI dans le palais même de ce roi, et au milieu de ses frères, de ses neveux, de ses vengeurs? Cela ne s'explique par aucune combinaison d'un esprit sain. On ne peut l'expliquer que par cet esprit de vertige qui saisit à certains moments les ambitieux comme les rois, qui dérobe à leurs yeux ce que tout le monde voit clairement à côté d'eux, qui les prend dans leurs propres piéges, et qui les punit par leurs propres succès. Les grands vices n'ont pas plus le privilége de l'infaillibilité que les grandes vertus. Les hommes, même quand ils sont pervers, sont des hommes. Ils trébuchent dans leurs intrigues, trompés par leur cupidité, comme les meilleurs trébuchent dans leur candeur, trompés quelquefois par leurs vertus. Tout finit pour tous par une décadence ou par une chute, c'est la loi des choses humaines. Seulement, la postérité relève les uns dans son estime, et laisse les autres illustres encore, mais illustres par son mépris. Tel fut Fouché.

XIII

L'orgueil de son triomphe l'enivrait. Il continuait à parler du roi avec une légèreté et un dédain que ce prince ne pouvait ignorer, comme s'il eût joui d'humilier son maître. « Tout ce qu'ont fait les Bourbons jusqu'ici n'a été que le contre-sens des intérêts et de la gloire de la France. Ils voulaient placer la contre-révolution sur le trône, ils le veulent toujours, mais je suis là !... Je m'y opposerai de tout mon pouvoir. On a parlé de leur substituer un prince étranger ! Eh bien ! cela est vrai : prince étranger, d'Orléans, régence, il n'y a rien que le parti constitutionnel ne préférât accepter des puissances à eux ; en ce cas, du moins, on aurait exigé que les droits du peuple fussent reconnus. On parle de guerre civile ! Si elle éclatait, les Bourbons n'auraient dans soixante départements qu'une poignée de royalistes à opposer à la masse du peuple. Tirez de mes paroles les conséquences que vous voudrez, ajouta-t-il en défiant l'indiscrétion de ses interlocuteurs, cela m'est indifférent ! »

Il se croyait sûr de retrouver dans une chambre nouvelle une majorité, sinon révolutionnaire, au moins constitutionnelle, qui lui servirait de point d'appui contre la cour, chambre qu'il gouvernerait par ses intrigues et par ses affidés, comme il avait fait de la chambre des cent-jours, et qui l'aiderait à intimider le royalisme et à dominer la cour et le roi.

M. de Talleyrand, qui avait besoin du même point d'appui contre les disgrâces plus éloignées, mais certaines aussi, dont il se sentait menacé par l'esprit de cour, sans contre-poids dans l'opinion, avait les mêmes espérances dans une représentation du pays. Ces deux ministres, d'accord par cet intérêt commun, agitèrent immédiatement dans le conseil du roi la question de la prompte convocation des chambres. Le roi lui-même était pressé de mettre une Assemblée nationale face à face avec les exigences de l'étranger, pour ne pas porter seul la responsabilité et l'impopularité des sacrifices et des rançons de la patrie.

XIV

Conserver les chambres existantes, c'était capituler avec la révolution et avec l'empire. Rappeler les chambres existantes en 1814 et expulsées par le 20 mars, c'était reconnaître encore l'autorité de l'empire, d'où elles émanaient, et retrouver parmi les députés et les pairs beaucoup de partisans de Napoléon réélus après le 20 mars, et qui avaient fait acte de proscription contre les Bourbons. Le roi ne pouvait consentir à replacer de sa propre main ses ennemis dans le corps législatif et dans la chambre toute militaire et tout impérialiste des pairs. En l'absence des prescriptions de la charte, des ordonnances réglèrent tout, sauf à les faire régulariser et consacrer en lois de l'État par les chambres elles-mêmes aussitôt qu'elles seraient réunies.

La chambre des pairs de 1814 fut maintenue pour tous ceux de ses membres qui n'avaient pas siégé dans la chambre des pairs de Napoléon pendant les cent-jours. La chambre des députés de 1814 et la chambre des représentants de 1815 furent dissoutes. La pairie, à l'avenir, fut, malgré l'opposition du roi, déclarée héréditaire. Vaine institution de l'Angleterre aristocratique et féodale chez un peuple qui avait fait la révolution pour supprimer les castes, et qui rétablissait ainsi des priviléges dans une législature par droit de naissance, et non par droit d'élection royale et populaire et de capacité personnelle !

Fouché et M. de Talleyrand ne virent dans cette disposition qu'un moyen de lier d'avance les mains au roi, et d'empêcher les ministères futurs vendus à la cour de posséder la chambre des pairs par l'appât de la pairie transmise, à la volonté du roi, des pères aux fils. Ils y virent surtout l'avantage pour eux de nommer eux-mêmes les nouveaux pairs, de les choisir parmi les hommes de la révolution ou de l'empire, et de se faire ainsi une clientèle puissante dans le corps politique le plus élevé après le roi. Le roi, qui tremblait sans motif devant l'ombre de la révolution et de la guerre civile dont Fouché et M. de Talleyrand l'effrayaient pendant les premiers jours de son règne encore contesté, céda tout. Il aliéna ainsi d'avance une partie de sa prérogative et de sa liberté.

D'autres ordonnances déterminèrent le mode de l'élection des députés. On divisa les électeurs en comices de département et en comices d'arrondissement. Les comices d'arrondissement présentaient les candidats aux comices de département, qui choisissaient parmi ces candidats la moitié des députés. Cette élection à deux degrés devait assurer une représentation à la fois plus locale et plus générale. C'était un gage de notoriété et de présomption de capacité demandé par la loi aux représentants du pays. Mais la propriété et l'impôt étaient toujours le titre au droit d'élire et d'être élu. Trois cents francs d'impôts étaient exigés des électeurs de département. Les ministres, pour flatter l'armée et pour introduire un élément nouveau et supposé libéral dans l'élection, avaient admis dans les comices de département les hommes décorés de l'ordre de la Légion d'honneur, milice civile et militaire de l'empereur. Les chambres étaient convoquées pour le 24 septembre.

XV

L'armée, sous le commandement de Davoust, se retirait et se cantonnait en murmurant, mais pacifiquement, derrière la Loire. Elle semait dans tous les départements qu'elle traversait et qu'elle occupait le remords du patriotisme et du bonapartisme vaincus et proscrits en elle. Les populations plus éloignées du théâtre et plus indifférentes aux dangers qui avaient menacé Paris attribuaient au roi et aux royalistes les revers et les rigueurs dont ils étaient innocents.

En voyant ces beaux régiments encore intacts et dont la masse, les chevaux, l'artillerie avaient l'aspect d'une force indomptable, mais triste et condamnée à l'immobilité par la trahison, les villes et les campagnes ne comprenaient pas que ces milliers de soldats, intrépides phalanges ferventes encore du fanatisme pour l'empereur, eussent reculé d'elles mêmes devant les armées dix fois supérieures en nombre de la coalition, et livré la capitale, le trône et le sol à l'ennemi. Elles croyaient ou affectaient de croire que cette capitulation qui exilait l'armée dans leurs provinces était une lâche entente des Bourbons avec l'étranger, et une expiation de la gloire de la France imposée par ceux qui voulaient l'avilir, la rapetisser et la désarmer pour la posséder.

Des symptômes d'insurrection militaire et d'agitation civile éclataient sous les pas de cette armée dans vingt départements. Elle semblait à chaque instant prête à entraîner les populations ou à se laisser entraîner par elles et à renouveler la guerre. Les généraux étaient en correspondance avec Paris.

Davoust, quoique résolu à se soumettre à la nécessité, maintenait à peine ses lieutenants dans le devoir. Son quartier général était une sorte de gouvernement militaire négociant avec le gouvernement civil. Encouragé secrètement dans ses exigences par les insinuations de Fouché et de ses amis, il faisait ses conditions et celles de l'armée. Il adressait au gouvernement du roi des sommations par l'intermédiaire de trois négociateurs laissés par lui à Paris, en se retirant, pour traiter des intérêts de l'armée, comme il aurait traité des intérêts séparés d'une province ou d'un empire dans l'empire.

Ces trois généraux étaient Gérard, Kellermann, Haxo, tous trois renommés pour leurs talents et leur patriotisme. Ils transmettaient au gouvernement les vœux et l'opinion de l'armée, à l'armée les désirs plutôt que les ordres du gouvernement. On s'observait, on se craignait réciproquement. On négociait l'obéissance au lieu de l'imposer.

Le maréchal Davoust ressemblait à ces généraux de Rome à la tête de légions indécises, n'obéissant qu'aux ordres qu'ils avaient imposés au sénat. Davoust cependant subissait en réalité ce rôle plus qu'il ne le briguait. Touché des malheurs de sa patrie et convaincu qu'un renouvellement de la guerre, bien que favorable à sa popularité et à son nom, ne serait qu'une prolongation de l'agonie de la France, il s'employait, en sauvant les apparences, mais avec une sincère abnégation, à pacifier l'esprit de l'armée et à dompter par les concessions sa colère.

XVI

Ses ordres du jour d'Orléans et de Tours attestaient ces efforts pour assoupir l'animation des chefs et des soldats. « Les commissaires, disait-il aux troupes, donnent l'assurance qu'une réaction ne sera pas à craindre, que les passions seront dominées, les hommes respectés, les principes sauvés ; qu'il n'y aura point de destitutions arbitraires dans l'armée, que son honneur sera à couvert. On en a pour gage, ajoutait-il, la nomination du maréchal Saint-Cyr au ministère de la guerre, celle de Fouché au ministère de la police. Ces conditions sont acceptables. L'intérêt national doit réunir franchement l'armée au roi. Cet intérêt exige quelques sacrifices, faisons-les avec une énergie modeste. L'armée intacte, l'armée unie, deviendra au besoin le centre de ralliement des Français et des royalistes eux-mêmes ! Unissons-nous, serrons-nous, ne nous séparons jamais, soyons Français ! Ce fut toujours, vous le savez, le sentiment qui domina mon âme. Il ne me quittera qu'avec mon dernier soupir ! »

De si nobles paroles étaient entendues de la masse de l'armée. Elle commençait à sentir sa faute et à s'affliger des malheurs qu'elle avait déversés sur la patrie. Elle y répondait par un grand acte de repentir et de soumission, remis par les chefs de corps aux commissaires et par les commissaires au maréchal pour être envoyé par le généralissime au roi.

« Sire, disait cette patriotique résignation de l'armée au trône, pleine de confiance dans votre générosité, résolue à prévenir, en se ralliant à vous, la guerre civile, et à ramener par son exemple ceux de vos sujets que les circonstances auraient éloignés de vous, l'armée se flatte que vous accueillerez sa soumission avec bonté, et que, jetant un voile sur ce qui s'est passé, vous ne fermerez votre cœur à aucun de vos enfants. »

Cet acte honora l'armée et attendrit le roi et la France. Le lendemain, le maréchal Davoust, osant davantage, imposa à l'armée soumise le changement spontané de ses drapeaux.

« Soldats, dit-il, il vous reste à compléter l'acte de soumission que vous venez de faire par un acte pénible, mais nécessaire, d'obéissance !... Arborez le drapeau blanc ! Je sais que je vous demande là un grand sacrifice !... Depuis vingt-cinq ans, nous tenons tous à ces couleurs que nous avons portées... Mais ce sacrifice, l'intérêt de la patrie nous le commande... Je suis incapable, soldats, de vous donner un ordre qui serait contraire à l'honneur. Conservez à la patrie une nombreuse et brave armée ! »

XVII

On comprenait, sans qu'il les achevât, les derniers mots du généralissime. Le roi était déjà opprimé et même insulté dans Paris par les insolentes représailles de Blücher.

Le pont d'Iéna, en face du champ de Mars, dénoncé par ce barbare à ses soldats, miné, chargé de poudre pour ensevelir avec le nom de ce monument le nom de la bataille qui avait anéanti la Prusse, n'avait été sauvé que par la supplication du roi à l'empereur Alexandre, et par l'affectation, plus théâtrale que sensée, que le roi avait affichée en menaçant d'aller se placer lui-même sur ce pont, à l'heure de l'explosion, afin de périr avec un monument de son royaume couvert de sa majesté et de sa vie.

Les monuments des arts, bronzes, marbres, tableaux, statues, chars antiques, dépouilles des nations, des capitales, des palais, des musées, des bibliothèques de l'Europe, accumulés dans le Louvre et sur nos places publiques par la victoire, étaient revendiqués et repris en plein jour, à main armée, par les soldats des peuples et des princes sur qui ils avaient été conquis. La conquête enlevait ce qu'avait enlevé la conquête. Ces trophées repassaient de Paris à Rome, à Florence, à Vienne, à Berlin, à Turin, à Madrid. Ce n'étaient pas des propriétés, c'étaient des dépouilles. La vicissitude du sort faisait tout le droit des possesseurs. L'impartiale équité ne pouvait accuser légitimement les anciens propriétaires de ces chefs-d'œuvre de les ressaisir et de rapporter à leurs capitales et à leur patrie les trésors qui leur avaient été ravis. L'épée avait été le seul titre, elle était à son tour, non un *talion*, — car on respectait les propriétés françaises et les monuments nationaux, — mais la restitution violente des dépouilles. La conscience le sentait; mais l'orgueil national murmurait jusqu'à faire craindre un soulèvement désespéré dans Paris.

Le génie aussi artiste que militaire de la France s'était attaché à ces toiles, à ces marbres, à ces bronzes, avec plus de passion et avec une passion plus noble qu'à des trésors et à des territoires. Il lui était moins amer et il lui semblait moins humiliant de céder des provinces et des royaumes que des tableaux ou des statues. Le peuple croyait qu'on lui saccageait ses foyers, et que son mobilier national, troqué à l'encan entre des soldats barbares, allait attester à jamais à l'Europe sa défaite et son humiliation. Les peintres et les statuaires s'indignaient. La poésie pleura dans les élégies à la fois tristes et vengeresses de Casimir Delavigne, appelées *Messéniennes*, la dévastation du Louvre et l'émigration des déesses et des dieux de pierre.

M. de Talleyrand avait trop le sentiment de la situation et l'habitude de discuter les questions de droit public pour contester aux alliés cette restitution qu'ils se faisaient de leurs propres mains. Il n'aurait eu que des sophismes à opposer à des raisons. Il ferma les yeux pendant l'enlèvement de ces dépouilles. Il méprisa les murmures du peuple, et, comme s'il eût dédaigné de s'émouvoir pour si peu, il affecta de répondre à ceux qui venaient l'avertir de l'émotion de la capitale et le prier d'intervenir au nom de la France et du roi : « Ce n'est pas là mon affaire ! » Il avait raison; résister était impossible, supplier était lâche, gémir était humiliant : il n'y avait qu'à se taire et à détourner les yeux.

XVIII

Mais les alliés, une fois en masse dans Paris et couvrant successivement les provinces de leurs corps d'armée, imposaient des subsides, frappaient les villes et les campagnes de réquisitions de toute nature, spoliaient pour l'usage de leurs corps les caisses publiques, opprimaient, épuisaient, dévastaient les foyers des riches et des pauvres. Les Prussiens surtout, soit qu'ils eussent plus à venger des démembrements et des spoliations de leur patrie, soit que ce peuple, plus soldatesque que les autres races germaniques, ait dans sa nature plus de cette âpreté de l'oppression et de l'exaltation qu'on contracte dans les camps, se signalaient, comme en 1814, par des sévices et par des brutalités qui rendaient leur occupation plus redoutée et leur nom plus odieux en France. Ils avaient imposé cent millions en argent à la ville de Paris le jour de leur entrée. Les préfets nommés par le roi, les maires des villes et des villages, ne pouvaient couvrir leurs départements, leurs villes et leurs villages, contre leurs exigences insatiables et leurs déprédations. Ils traitaient la France, quoique réconciliée par la convention de Saint-Cloud et par la présence du roi, en pays conquis. Ils ne voyaient pas en elle le royaume d'un roi leur allié, mais la dépouille de Napoléon, leur ennemi. Ils portèrent la main sur plusieurs préfets qui osèrent leur résister avec une courageuse indépendance ; ils les firent prisonniers et les enlevèrent à leurs provinces.

Un cri unanime de douleur, de détresse et d'indignation, s'élevait vers le roi de toutes les provinces occupées par eux et par les Autrichiens moins acerbes, pour implorer sa protection ou pour menacer de l'insurrection du désespoir.

Le duc de Wellington, plus modeste dans la victoire et plus réservé dans l'occupation, contenait les Anglais hors de Paris dans une discipline respectueuse pour les foyers des citoyens et pour l'autorité du roi, qu'il voulait populariser en la rétablissant. Il agissait en allié avec Louis XVIII, après avoir agi en vainqueur avec Napoléon. Il n'outrageait pas, il consultait même souvent ; il soutenait le gouvernement du roi contre les brutalités de Blücher. Malgré ses observations, ce général menaçait de s'emparer des fonds du trésor et de porter la main sur les caisses publiques, si la ville de Paris ne lui payait pas les cent millions dont il l'avait frappée en y entrant. La présence de son roi et de l'empereur de Russie, arrivés enfin à Paris, contint les représailles du général prussien.

L'impôt de guerre à la Prusse fut réduit de dix millions sur Paris. Mais Blücher avait pillé les manufactures d'armes de Versailles ; et des maisons particulières de cette résidence royale avaient été saccagées par ses soldats.

XIX

Pendant cette concentration des généraux en chef et des souverains à Paris, l'Europe, que le 20 mars avait mise tout entière sous les armes et en mouvement, continuait à déborder de toutes les frontières sur le territoire. Nos provinces pouvaient à peine contenir ce reflux des nations, pressées de venir, même après la lutte terminée, se venger de la terreur que le débarquement de Napoléon avait inspirée au monde. Les alliés se partageaient l'espace sur le sol. Les Anglais, les Belges, les Hollandais, les Hanovriens, s'étaient distribué toutes les villes et toutes les provinces qui s'étendent entre Paris et la frontière de Belgique. Les Prussiens campaient en masse dans Paris, et refluaient de là entre la Loire et l'Océan. Les Autrichiens, les Bavarois, les Wurtembergeois, étaient cantonnés dans la Bourgogne, le Nivernais, le Lyonnais, le Dauphiné. L'armée autrichienne et piémontaise d'Italie était descendue en Provence et dans le Languedoc. Les Russes couvraient de leurs nombreux corps d'armée la Lorraine et la Champagne; les Saxons et les Badois, l'Alsace; les Hongrois, les bords de la Méditerranée; les Espagnols, les flancs des Pyrénées françaises, la Navarre et le Roussillon.

Jamais, depuis les grandes invasions des barbares qui avaient refoulé les populations primitives en les remplaçant sur le sol, une telle inondation des nations en armes n'avait submergé le territoire français. Les plaintes du peuple s'élevaient de toutes parts contre l'homme dont l'impatience de reconquérir le trône avait rouvert ces écluses de peuples et donné au monde le prétexte de ce débordement universel.

XX

Le roi, avec un territoire ainsi envahi sous les pieds, avec sa capitale occupée par les armées étrangères, ainsi que tous ses grands centres d'énergie, comme Lyon, Strasbourg, Lille; et avec un peuple divisé d'opinions, épuisé d'or et de sang, désarmé, expulsé de ses forteresses, insurgé dans le Midi et dans l'Ouest pour sa cause, frémissant dans l'Est et derrière la Loire pour la cause de son ennemi, le roi ne pouvait que gémir et subir.

Un acte d'énergie désespéré pouvait, disait-on, le jeter lui-même au sein de l'armée de la Loire, qui, recrutée par les Vendéens et confondant en un seul patriotisme les deux drapeaux, aurait imposé respect et modération aux alliés. Mais ce plan, rêvé par quelques généraux de l'armée de la Loire et par quelques chefs vendéens pressés de prendre leur part de patriotisme dans les calamités de la France, n'était qu'une chimère qui s'évanouissait à la première réflexion. Abandonner Paris, c'était abandonner le trône. Après avoir quitté les trois quarts des provinces françaises et la capitale, il fallait les reconquérir sur plus d'un million d'étrangers, maîtres des places fortes, des armes, des trésors, des impôts. Avec quelle force le roi pouvait-il tenter une telle entreprise? Avec quarante ou cinquante mille hommes, débris de l'armée de Napoléon, et avec quelques milliers de paysans bretons pour auxiliaires. Et à supposer un succès impossible, dans quel état le roi aurait-il retrouvé son royaume, ravagé et mis en pièces par ces millions d'ennemis! La France entière eût été changée en un champ de bataille après la lutte. C'était lui proposer l'incendie de son royaume par sa propre main. Rien n'était possible pour le roi après Waterloo et la soumission de Paris, que de se retirer du trône pour ne pas assister à l'oppression de son royaume, ou de traiter en son propre nom et au nom de son peuple avec les alliés, pour réduire la rançon et adoucir les rigueurs inséparables de l'occupation ; rôle triste, mais nécessaire, dont la nation sentait la nécessité, excusait les rigueurs, et remerciait au fond de l'âme son malheureux roi.

XXI

Mais la présence de cette armée de Napoléon, quoique soumise maintenant au roi, réunie sur un seul point du royaume, derrière un grand fleuve, adossée à des provinces belliqueuses, comme la Bretagne et l'Auvergne, alarmait néanmoins encore les puissances. Le conseil des souverains exigea du roi son licenciement.

« Le traité d'alliance conclu à Vienne entre les puissances, écrivit le plénipotentiaire russe, M. de Nesselrode, à M. de Talleyrand, a été conclu contre Bonaparte et ses adhérents, et surtout contre l'armée française, dont l'ambition désordonnée et la soif insatiable de conquêtes ont plusieurs fois troublé l'Europe. Déterminés par le besoin de la paix universelle, l'empereur de Russie et ses alliés font une condition impérative du licenciement de cette armée, autant dans l'intérêt du roi de France que dans l'intérêt du repos des peuples. »

Le roi, qui ne pouvait voir dans l'armée de Bonaparte qu'un reste de prétoriens où se perpétuerait le fanatisme de son compétiteur au trône, et l'opposition à sa race et à son règne, devait désirer vivement lui-même le licenciement de cette armée, et sa transformation en une armée territoriale et royaliste. Il se hâta d'obtempérer à l'injonction des puissances, conforme en tout à ses propres intérêts.

Le licenciement de l'armée de la Loire fut prononcé. Les régiments furent organisés en quatre-vingt-six légions départementales de trois bataillons, et en cinquante-deux régiments de cavalerie et d'artillerie. Pour détruire l'esprit de corps, cette tradition inextirpable des troupes qui survit aux hommes, et qui revit dans le drapeau et dans le nom des cadres armés, chacune des légions dut être composée de soldats nés dans le département dont la légion portait le nom, moyen excellent d'étouffer le bonapartisme dans ces corps et de lui substituer l'esprit de la contrée à laquelle ils appartenaient. C'était un moyen habile d'avoir des légions royalistes au moins dans le Midi et dans l'Ouest, mais un élément certain aussi de guerre civile en cas de conflit d'opinion entre les différentes parties de la France ; une institution funeste encore sous un autre rapport, parce qu'elle était dans son essence plus fédérative que nationale, et parce qu'en créant l'esprit de province dans les membres de l'armée, elle tendait à affaiblir l'esprit d'unité nationale, qui en fait la force contre les factions et contre l'étranger.

Le maréchal Macdonald fut chargé du licenciement et de la réorganisation de l'armée.

XXII

Il était urgent avant tout de fixer dans un traité de paix définitif la situation de la France et du roi devant les puissances. Jusqu'à ce que ce traité fût discuté et signé, la France n'existait qu'à l'état de pays conquis, le roi n'existait qu'à l'état de commissaire officieux entre son peuple et l'Europe. M. de Talleyrand, heureux d'échapper aux difficultés du gouvernement intérieur laissé à Fouché, s'absorba tout entier dans cette négociation, principale préoccupation du roi. On reprit à Paris le congrès de Vienne, interrompu par le 20 mars et aggravé par Waterloo.

Les conférences diplomatiques entre M. de Talleyrand et les plénipotentiaires européens s'ouvrirent chez lord Castlereagh, principal ministre de l'Angleterre, à qui la déférence des souverains pour le vainqueur de Waterloo laissait la direction prépondérante des négociations. M. de Talleyrand, le duc de Wellington, lord Castlereagh, M. de Metternich, M. de Weissemberg, M. de Hardenberg, M. de Humboldt, le prince Rasoumowski, M. de Nesselrode, M. Capo d'Istria, M. de Gentz, publiciste allemand, M. Pozzo di Borgo, et quelques-uns des généraux les plus versés dans le secret politique de leurs cabinets respectifs s'y réunissaient plusieurs heures chaque jour.

On commença par régulariser par des conventions les exigences arbitraires jusque-là, et les départements assignés aux différents corps d'armée sur le territoire. On délibéra ensuite sur le sort de Napoléon, qui était encore alors en indécision dans les rades britanniques. Il fut déclaré prisonnier de guerre de l'Europe, sa garde remise à l'Angleterre, son séjour fixé à l'île Sainte-Hélène. La paix entre la France et l'Angleterre fut à l'instant rétablie. La Grande-Bretagne n'ayant déclaré la guerre qu'à Napoléon seul, il emportait avec lui la cause de guerre.

M. de Talleyrand, pour caresser un noble sentiment d'humanité dont l'Angleterre avait pris l'initiative sous l'inspiration religieuse de Wilberforce et de ses philosophes, admit, au nom de la France, le principe de l'abolition de l'infâme commerce des noirs.

XXIII

On se demanda ensuite si les alliés avaient fait la guerre pour la conquête ou pour le rétablissement pur et simple de l'ordre européen, troublé par Napoléon. Les grandes puissances, plus généreuses, consentirent à admettre ce principe. Les petites, plus envieuses et plus ambitieuses, le contestèrent. Les Pays-Bas demandaient la restitution de l'Alsace, de la Lorraine, de la Flandre et de l'Artois à leurs anciens possesseurs. « La conquête, disaient-ils, a le droit de revenir sur la conquête. »

La Prusse appuya les Pays-Bas par l'organe de M. de Humboldt. Elle exigeait la cession de Montmédy, Metz, Sarrelouis, Thionville,

M. de Metternich demandait au nom de l'Autriche une

indemnité territoriale, une garantie de sécurité permanente, une forme de gouvernement conciliable avec les gouvernements limitrophes, des mesures de police militaire momentanées pour réprimer les tentatives de l'armée.

Le roi de Sardaigne revendiquait la Savoie, laissée à la France par le traité de 1814. L'Angleterre et la Russie ne demandaient rien.

On se réduisit, sur leur représentation amicale, à exiger la démolition d'Huningue, une indemnité de six cents millions pour frais de guerre, de deux cents millions pour construire des places fortes nouvelles contre les agressions futures de la France, une occupation pendant sept ans d'une zone française par cent cinquante mille hommes de la coalition, entretenus aux frais de la France, et commandés par un général nommé de concert par les alliés; enfin un démembrement important du côté du Nord, au profit des Pays-Bas, par la cession de Condé, Philippeville, Givet et Maubeuge.

XXIV

M. de Talleyrand s'appuyait sur la bienveillance impartiale de lord Wellington pour combattre l'exagération inique et injurieuse de ces conditions. Le roi agissait lui-même personnellement dans des entretiens particuliers auprès de l'empereur d'Autriche, du roi de Prusse, de l'empereur Alexandre surtout, le plus généreux et le plus influent des princes de la coalition. Il faisait agir de plus sur le cœur de ce prince l'influence mystique de madame de

Krudener, cette sibylle chrétienne, qui remplaçait dans l'âme de l'empereur de Russie les ambitions humaines par des aspirations religieuses à la fondation d'un ordre intellectuel et moral en Europe.

Lord Wellington et l'empereur Alexandre intercédèrent noblement pour que l'Europe n'abusât pas trop sévèrement de la victoire contre un prince innocent de l'attentat de Napoléon, et contre une nation subjuguée par son armée, qui avait subi plus que conspiré cet attentat. L'ultimatum des puissances, auquel la Russie et l'Angleterre crurent devoir adhérer par égard pour leurs alliés plus que par exigence contre la France, fut couvé entre elles, et caché, pendant plus d'un mois, à M. de Talleyrand et au roi.

Il éclata enfin au commencement de septembre. Il était écrasant pour le roi. C'étaient les conditions à peine adoucies que nous avons énumérées plus haut : un démembrement partiel, une amende d'un milliard, une occupation de sept ans, la France rachetée du partage par le désarmement, la ruine, la honte, et le rachat signé par un roi qui, en rachetant son pays, semblait ainsi racheter son trône aux dépens de son peuple.

Louis XVIII versa en secret des larmes amères. Il cacha mal son désespoir à ses familiers. « Ma place, s'écriait-il souvent, serait à Hartwell ou à l'armée de la Loire. Mes alliés me perdent en affectant de me sauver. » Si ce prince eût écouté ce noble désespoir de son âme, et s'il eût remis aux alliés un trône trop cher au prix qu'on lui demandait, il eût perdu ce trône pour quelques jours peut-être ; mais l'Europe embarrassée et la France émue lui auraient rendu son royaume à de plus dignes conditions. Les inspirations de l'honneur sont les seules sûres dans des extrémités semblables. Se déclarer prisonniers de l'Europe valait mieux pour Louis XVIII et pour sa famille que de paraître complices dans l'avilissement et dans la spoliation de leur pays.

XXV

Au lieu de s'irriter contre lui-même, il conçut un profond ressentiment de l'impuissance ou de l'inhabileté de M. de Talleyrand. L'insuccès est facilement un crime pour les hommes d'État comme pour les hommes de guerre. D'ailleurs M. de Talleyrand pesait secrètement sur l'amour-propre et sur la dignité de Louis XVIII. Cet homme d'État était une nécessité, mais une nécessité onéreuse et importune. La supériorité de M. de Talleyrand se déguisait trop peu dans le conseil pour ne pas offusquer un peu la supériorité du roi.

M. de Talleyrand était d'une haute naissance; il y avait du grand seigneur dans le ministre et de la condescendance dans ses services. Il se souvenait et il faisait souvenir le roi que c'était par sa main qu'il était monté au trône. Les avis qu'il donnait au conseil étaient brefs et impérieux. Il ne discutait pas, il prescrivait. Plus expérimenté des hommes et des choses modernes que Louis XVIII, plus accrédité auprès des souverains étrangers et de leurs ministres que le roi, il exerçait, par son ascendant imposé, plutôt un patronage qu'un ministère. Les pouvoirs étaient dans son nom plus que dans son titre de président du conseil. Le roi, obligé de le ménager à cause de sa capacité présumée dans les affaires, n'était pas fâché de trouver cette capacité en faute, de rejeter aux yeux de la foule les malheurs de la négociation sur le négociateur, et de paraître forcé par l'intérêt de l'État de congédier un ministre qui rappelait trop un maire du palais.

XXVI

D'ailleurs, il faut en convenir, M. de Talleyrand, si utile au congrès de Vienne comme négociateur, n'avait montré ni en 1814, ni depuis le second retour du roi en 1815, comme ministre, aucune de ces hautes aptitudes qui font l'homme d'État dans les pays constitutionnels. Il n'avait ni l'initiative, ni l'activité, ni la parole, ces trois nécessités des gouvernements parlementaires. Le laisser-faire, l'indolence superbe, le silence intelligent, étaient sa nature, son habileté, sa tactique. Or, ces trois vertus de la paresse d'esprit, excellentes dans les temps où le vaisseau de l'État orienté vogue de lui-même, étaient insuffisantes dans ces temps d'orage où il faut trouver la route et manœuvrer souvent entre les écueils et contre les vents. Il y a des moments où il faut saisir le temps et entraîner les opinions de vive force. M. de Talleyrand aimait à dormir et à compter sur cette force occulte des choses, qui fait beaucoup, mais qui ne fait pas tout. Les bénéfices du temps indolemment attendus et habilement recueillis étaient, au moins pour la moitié, dans sa renommée d'habileté.

Aucun homme n'avait plus dérobé sa renommée à la

Providence. Lorsque le temps agissait pour lui par la main active de Napoléon, c'était bien. Mais depuis que l'esprit de cour dans le palais et l'esprit de faction dans les partis décomposaient l'esprit national sous les yeux et sous la main d'un gouvernement assoupi, c'était mal. Le ministre assistait à la décadence du trône et du peuple, et en n'imprimant aucun mouvement décisif au gouvernement, il le laissait inévitablement submerger par des vices intestins qui corrompaient tout, et par des difficultés extrêmes qui montaient toujours. La nature ne l'avait pas non plus doué du courage de la tribune et du don de la parole devant les hommes rassemblés. Il avait toujours eu besoin d'un homme devant lui, souffleur plus qu'acteur dans les grands drames politiques auxquels il avait assisté. Sans foyer dans l'âme, sans chaleur de discours et sans passion, comment aurait-il brûlé, échauffé, passionné une réunion d'hommes? L'impartialité n'est jamais éloquente, car l'éloquence n'est que le contre-coup de la conviction. La tribune n'aurait donc fait que poser plus haut son infériorité devant les oppositions ou devant les partis. Or, l'heure de la tribune allait sonner, les élections se préparaient, les brigues se formaient, la France allait recouvrer la voix. Le roi sentait que celle de M. de Talleyrand serait muette devant les interpellations qui ne pouvaient manquer de s'élever. M. de Talleyrand, lui-même, devait être intimidé du nouveau rôle que les chambres allaient lui imposer. Ce rôle, il n'avait pas pu l'aborder dans la vigueur de sa jeunesse et de son ambition à l'Assemblée constituante. Il s'était effacé derrière Mirabeau. Comment l'aborderait-il aujourd'hui? de quel prestige n'allait-il pas s'exposer à déchoir? Il aimait mieux tomber à propos par le mécontentement du roi que de tomber quelques jours plus tard devant sa propre insuffisance.

Tels étaient les motifs qui faisaient désirer au roi la retraite de son premier ministre et qui alanguissaient M. de Talleyrand lui-même. Il y en avait un autre, encore inaperçu dans la cour, mais déjà puissant sur le cœur du roi. C'était le goût subit, vif et profond qu'il prenait depuis quelques jours pour un nouveau favori, car on ne peut donner un autre nom au sentiment qui l'entraînait vers un jeune homme à peine entrevu, déjà nécessaire. Ce jeune homme était M. Decazes.

XXVII

Louis XVIII, comme les princes nés près du trône, élevés dans les lisières, dans les mollesses d'éducation et dans les étiquettes des cours qui séparent l'homme des rudes contacts de la vie commune, avait quelque chose de féminin dans le caractère. La virilité de tendresse que les infirmités enlevaient à son corps manquait à son âme. Il n'en avait pas assez pour l'amour, ce luxe de force des grandes natures; il en avait assez pour l'amitié. Ses amitiés, par leur concentration et par leur fidélité, allaient facilement jusqu'à la passion et au favoritisme. Il les honorait par sa constance.

Après quelques femmes qu'il avait cultivées plus qu'aimées dans sa jeunesse et, entre autres, la marquise de Balby, femme éblouissante d'esprit plus encore que de beauté, M. d'Avaray et M. de Blacas avaient été des témoignages de cette obstination dans ses amitiés. M. d'Avaray, qui justifiait ce sentiment par sa grâce et par sa douceur, M. de Blacas qui le justifiait par sa fidélité, lui avaient été enlevés, l'un par la mort, l'autre par l'impopularité à laquelle il avait fallu le sacrifier, à moins de renoncer au trône.

Madame de Balby existait encore, mais elle avait vieilli, et des ressentiments intimes, nés dans l'émigration, semblaient l'avoir éloignée pour toujours de la cour et du cœur du roi. Il n'avait donc aucune amitié domestique dans ce palais où il avait autrefois répandu son âme et son esprit sur des confidents aimés, de ses peines de cœur, de ses ambitions politiques, de ses travaux littéraires. Il ne pouvait pas retrouver dans la famille dont il était entouré ces amitiés, ces sûretés de confidences, ces épanchements. Il croyait être et il était en effet très-supérieur d'intelligence et de vues aux membres de sa maison.

Il aimait beaucoup sa nièce, madame la duchesse d'Angoulême, mais elle était froide, réservée, contenue et élevée dans l'horreur, bien naturelle à la fille de tant de chères victimes, contre ces pactes et ces transactions avec la révolution et les hommes de la révolution que le roi était forcé de justifier par la politique et de subir. Sa présence lui était souvent un reproche muet, surtout depuis qu'il avait MM. de Talleyrand et Fouché dans ses conseils. On n'aime pas longtemps ce que l'on redoute.

Son neveu, le duc d'Angoulême, lui était plus agréable par la gravité modeste, l'attitude de disciple respectueux de sa sagesse sur le trône, la douceur et l'obéissance de son caractère. C'était, disait-il, son Germanicus. Mais l'intelligence du duc d'Angoulême, moins élevée que son âme, était trop inférieure à celle de son oncle pour que le roi pût faire de ce neveu une société d'esprit.

Le duc de Berri, son autre neveu, était spirituel et brave; mais léger, brusque, emporté, par la passion de son âge et par l'oisiveté de sa vie, vers les plaisirs. Le roi le laissait jouer avec ses goûts militaires et avec ses caprices de cœur; il en faisait, disait-il, l'Alcibiade de sa dynastie; il le livrait à l'admiration et à la malignité de la jeunesse.

Les princes de la maison de Condé étaient, ou surannés, ou nuls, relégués avec quelques vieillards et avec quelques femmes dans leur cour posthume, dans leurs chasses et dans leurs festins de Chantilly.

Le duc d'Orléans aurait eu plus de conformité de vues, plus d'égalité d'esprit avec le roi, plus d'attrait pour ses opinions; mais il était pour la maison royale un souvenir vivant de son père si funeste à la famille de Louis XVI, et, de plus, il était suspect de caresser l'espérance d'une usurpation personnelle. On n'aime pas un rival, on ne se confie pas à un compétiteur de la couronne. Le duc d'Orléans était pardonné, comblé de grâces, doté d'apanages, de faveurs et de richesses; mais il était tenu à distance, autant par le soin de sa propre popularité que par la prudence politique du roi.

XXVIII

Restait le comte d'Artois, frère et successeur éventuel du roi sur le trône; le roi l'aimait, malgré son infériorité d'intelligence, et peut-être à cause de cette infériorité même qui l'empêchait de le craindre. Il y avait de l'amitié dans la parenté. Sûr du cœur de ce frère qui avait partagé ses exils et ses mauvais jours, il voyait en lui un témoin de ses premières splendeurs, un survivant de l'ancienne cour, un compagnon des mêmes adversités; mais il n'avait avec le comte d'Artois que ces liens de sang, de cœur, de souvenirs, de communauté, de fortune. Les opinions séparaient les deux frères; si l'on peut appeler opinion chez le comte d'Artois des habitudes d'esprit, reçues toutes faites de la naissance, nourries par le préjugé et l'irréflexion de la première jeunesse, conservées dans l'âge mûr par la fréquentation exclusive des exilés de la noblesse et de l'Église les plus irréconciliables avec l'esprit nouveau, et rapportées de l'exil dans le palais pour être exploitées par tous les flatteurs de vétustés et tous les artisans d'intrigues.

XXIX

Ce prince, depuis son retour de Gand, bien qu'il n'eût pas murmuré trop haut à Arnouville contre la prostration de Louis XVIII, contre la nécessité de Fouché, avait repris, aussitôt après la rentrée du roi aux Tuileries, l'entourage de meneurs royalistes et les habitudes d'opposition sourde au gouvernement de son frère, qui faisaient de lui la consolation de la vieille cour, l'espérance des ambitions de l'aristocratie ou de l'Église, l'instrument involontaire des hommes indifférents à ces deux causes, mais qui les flattaient pour se grandir.

L'aile droite du château des Tuileries, appelée le pavillon Marsan, était l'habitation du comte d'Artois et le foyer de cette petite cour émigrée au milieu du pays de la révolution. L'homme politique de cette faction intestine du palais était de nouveau M. de Vitrolles. M. de Vitrolles avait servi en 1814 à porter les paroles de M. de Talleyrand au comte d'Artois. Il avait noué avec plus de zèle que d'utilité réelle les fils de quelques intelligences entre les bonapartistes désaffectionnés, les diplomates étrangers et le prince, pour une restauration qui ne dépendait pas du succès de ces petites trames, mais de la défaite ou de la victoire de Napoléon. Il s'était de nouveau insinué après Waterloo dans la confidence de Fouché, et il avait été le négociateur officiel ou officieux des avances de ce ministre au roi et aux princes. Ce dernier service avait semblé lui donner un titre de plus à la confiance et à la reconnaissance du comte d'Artois. M. de Vitrolles n'avait évidemment d'autre politique que son esprit insinuant et son zèle royaliste ; car il avait été le premier à mêler la cause de la monarchie pure à l'intrigue pleine de concessions constitutionnelles du parti de M. de Talleyrand, dont il était l'agent volontaire en 1814, et il venait de mêler en 1815 la cause de la monarchie pure à l'intrigue pleine de concessions révolutionnaires et de compromissions avec le cabinet de Fouché, dont il avait également reçu, porté et rapporté les confidences.

Mais M. de Vitrolles avait sur tous ces hommes anciens, qui entouraient le comte d'Artois au pavillon Marsan, l'avantage d'un homme jeune, actif, resté en France, mêlé à tout, sur des hommes dépaysés qui ne savent sur qui s'appuyer dans un pays politique inconnu. Le prince avait besoin de lui pour lui servir d'œil, de langue, de main dans ces ténèbres du monde révolutionnaire qu'il avait la prétention de sonder et de percer. A peine M. de Talleyrand et Fouché régnèrent-ils seuls dans le cabinet formé par le roi à Arnouville, que cet entourage du comte d'Artois, relégué dans l'inactivité et mécontent de son annulation politique, conspira contre le ministère et commença à ourdir des plans politiques et à désigner des ministères, par lesquels ce parti d'hommes anciens ou d'hommes nouveaux fervents d'intrigues sauverait, disait-il, la monarchie contre le roi.

XXX

Les hommes principaux de cette opposition naissante de palais, dont M. de Vitrolles était l'âme et le mouvement, comptaient parmi eux dans cette cour M. d'Ambray, chancelier inactif de 1814; M. Ferrand, renommée factice que le royalisme avait créée pour se simuler un publiciste à lui, bien que Bonaparte eût également pris à son compte et à sa solde les principes de despotisme superstitieux de M. Ferrand;

M. de Fontanes, plus éclairé, mais brûlant de se faire pardonner ses faiblesses pour l'empereur par la pureté et par l'ardeur de son royalisme;

Le duc de Lévis, homme d'ancienne cour, esprit honnête, délicat, studieux, lettré, mais de constitution trop frêle pour porter le poids d'une politique;

M. Bourrienne, transfuge spirituel du cabinet de l'empereur dans celui des princes, ses ennemis, ayant le zèle désespéré des transfuges ;

M. Alexis de Noailles, jeune homme d'un grand nom, d'un généreux courage, d'une activité qui égalait son zèle, qui s'était signalé par la témérité de sa foi contre les persécutions de l'Église et de son pontife par l'empereur, et qui s'était jeté, un des premiers, les armes à la main, en 1814, au-devant du comte d'Artois et de la monarchie de ses pères ;

Enfin M. de Chateaubriand, revenu mécontent de Gand, se sentant par son génie au niveau des grands rôles politiques, ne dédaignant pas la fortune dans l'ambition, exclu des affaires par l'horreur qu'il avait osé témoigner contre Fouché, par l'indifférence de M. de Talleyrand, qui ne l'appréciait pas assez haut, et par la répulsion instinctive de Louis XVIII, qui ne l'aimait pas. Les princes, grandeurs de convention, sont jaloux, à leur insu, du génie, grandeur de la nature. On ne peut trouver d'autre motif à cette aversion de Louis XVIII pour M. de Chateaubriand, qui s'était dévoué à ce prince jusqu'à la calomnie contre Bonaparte, et qui ne demandait qu'à se river à lui par tout son dévouement et toutes ses ambitions de renommée et de pouvoir.

XXXI

Dans ce camp d'opposition se trouvaient encore d'autres hommes inférieurs en renommée, tels que M. Laborie, le collègue et l'ami des MM. Bertin au *Journal des Débats*, homme universel pour flairer une intrigue et pour rapprocher les fils qui doivent la nouer ;

M. de La Maisonfort, esprit léger, mais étincelant, qui jouait au besoin la gravité, suspect d'intrigue pendant l'émigration, aux yeux de Louis XVIII, avec Fauche-Borel, et d'autres agents officieux de négociations supposées pour se donner de l'importance. M. de La Maisonfort s'était confié au comte d'Artois, plus crédule, plus enveloppé d'entremetteurs. Il avait écrit, en 1814, une brochure royaliste, qui avait disputé avec celle de M. de Chateaubriand l'enthousiasme des amis des Bourbons. Rentré en France avec les princes, et inconnu aux hommes nouveaux, on le croyait un oracle politique ; il n'était qu'un esprit enjoué, un courtisan de la cour de Charles II ;

MM. de Polignac, élevés dans la cour du comte d'Artois, souvenirs vivants de sa jeunesse, hommes d'honneur et de dévouement jusqu'au fanatisme, trop jeunes encore pour qu'on pût préjuger leur importance politique ; M. de Juigné, M. de Bruges, M. de Boisgelin. Aucun des hommes de cette cour et de ces opinions n'était de nature à offrir à Louis XVIII le favori dans lequel il pût reposer à la fois sa politique, son esprit et son cœur. Le hasard le lui présenta.

XXXII

Nous avons raconté que, la veille de l'entrée du roi dans Paris, le conseil des ministres, cherchant un préfet de police audacieux, intelligent et sûr pour dissoudre les chambres, apaiser les murmures du peuple, aplanir et assurer la route de Louis XVIII d'Arnouville aux Tuileries, avait nommé à ces fonctions M. Decazes. Nous avons dit avec quelle ardeur de servir et avec quelle résolution d'esprit et de main ce jeune homme avait brigué de Fouché, son supérieur à la police, l'honneur et la responsabilité de ce hasard. Depuis ce jour, M. Decazes avait redoublé de zèle, éclairé le gouvernement, déjoué les restes des factions, bien mérité du ministère, et plus encore du roi et des royalistes.

Le préfet de police, par la nature importante, mais subordonnée de ses fonctions, ne voyait pas le roi. Il remettait son travail au ministre de la police, qui entretenait le prince au conseil. Mais une tentative imaginaire d'empoisonnement de l'empereur Alexandre ayant alarmé un instant les aides de camp de ce prince à l'Élysée, et M. Decazes ayant, en sa qualité de directeur de la police, à approfondir cette affaire et à en démontrer la puérilité, le roi, inquiet des rumeurs que cet événement soulevait dans Paris, et voulant témoigner à l'empereur Alexandre toute la sollicitude qu'il prenait à la sûreté d'un hôte si auguste, fit appeler M. Decazes pour recevoir de sa bouche les détails de cet événement.

La figure du jeune préfet de police, son attitude à la fois timide et empressée, son élocution fine et nette, le son de sa voix où l'on sentait du cœur sous le respect, frappèrent au premier abord le roi. Il se plut à prolonger l'audience, afin de prolonger l'agrément de l'entretien et d'étudier l'homme. M. Decazes lui plaisait. Plaire aux rois, c'est bientôt régner sous leur nom. Le goût est la dernière raison de cette faveur des princes. Cette impression était justifiée par beaucoup de dons de la nature et du caractère.

XXXIII

M. Decazes était fils d'un magistrat de Libourne, dans le département de la Gironde, contrée de la France qui produit plus qu'aucune autre ces fortunes inespérées, ces élévations rapides, fruits de l'ambition hardie, de l'aptitude méridionale, et de la souplesse insinuante du caractère dans ces populations qui boivent les eaux des Pyrénées. Il avait les grâces, les bonheurs et les habiletés naturelles de cette race, qu'on retrouve partout dans notre histoire, dans nos camps, dans nos cours, dans nos ministères, dans nos assemblées publiques, depuis Henri IV jusqu'à Murat ou à Barrère, fidèle au succès, versatile autant que la fortune, surnageant comme les choses légères à tous les naufrages des gouvernements, des institutions et des dynasties, race aventureuse de la France. La Gironde, la Garonne, le Lot, semblent lui communiquer quelque chose de la mobilité et de la précipitation de leurs ondes. Ces fleuves donnent une ivresse de parole et d'ambition à ce qui vit sur leurs bords.

Destiné par son père à d'humbles magistratures de sa province, M. Decazes vint à Paris vers les dernières années de l'empire; il y fit ses études de droit, et parvint par quelques protections à entrer comme scribe dans les bureaux du ministère de la justice. Quelques années après, M. Muraire, premier président de la cour de cassation, lui accorda la main de sa fille, éprise du jeune légiste. Ce mariage lui ouvrit les portes d'autres faveurs. Il fut nommé juge dans un des tribunaux inférieurs de Paris. Puis il entra comme secrétaire des commandements de la mère de l'empereur de Napoléon dans les avenues de la cour impériale ; il passa de là, au même titre, dans la cour plus initiée aux affaires et aux intrigues du palais du roi de Hollande et de la reine Hortense, remarqué des hommes, agréable aux femmes, bienvenu partout où il était introduit.

Une mort prématurée lui enleva sa première femme. Il fit éclater une douleur, une fidélité passionnée à sa mémoire et à sa famille, qui lui firent dans le monde politique une célébrité de dévouement. Il poursuivit pendant quelques années, sous les auspices de son beau-père, sa double carrière de magistrature et de cour. Sa fortune ne suivit pas, en 1814, celle de ses protecteurs tombant du trône et des degrés du trône. Il se retourna avec le Midi tout entier aux princes nouveaux. Il présenta à Louis XVIII les députations de son département, il le harangua au nom de sa ville natale, il reçut pour prix de son empressement une décoration de la main du roi. Mais, confondu alors dans la foule des présentations fugitives qui assiégeaient le palais, il fut récompensé sans être remarqué.

XXXIV

Le retour de Napoléon de l'île d'Elbe ne fit illusion ni à sa conscience, ni à son jugement précoce ; il n'y vit qu'un attentat et une folie. Il prit les armes en courageux citoyen à la tête des jeunes étudiants des écoles de Paris, et proposa au gouvernement une levée en masse de la jeunesse volontaire pour opposer les enfants de la patrie aux prétoriens de l'île d'Elbe. Après l'entrée de Bonaparte à Paris, il s'opposa seul, dans la réunion de ses collègues du tribunal, à la proposition, faite par le président, de porter l'hommage de son corps et le serment de fidélité au vainqueur.

« Je n'ai jamais appris de mes maîtres, ni de moi, que la légitimité du pouvoir fût le prix de la course. » Ce mot de mauvais exemple pour les cours le désigna à la colère de l'empereur, qui le fit exiler à quarante lieues de Paris. Le jeune proscrit n'obéit pas, courut à Bordeaux, s'associa aux intrépides protestations de M. Lainé, réchauffa pendant les cent-jours, avec ce citoyen d'une vertu vraiment antique, le feu de l'indépendance des âmes et de la fidélité au roi légitime dans cette partie du Midi. Ce courage civique, rare alors, et cette fidélité désintéressée au droit le servirent mieux que n'eussent fait la versatilité et l'ambition. Au retour de Louis XVIII, on recherchait les hommes à la fois nouveaux et dévoués, on se souvint de son nom et de ses actes. Nous avons vu comment la main de M. de Talleyrand et celle de Fouché tombèrent par hasard sur lui.

XXXV

M. Decazes avait alors trente-cinq ans. Il paraissait de dix ans plus jeune que ses contemporains. Sa taille élancée et souple, l'élégance de sa démarche, la pose fière de sa tête, la noblesse naturelle de son attitude, tenaient plus du diplomate ou du militaire que du magistrat. Son front élevé, ses cheveux d'un blond clair, ses yeux bleus d'une eau limpide et vive, sa bouche où la grâce du sourire dépliait la sévérité des lèvres, l'ovale un peu allongé du visage, le teint légèrement féminin de l'homme d'étude, relevé par le coloris du sang du Midi, une physionomie générale de tous ces traits et de toutes ces teintes, qu'on ne pouvait contempler sans impression et sans attrait, faisaient de M. Decazes, à cette époque de sa vie, le portrait vivant du favori prédestiné par la nature à l'engouement d'une cour, un Cinq-Mars ou un Leicester, selon qu'il faudrait enchaîner le cœur d'une reine ou fasciner l'esprit d'un roi.

Son cœur et son esprit répondaient à ces symptômes, par lesquels la nature trompe rarement les yeux. Il était aimant, dévoué, fidèle, capable des attachements et des générosités de l'âme, incapable de trahisons ou de bassesses, propre à flatter, sans doute, mais moins par intérêt que par enthousiasme ; se faisant illusion à lui-même sur le génie ou sur les vertus de ses protecteurs pour se justifier ses adorations. Courtisan par nature, et non par servilité, d'autant plus propre à plaire qu'on lui plaisait plus facilement et plus sincèrement à lui-même.

Son intelligence, sans s'élever alors jusqu'au génie des affaires, avait une justesse qui est l'instinct des situations et le grand chemin des hommes d'État. Il sentait plus qu'il n'inventait une politique. Homme nouveau, désirant servir une cause ancienne, il comprenait la France par sa propre disposition d'esprit. Faire accepter le roi par la France nouvelle et la France nouvelle par le roi, c'était toute la restauration selon le bon sens et selon M. Decazes ; contre-révolution si le roi n'acceptait pas la France, révolution si la France n'acceptait pas le roi. Deux abîmes traçaient la route, et il n'y avait pas besoin d'une haute supériorité pour la voir, ni d'une haute initiative d'idée pour la suivre. La sagesse et la modération y suffisaient. La bonne volonté était tout le génie nécessaire à une pareille œuvre et à un pareil moment.

Il y fallait de plus un attachement personnel, exclusif, inflexible au roi, qui, seul dans son palais, comprenait cette politique. Il y fallait enfin une aptitude au maniement des hommes, afin de repousser les fanatiques de la France ancienne sans trop les aliéner au roi, et d'attirer les capacités de la France nouvelle sans trop leur livrer la Restauration, qu'ils n'aimaient pas assez pour qu'on osât la leur confier tout entière avec sécurité pour le roi. M. Decazes était capable de ces trois diplomaties du règne. Il ne tenait à rien dans le passé. Toute sa fortune pouvait être dans le cœur du prince qui se l'attacherait. Il n'avait aucun fanatisme de révolution ou de contre-révolution qui fût de nature à embarrasser son esprit et à l'empêcher de se plier aux sinuosités de la grande routine des gouvernements. Il avait assez de franchise pour inspirer confiance aux hommes des deux partis, assez de finesse pour deviner leurs ambitions sous leurs principes, assez de conception pour les séduire, assez de sûreté de caractère pour les retenir après les avoir séduits.

Nul peut-être n'était plus capable, par ses qualités comme par ses faiblesses, de faire, avec tous ces débris de partis dont la France était couverte, un parti personnel au roi à la fois contre sa famille, contre ses amis et contre ses ennemis. Il parlait sans haute éloquence, mais suffisamment bien ; il comprenait mieux, il agissait toujours. Infatigable au travail, à l'intrigue politique, à la société, au plaisir, pourvu que la société et le plaisir fussent encore des moyens de gouvernement, il avait des liaisons avec tous les camps qui pouvaient recruter celui du roi. Trop nouveau pour inspirer des ombrages aux grandes ambitions de cour, trop mêlé aux choses de l'empire et de la révolution pour être suspect aux bonapartistes, aux constitutionnels convertis à la restauration ; il joignait à tous ces dons de la nature, de la naissance et des circonstances, des goûts littéraires et une universalité de conversation, qui correspondaient aux goûts sédentaires et lettrés du roi. Enfin il était jeune, et ce prince voulait moins un ministre qu'un élève dans son intimité. Le hasard servait donc mieux que le choix le prince et le futur favori dans cette première rencontre qui commençait leur attachement réciproque. On voit que le cœur a ses destinées et ses influences sur la politique, même dans l'intérieur des palais et dans le secret des cours.

XXXVI

Le roi, après avoir provoqué longtemps l'entretien du jeune homme sur les circonstances du temps, lui dit : « Je suis charmé d'avoir un préfet de police aussi intelligent et aussi sûr ; vous viendrez désormais me rendre compte personnellement dans mon cabinet des affaires importantes de ma capitale. » M. Decazes parut décliner modestement cette faveur inusitée pour que le roi se prononçât davantage. Il lui représenta qu'il avait reçu de M. de Vitrolles, au nom du roi et du comte d'Artois, l'ordre de transmettre par écrit à la cour les rapports de police qu'il adressait d'abord à Fouché, et que cette communication, motivée sur les ombrages que le caractère de Fouché donnait à la cour, devait suffire au roi. « Non, répliqua vivement le prince, qui se défiait de l'entourage de son frère autant que de Fouché ; non, je vous le répète, point d'intermédiaire désormais entre vous et moi ; quand vous aurez une affaire grave, vous me le ferez savoir et je vous recevrai. »

Puis, le retenant encore après les affaires terminées, il s'informa avec une curiosité bienveillante de son nom, de sa patrie, de sa famille, de ses antécédents. Il parut intéressé par tout ce qui touchait à son interlocuteur. Il employa toutes ses séductions à le conquérir, il étala son esprit, il déploya sa mémoire, il insinua sa politique, il dévoila son cœur. Le roi cherchait un ami. « Vous ai-je jamais vu avant ce jour? dit-il à M. Decazes. Je ne le pense pas, votre figure et votre voix m'auraient frappé. — Oui, Sire, lui répondit le préfet de police, j'ai eu l'honneur de vous présenter en 1814 les délégués de mon département et même de porter la parole en leur nom devant Votre Majesté. — C'est étonnant, dit le roi, mais c'est qu'alors je voyais tant de monde que je ne fixais rien dans ma mémoire. Revenez, revenez souvent, vous me plaisez. » Le prince avait pressenti un remplaçant de M. d'Avaray dans son cœur, et sa politique était d'accord avec ses goûts. Il lui fallait un homme à lui.

XXXVII

Fouché s'alarmait et semblait maladroitement se complaire à alarmer tous les jours davantage le roi par des rapports exagérés ou sinistres qu'il lisait au conseil, qu'il remettait au roi et qu'il laissait ensuite déloyalement transpirer par de prétendues indiscrétions dans le public comme pour faire appel et signe à l'opinion du dehors de le soutenir par une pression de popularité au dedans, manœuvre fourbe et lâche, renouvelée de la lettre du ministre Roland à Louis XVI en 1792.

« Le moment approche, disait-il ; déjà l'esprit national prend cette affreuse direction : une fusion se forme entre les partis les plus opposés, la Vendée elle-même rapproche ses drapeaux de ceux de l'armée. Dans cet excès de calamités, quel autre parti restera-t-il à Votre Majesté que celui de s'éloigner? Les magistrats quitteront d'eux-mêmes leurs fonctions, et les armées des souverains seront alors aux prises avec des individus affranchis de tous liens sociaux. Un peuple de trente millions d'habitants pourra disparaître de la terre ; mais dans cette guerre d'homme à homme, plus d'un tombeau renfermera, à côté les uns des autres, les opprimés et les oppresseurs.

» Les malheurs de la France sont à leur comble ; on ruine, on dévaste, on détruit, comme s'il n'y avait pour nous ni paix, ni composition à espérer. Les habitants prennent la fuite devant les soldats indisciplinés; les forêts se remplissent de malheureux qui vont y chercher un dernier asile. Les moissons vont périr dans les champs. Bientôt le désespoir n'entendra la voix d'aucune autorité; et cette guerre, entreprise pour assurer le triomphe de la justice, égalera la barbarie de ces déplorables et trop célèbres invasions dont l'histoire se rappelle le souvenir avec horreur. »

XXXVIII

Pendant que Fouché agitait ainsi l'opinion, M. de Talleyrand déplaisait et chancelait au ministère, le comte d'Artois murmurait, le Midi, les provinces de l'Ouest, l'étranger même, criaient vengeance contre les bonapartistes, auteurs de ces calamités. Le peuple, foulé par sept cent mille soldats, gémissait sans pouvoir accuser d'autres que lui-même des conséquences de sa faiblesse devant le retour de Napoléon. L'armée ancienne se décomposait derrière la Loire; les officiers, renvoyés à demi-solde dans leurs provinces, rapportaient, en rentrant dans leurs foyers, l'imprécation contre le vainqueur, les ressentiments de leur importance déchue, les amertumes de leur médiocrité présente dans les familles rurales, comparée avec leur omnipotence soldatesque sous l'empire, qui leur livrait en proie les avancements, en dotations la France et l'Europe. Ils s'unissaient, par une coalition contre nature, mais de circonstance, avec les constitutionnels et les amis de la révolution et de la liberté, redevenus hostiles aux Bourbons.

L'étranger imposait des conditions inacceptables à la couronne, les réactions populaires des royalistes et des catholiques du Midi vengeaient honteusement dans le sang des bonapartistes et des protestants les injures et les outrages qu'ils avaient eux-mêmes subis, quelques mois auparavant, de ces factions ou de ces cultes ennemis. Une clameur croissante et bientôt fanatique accusait, par la bouche des royalistes et par la plume de M. de Chateaubriand lui-même, la faiblesse et la longanimité du roi, qui refusait l'expiation à l'attentat du 20 mars.

Les élections faites sous l'empire de ce désespoir de la nation et de ce retour de colère contre les auteurs des calamités récentes du pays écartaient partout les hommes modérés et nommaient tous les hommes extrêmes, comme si, dans les maux publics, la passion et la fureur étaient le génie désespéré des peuples.

Ces élections menaçaient le roi dans l'indépendance de sa politique et se promettaient de faire de lui le roi d'un parti au lieu du prince pacificateur de la France. Il espérait trouver dans l'empereur Alexandre, offensé par M. de Talleyrand au congrès de Vienne par son traité secret avec l'Angleterre et l'Autriche, un soutien contre les exigences des coalisés. Il espérait trouver dans le duc de Richelieu, ami de ce souverain, un remplaçant de M. de Talleyrand mieux écouté que ce ministre. Enfin il pressentait dans M. Decazes un successeur de Fouché, arrachant la police à cet homme suspect, et un autre Blacas aussi agréable à son cœur, mais moins impopulaire que le premier.

Il méditait en silence le renouvellement du ministère. « Jusqu'ici, disait-il bien bas à ses plus intimes confidents, M. de Talleyrand a eu sur moi l'avantage que les événements lui ont donné et que j'ai su, en roi habile, reconnaître et subir; sa maladresse et son inertie me rendent l'avantage. Je lui garde ma revanche; et je vais gouverner à mon tour. »

XXXIX

Mais, avant de congédier Fouché et M. de Talleyrand — les proscrits, — il voulait laisser sur leurs mains l'odieux des premières représailles que le cri public de sa cour et que sa propre politique lui imposaient. L'opinion irritée désignait, à tort ou à droit, quelques hommes comme auteurs ou fauteurs principaux du retour de Bonaparte, de l'expulsion des Bourbons et des désastres qui affligeaient à la fois le trône et la patrie. Les soulèvements spontanés de Marseille, de Nîmes, de plusieurs autres villes du Midi; les assassinats qui avaient devancé les jugements, choisi au hasard les victimes et substitué de sanguinaires vengeances personnelles à des justices légales; les frénésies des journaux royalistes demandant vengeance comme on demande honneur et sûreté; les plaintes répétées de la petite cour du comte d'Artois, rendues plus impératives par l'autorité de la famille : tout semblait commander au roi de ne pas attendre les chambres pour donner satisfaction aux colères des uns, aux prudences des autres, de s'armer par raison d'État d'une apparente rigueur, et d'écarter quelques têtes par une proscription arbitraire temporaire et non sanglante, afin de n'avoir pas plus tard à les laissser frapper par le glaive de la justice ou de la passion du parti royaliste.

« N'y a-t-il pas des bornes à la clémence? écrivaient en France et à l'Étranger les publicistes acharnés à l'expiation. N'existe-t-il pas des crimes que l'intérêt de la France et de l'Europe ne permet pas de laisser impunis? Faut-il que la loyauté et la fidélité seules aient à subir les conséquences des désastres provoqués par des traîtres? La fermeté et la sévérité sont-elles des crimes? Le juge se condamne lui-même en acquittant les coupables... Combien de sang et de trésors une magnanimité mal entendue n'a-t-elle pas déjà coûtés à l'Europe? »

Une double proscription fut résolue dans le conseil : l'une indiquant les noms des hommes les plus notoirement coupables, qui seraient arrêtés et livrés à des conseils de guerre; l'autre qui désignerait lés noms des hommes réputés dangereux et qui leur imposerait l'exil. Fouché fut chargé, en qualité de ministre de la police, de dresser ces tables de proscription et de les soumettre au conseil et au roi, qui y ajouteraient ou qui en retrancheraient des noms, selon la colère ou la faveur de la cour. Il avait une occasion naturelle et digne de se retirer, en emportant du moins la pudeur de son propre nom et en refusant de proscrire ceux qu'il avait provoqués ou suivis dans la complicité des cent-jours et à qui il avait tant de fois promis l'amnistie. Il n'en fit rien. L'ambition, qui lui avait fait accepter comme une gloire les apparences de la trahison, lui fit accepter comme une nécessité le rôle de proscripteur de ses complices. Il sentit qu'il n'y avait déjà plus de retraite possible derrière lui et plus d'asile que dans le pouvoir. Son passé l'entourait de toutes parts et le condamnait à ne plus rien refuser aux royalistes : proscripteur pour eux, ou proscrit par eux; il prêta sa main.

XL

Il apporta au conseil, le lendemain, une liste de cent dix noms choisis, une partie par la clameur publique, l'autre partie parmi des hommes que l'insignifiance ou l'obscurité de leurs crimes protégeait contre l'honneur de la proscription. Toutefois il n'avait montré dans ce premier choix aucune faiblesse personnelle. Tous ses complices des cent-jours, bonapartistes, orléanistes, ministres, collègues, représentants de son parti, égaux ou subordonnés, généraux, maréchaux, agents de sa police, exécuteurs de ses ordres, y étaient. Lanjuinais, Diesbach, Flaugergues, Carnot et Caulaincourt fermaient la liste. Il s'était libéralement exécuté. Il n'y manquait que son nom.

Le roi et les ministres n'eurent qu'à rabattre des rigueurs de Fouché et à éliminer des noms que l'innocence, l'indulgence ou la faveur désignaient au pardon. Louis XVIII effaça de sa main celui de Benjamin Constant, l'empereur Alexandre celui de Caulaincourt. La liste ainsi limitée aux noms les plus notoirement compromis fut réduite d'abord à quatre-vingts, puis à trente-sept.

Pendant ce ballottage, qui dura plusieurs jours, Fouché, autorisé autant par le roi que par sa propre répugnance à saisir ceux qu'il désignait, les fit avertir, en vit un grand nombre, et leur distribua ou leur offrit les déguisements, les passe-ports, les moyens d'évasion, et même les sommes nécessaires à leur séjour à l'étranger. Cinq ou six cent mille francs de la caisse de la police furent distribués par lui à ceux qu'il voulait moins proscrire que sauver. Les plus obstinés ou les plus téméraires seuls tombèrent plus tard dans les mains des exécuteurs de ces ordres.

La raison d'État seule avait écrit par la main du roi et par la main du ministre le mot proscription. Le vrai but du conseil était l'éloignement des proscrits pour donner satisfaction non à la vengeance, mais à la clameur publique. Le roi ne voulait pas de victimes, l'Europe ne demandait pas de sang.

XLI

L'acte de proscription portait :

« Voulant, par la punition d'un attentat sans exemple, mais en graduant la peine et en limitant le nombre des coupables, concilier l'intérêt de nos peuples, la dignité de notre couronne et la tranquillité de l'Europe avec ce que nous devons à la justice et à l'entière sécurité de tous les autres citoyens sans distinction, avons déclaré et déclarons, ordonné et ordonnons ce qui suit :

» Art. 1er. Les généraux et officiers qui ont trahi le roi avant le 23 mars ou qui ont attaqué la France et le gouvernement à main armée, et ceux qui, par violence, se sont emparés du pouvoir, seront arrêtés et traduits devant les conseils de guerre compétents dans leurs divisions respectives, savoir : Ney, Labédoyère, Lallemand aîné, Lallemand jeune, Drouet d'Erlon, Lefebvre-Desnouettes, Ameil, Brayer, Gilly, Mouton-Duvernet, Grouchy, Clausel; Laborde, Debelle, Bertrand, Drouot, Cambronne, Lavalette, Rovigo.

» Art. 2. Les individus dont les noms suivent, savoir : Soult, Alix, Excelmans, Bassano, Marbot, Félix Lepelletier, Boulay de la Meurthe, Méhée, Freissinet, Thibeaudeau, Carnot, Vandamme, Lamarque (général), Lobau, Harel, Piré, Barrère, Arnault, Pommereul, Regnault de Saint-Jean d'Angély, Arrighi de Padoue, Dejean fils, Garrau, Réal, Bouvier-Dumolard, Merlin (de Douai), Durback, Dirat, Defermon, Bory de Saint-Vincent, Félix Desportes, Garnier (de Saintes), Hullin, Mellinet, Cluys, Courtin, Forbin-Janson fils aîné, Lelorgne d'Ideville, sortiront dans trois jours de la ville de Paris, et se retireront dans l'intérieur de la France dans les lieux que notre ministre de la police générale indiquera, et où ils resteront sous sa surveillance, en attendant que les chambres statuent sur ceux d'entre eux qui devront ou sortir du royaume, ou être livrés à la poursuite des tribunaux.

» Art. 3. Les individus qui seront condamnés à sortir du royaume auront la faculté de vendre leurs biens et propriétés dans le délai d'un an, d'en disposer et d'en transporter le produit hors de France et d'en recevoir pendant ce temps le revenu dans les pays étrangers, en fournissant néanmoins la preuve de leur obéissance à la présente ordonnance.

» Art. 4. Les listes de tous les individus auxquels les articles 1ᵉʳ et 2 pourraient être applicables sont et demeureront closes par les désignations nominales contenues dans ces articles, et ne pourront jamais être étendues à d'autres pour quelque cause et sous quelque prétexte que ce puisse être, autrement que dans les formes et suivant les lois constitutionnelles auxquelles il n'est expressément dérogé que pour ce cas seulement.

» *Signé :* Louis.

» Par le roi,

» Le ministre secrétaire d'État au département de la police,

» Duc d'Otrante. »

XLII

Ainsi s'ouvrait en France, malgré le roi et malgré le ministre, mais sous le pressentiment de la chambre, qui allait arriver pleine de vengeances, l'ère des proscriptions de 1815, concessions funestes non du cœur, mais de la faiblesse du prince qui, avec l'intelligence et la volonté de la clémence, se donnait l'apparence de la rigueur. Louis XVIII ne sentit pas assez dans cette circonstance sa force contre l'étranger; contre son propre parti et contre son frère, comme il ne l'avait pas assez sentie à Arnouville en prostituant l'autorité royale à Fouché. Le roi était l'homme nécessaire pour l'Europe, pour la France, pour les royalistes eux-mêmes. Il devait le comprendre, et il n'avait pour le démontrer à tous qu'à se refuser à des concessions qui le diminuaient comme homme sans le fortifier comme roi.

En concédant la nomination de Fouché, pour entrer dans Paris, à la révolution, il avait amoindri sa dignité personnelle devant les royalistes; en concédant ce commencement de proscription à contre-cœur à son parti et à l'étranger, à l'ouverture de son règne, il amoindrissait sa popularité de roi pacificateur et médiateur aux yeux de la révolution. Son caractère fléchissait des deux côtés en quelques semaines. Il avait donné aux deux partis le secret de sa faiblesse. Les royalistes et les libéraux allaient l'entraîner successivement plus loin qu'il ne voulait aller. Il n'avait pas marqué avec assez de résolution le point fixe où il lui convenait de maintenir son caractère et son règne, la dignité de sa race, l'impartialité de son intelligence, l'arbitrage souverain de son cœur entre les partis. Une restauration ne peut jamais être qu'une amnistie. Le pardon n'est pas seulement sa vertu, il est sa loi.

LIVRE TRENTE ET UNIÈME

Murat. — Sa fuite de Naples. — Son arrivée à l'île d'Ischia. — Son aide de camp, le duc Rocca Romana. — Son départ pour la France. — Il débarque à Cannes. — Il offre ses services à l'empereur. — Refus de Napoléon. — Terreur dans le Midi. — Murat quitte les environs de Toulon et se cache. — Il demande un asile à Louis XVIII. — Il lui est accordé en Autriche. — Tentatives de fuite. — Il échoue. — Aventures. — Sa retraite. — Ses dangers. — Il s'embarque pour la Corse. — Périls de la traversée. — Incidents. — Il est recueilli en mer. — Son arrivée en Corse. — Il se retire dans les montagnes. — Situation politique de la Corse. — Murat est sommé de se rendre par le gouverneur de l'île. — Refus. — Le gouverneur envoie une troupe chargée de l'arrêter. — Insuccès. — Projets de Murat. — Il part pour une expédition à Naples. — Sa marche vers Ajaccio. — Son entrée dans la ville. — Arrivée de Macerone. — Il lui envoie le passe-port de l'Autriche. — Lettre de Murat. — Son départ pour Naples. — Traversée. — Désertion d'un de ses navires. — Incidents. — Il débarque au port du Pizzo. — Il essaye de soulever la population. — Son arrestation. — Ses derniers moments. — Sa condamnation. — Sa mort. — Jugement sur sa vie.

I

Mais avant d'entrer dans le récit de ces proscriptions, de ces assassinats, de ces jugements, de ces supplices qui allaient consterner le second retour du roi, pages sinistres que les amis de la restauration voudraient pouvoir déchirer de leur histoire, revenons d'abord sur un de ses plus illustres proscrits, que l'événement des cent-jours entraîna dans sa ruine, et dont la fuite, la tentative et la mort ouvrirent cette période de vicissitudes, de vengeances et de sang. Nous voulons parler de Murat. Sa vie, comme celle de Napoléon, n'était pas achevée par la première chute de son trône et par l'abandon de son royaume aux Bourbons de Naples. Il semblait être dans la destinée de ce satellite de Napoléon de s'élever avec lui, de tomber avec lui, de se relever avec lui, et de faire après lui la parodie héroïque d'un second règne, mais pour retomber aussi comme lui non plus dans l'ostracisme, mais dans la tombe.

II

Nous l'avons laissé, dans les précédents volumes de cette histoire, vaincu, abattu, s'arrachant nuitamment aux embrassements de sa femme, sœur de Napoléon, et de ses enfants, qui allaient fuir sur un vaisseau anglais, se dérobant de son palais lui-même avec deux fidèles compagnons d'infortune, sous des habits empruntés, cherchant une barque de pêcheur sur la côte déjà envahie de son propre royaume, s'embarquant, à la faveur des ténèbres, au cap de Misène, et ramant vers la petite île d'Ischia, où son autorité existait nominalement encore, mais où son drapeau était déjà abattu.

En y arrivant, il coupa ses longs cheveux, auxquels on le reconnaissait parmi les hommes de son royaume et de son camp. Il ne s'y fit point connaître pour ce qu'il était, dans la crainte que l'île ne le livrât aux Autrichiens, déjà entrés dans Naples, ou aux Bourbons, qui s'approchaient, pour mériter, par sa tête livrée à ses ennemis, le prix d'une trahison. Quelques-uns de ses officiers commandant dans les forts de l'île eurent seuls la confidence de son séjour. Il attendait du hasard un moyen de fuir jusqu'en France.

Le lendemain matin, en se promenant avec ses deux compagnons d'infortune sur la plage déserte de l'île, entre la ville d'Ischia et les murs du jardin d'un de ses anciens palais de plaisance, il vit une felouque qui courait des bordées indécises entre le port et la plage où il errait, et qui semblait, à ses manœuvres, n'avoir d'autre but que d'être remarquée et d'attendre des passagers à un rendez-vous de mer. Murat se douta que ce navire, frété par des amis inconnus, était peut-être un secours inespéré que lui envoyait sa fortune. Il fit des signaux, qui furent à l'instant répondus par les officiers du bord. Le navire s'approcha de la plage, envoya à terre son embarcation. Murat s'y précipita avec ses deux amis, et se trouva en quelques coups de rame sur le pont de la felouque, dans les bras de son aide de camp, le duc de Rocca Romana.

Le duc de Rocca Romana, qu'on appelait le Bayard de l'armée de Naples, avait dans la physionomie et dans l'extérieur d'un paladin cette trempe du caractère antique et obstiné à l'amitié qu'on retrouve rarement dans l'Italie, amollie par la longue servitude, mais qui, dans les âmes où elle se rencontre, nobles ou plébéiennes, égale tout ce que l'antiquité ou la chevalerie ont d'héroïque et de surhumain. Tel était Rocca Romana, digne par son rang de la cour des Bourbons, digne par sa bravoure de combattre à côté de Murat, digne par sa fidélité à l'infortune de son ancien général de l'estime des deux partis. Son image, en le peignant ainsi, est dans nos souvenirs et dans nos yeux.

III

Le duc de Rocca Romana, en apprenant par des confidences de camp et de palais que Murat avait pris la direction du cap Misène, conjectura que le roi était réfugié à Ischia. Il se hâta, de concert avec la duchesse de Conegliano, nièce de Murat, de s'embarquer sur une felouque calabraise appartenant à un des fermiers de ses domaines, qui se trouvait en ce moment dans le port de Naples, et il fit voile vers l'île pour chercher au hasard son maître, pour le recueillir et pour le sauver. Murat, Rocca Romana, le colonel napolitain Bonafoux, le marquis Giuliano et quelques autres serviteurs du roi firent voile vers Toulon. Le roi espérait que Napoléon, encore à Paris alors, lui accorderait son pardon, lui permettrait de se rendre auprès de lui, de combattre comme chef ou comme volontaire dans sa cavalerie, et qu'il rachèterait ses infidélités ambitieuses par son sang. Dans cette vague espérance, mais sans oser devancer à Paris le pardon qu'il se préparait à solliciter, il débarqua sur la même plage où Napoléon avait débarqué lui-même, à Cannes, le 28 mai, comme s'il eût voulu poser le pied sur toutes les traces des pas de son beau-frère. Il se réfugia dans un demi-mystère, pour attendre, aux environs de Toulon, dans une maison de campagne de l'amiral Lallemand appelée Plaisance.

Il écrivit de là à Fouché, ministre de la police, qui avait été longtemps son hôte à Naples, et le confident de tous ses démêlés de famille et de politique avec l'empereur. Il ne pouvait choisir un plus puissant négociateur. Fouché se prêta, avec son obligeance naturelle, à ce rôle d'intermédiaire et de réconciliation entre les deux beaux-frères. Il aimait Murat et le croyait utile au prestige de l'armée. Mais, au premier mot qu'il dit sur ce sujet à l'empereur, celui-ci se rembrunit, et Napoléon jetant sur Fouché un regard qui semblait dire que le séjour, qu'il voulait bien ignorer, de Murat à Toulon était une assez grande indulgence : « Quel traité de paix que j'ignore, dit-il à Fouché, a donc été conclu entre le roi de Naples et la France ? » Fouché n'osa insister contre un ressentiment qui pouvait se changer en menace. Il informa Murat des mauvaises dispositions de son beau-frère, et lui conseilla d'attendre dans l'obscurité que la victoire eût rappelé la générosité, ou que les revers eussent ramené l'amitié dans le cœur de Napoléon. Murat obéit en frémissant d'impatience, et se rongea le cœur de remords et de douleur dans la solitude et dans l'oisiveté de sa retraite.

IV

Il ne fut réveillé de cette léthargie que par le bruit de la catastrophe de Waterloo, de l'abdication et de la fuite de l'empereur, de la rentrée des Bourbons, ses ennemis à Paris, à cause des souvenirs, bien injustes à son égard, de l'exécution du duc d'Enghien ; ses ennemis à Naples, à cause de la communauté d'intérêt et de sang. Les soulèvements royalistes de Marseille ; les assassinats du général Ramel à Toulouse, du général Lagarde à Nîmes, du maréchal Brune à Avignon ; la terreur qui changeait seulement de drapeau dans le Midi, et qui s'acharnait jusque dans Toulon sur tout ce qui tenait par le sang, par les fonctions ou par les opinions à Bonaparte, le forcèrent de quitter la maison de l'amiral Lallemand, où la police du marquis de Rivière, commissaire du roi dans le Midi, savait son séjour.

Il alla s'abriter dans une retraite ignorée de tous, excepté de quelques officiers de marine dévoués à son infortune et fidèles à son secret. De là, il se retourna vers la générosité des Bourbons, rentrés à Paris, pour en obtenir sûreté et asile en France. Il écrivit une lettre digne et touchante au roi, et une autre lettre à Fouché, seul survivant au pouvoir après la ruine des impérialistes. Cette lettre de la main de Murat était datée : « Du fond de ma ténébreuse retraite, le 22 août 1815. »

La lumière du jour était, en effet, dérobée à l'infortuné roi de Naples dans sa retraite; il ne respirait l'air et ne voyait le ciel que pendant la nuit. Il informait Fouché dans cette lettre que, n'osant traverser le Midi, teint du sang de Brune, pour aller se jeter aux pieds du roi, il allait s'embarquer pour le Havre sur un navire de commerce affrété par ses amis de Toulon, et que du Havre il se rendrait à Paris avec plus de sûreté pour ses jours. Il chargea en même temps un de ses anciens aides de camp, le colonel Macerone, confident et agent secret de Fouché à Paris, de négocier pour lui auprès des puissances étrangères un sauf-conduit et des sûretés qui lui assignassent un asile et une situation dans quelque État du continent.

Pendant cette correspondance lente et entravée par l'ignorance où Murat voulait laisser Fouché et même Macerone du lieu de sa retraite, les événements se précipitaient, et la terreur qui épiait de Toulon son asile força encore Murat à prendre et à rejeter d'autres résolutions.

V

Cependant, Fouché, M. de Talleyrand, lord Wellington, M. de Metternich, cédant sans peine aux sollicitations de Murat et aux désirs exprimés par son aide de camp Macerone et le marquis Giuliano, un autre de ses compagnons de fuite, envoyé par Murat à Paris, remettaient à Macerone des lettres et des passe-ports du plénipotentiaire autrichien à Paris, M. de Metternich, autorisant l'ex-roi de Naples à rejoindre sa femme et ses enfants à Trieste, et à résider en sûreté dans les États de l'empereur d'Autriche.

Mais déjà le sort et les pensées de Murat avaient été changés par un de ces hasards funestes qui rompent les plans les mieux combinés, et qui rejettent les proscrits dans une anxiété pire qu'avant leurs tentatives d'évasion.

Murat aurait dû compter sur l'indulgence et sur la conscience secrète du marquis de Rivière, gouverneur de Toulon. A l'époque où ce gentilhomme, proscrit lui-même, rentré furtivement dans sa patrie pour y ourdir des trames contre Napoléon, avait été jugé et condamné à mort comme complice des conspirations de Polignac, de Pichegru et de Moreau, il avait dû sa grâce et la vie aux généreuses intercessions de Murat auprès du premier consul. C'était pour M. de Rivière une rare et sainte occasion de rendre générosité pour générosité, salut pour salut, à un fugitif livré à son tour par les vicissitudes du sort à sa merci. Le marquis de Rivière, expérimenté des proscriptions, était digne, assure-t-on, par le cœur, d'assumer sur lui la protection de son ancien intercesseur et la colère des royalistes. Mais, soit que la prudence de Murat ne lui laissât pas les moyens de faire parvenir jusque dans sa cachette les bonnes intentions du gouverneur du Midi, soit que le zèle et l'inquisition des agents secondaires ou volontaires de la police royaliste dépassassent les ordres de M. de Rivière, les alarmes causées à Murat et à ses amis par les embûches dont ils étaient poursuivis les obligeaient à changer souvent d'asile. Lassé de cette terreur continue qui assiégeait ses retraites et qui ne lui montrait plus de sécurité sur aucun point de la France, Murat fut forcé de renoncer à se rendre au Havre et à Paris, il résolut de passer en Corse, île pleine des parents, des partisans et des clients de la famille Bonaparte, mal soumise encore au nouveau gouvernement des Bourbons, dégarnie de troupes françaises, demeurée dans une sorte d'expectative et de neutralité entre les événements, et où les anses nombreuses, les routes impraticables, les forêts, les montagnes, l'hospitalité sacrée des habitants, assuraient mille moyens de fuite et de retraites inaccessibles ou de sécurité provisoire à un proscrit.

Par les soins du marquis Giuliano, de Macerone, du comte de Mosbourg et d'une femme de Paris qu'il avait aimée avant d'être roi, et qui lui conservait cette mémoire de l'amour, la plus tendre et la plus courageuse des amitiés, il avait reçu de Paris des vêtements, du linge, des bijoux, des armes et une somme de deux cent mille francs pour l'aider dans ses plans d'évasion. Il chargea le duc de Rocca Romana, le colonel Bonafoux et le marquis Giùliano, ses aides de camp, moins inquiétés et moins suspects à Toulon à titre d'étrangers à nos discordes civiles, de lui fréter un bâtiment léger pour la traversée de la côte de France à l'île de Corse. Ces fidèles amis, assistés par des officiers de la marine française dont nous avons déjà parlé, réussirent, sans trop de peine et en peu de jours, à combiner dans le plus grand secret ces préparatifs. Les trésors, les équipages, les armes, les serviteurs, et jusqu'aux vêtements du roi, furent embarqués à bord du bâtiment nolisé. On n'attendait plus que Murat lui-même.

VI

La vigilance de la police aux portes de Toulon ou dans le port de la ville, et les menaces sanguinaires dont sa tête était l'objet comme complice présumé du 20 mars, ne lui permettaient pas de s'embarquer dans le port en même temps que ses officiers et ses gens. La main d'un sicaire ou une émotion du peuple pouvait le saisir et le frapper à son dernier pas sur le rivage de sa patrie. Il fut convenu que le bâtiment mettrait à la voile sans lui, qu'il courrait des bordées dans la rade, à une certaine distance de Toulon, et que, se rapprochant de terre à un point convenu de la rade où le roi devait se trouver la nuit, le capitaine enverrait un canot à la plage et embarquerait le proscrit à la faveur de la solitude et des ténèbres.

Le jour du départ fixé au 2 août, tout ce qui concernait le bâtiment s'accomplit comme il avait été convenu. Le duc de Rocca Romana, le colonel Bonafoux, deux domestiques et les équipages du roi sortirent du port sans éveiller de soupçons, et le navire qui les portait croisa lentement jusqu'à la chute du jour dans la rade. Le canot se détacha du bord, aborda la plage au point convenu, et les marins qui en descendirent cherchèrent longtemps Murat et le marquis Giuliano parmi les oliviers et les rochers de la côte.

Mais ils le cherchèrent et l'attendirent en vain. Une bande de soldats et d'agents de police, rôdant à travers la campagne, autour de l'asile du roi, l'avait empêché d'en sortir à l'heure fixée au rendez-vous qu'il avait assigné à ses amis. Le canot rejoignit le bâtiment. Les amis et les serviteurs consternés de Murat délibéraient entre eux dans une transe mortelle sur ce qu'il y avait de mieux à faire pour parer à ce funeste contre-temps : les uns croyant que leur malheureux maître s'était trompé de plans et les attendait dans quelque anse plus éloignée ou plus rapprochée de Toulon, les autres qu'il s'était trompé d'heure ou de jour et qu'il paraîtrait sur la côte après que le bâtiment l'aurait quittée; ceux-ci proposant de descendre à terre et de passer la nuit à le découvrir et à l'appeler de rocher en en rocher, ceux-là de croiser à portée du rivage et au risque d'être saisis par les gardes-côtes, jusqu'à ce que le roi fût en vue et que le canot pût de nouveau lui être envoyé sur une plage. Ils s'arrêtèrent à ce dernier parti, le plus sage de tous, et coururent quelques bordées vis-à-vis de la côte. Mais ces manœuvres suspectes ayant attiré l'attention de la même patrouille royaliste qui avait battu la campagne autour de la retraite du roi, ces hommes hélèrent le bâtiment, montèrent à bord, les armes à la main, vomirent de sanguinaires imprécations contre les bonapartistes et contre le roi de Naples, déclarèrent que s'ils l'avaient trouvé à bord, ils auraient vengé, sans jugement, ses crimes et jeté son corps à la mer. Ils ordonnèrent au capitaine, sous peine de saisir son navire, de s'éloigner à l'instant de la côte, et de poursuivre sa route vers la pleine mer, afin d'éviter le soupçon de chercher à embarquer quelques proscrits. Le duc de Rocca Romana, le colonel Bonafoux, les domestiques du roi et ses équipages, cachés pendant cette visite à fond de cale, derrière des ballots de marchandises destinées en apparence pour la Corse, avaient heureusement échappé à l'attention des sicaires.

VII

Le navire, forcé d'obéir sous peine d'autoriser des soupçons et des patrouilles inévitablement funestes au roi, feignit de reprendre le large après leur départ; mais modérant de nouveau sa course pour donner à Murat le temps et l'occasion de le rejoindre encore, il stationna sous ses basses voiles à portée de la côte pendant les longues heures de la nuit. Rocca Romana, désespéré, voulait se livrer à la mort, plutôt que d'échapper ainsi seul, à la place de l'ami qu'il était venu sauver. Les bâtiments armés qui gardaient la côte et qui observaient le navire l'empêchèrent d'aborder de nouveau le rivage ou de s'en rapprocher de trop près.

Pendant ces événements de mer, les bandes qui surveillaient les approches de la retraite de Murat s'étaient éloignées, le roi sortit vers le milieu de la nuit et se glissa, sans être aperçu, jusqu'au point du rivage où le navire devait l'attendre et l'embarquer. Il ne doutait pas de l'exactitude de ses compagnons d'armes à s'y trouver et de leur patience à l'attendre. Il savourait déjà d'avance ce sentiment de sécurité anticipée dont il allait enfin jouir en Corse, après la longue oppression de douleur et de terreur sous laquelle il avait vécu depuis trois mois.

Vaine illusion de proscrit, que la fortune raille tour à tour dans ses joies ou dans ses craintes! La plage était déserte et la mer vide. Le roi crut qu'il avait perdu ou devancé l'heure. Il ne se lassa pas d'espérer que le bâtiment allait paraître ou reparaître à chaque vague qui bruissait à ses pieds. Plus troublé cependant à mesure que la nuit s'écoulait et que de nouvelles étoiles selevaient ou se couchaient derrière les montagnes de la rade, il montait de rocher en rocher, pour apercevoir de plus haut une plus vaste étendue de mer. Il prenait l'écume pour une voile; il ressaisissait et reprenait sans cesse l'espérance, avec cette obstination de l'homme qui cesse de vivre, s'il cesse d'espérer.

Enfin, les premières clartés du crépuscule du matin répandirent une clarté plus large que celle de la lune sur les vagues. Il aperçut et reconnut son navire au signalement qu'on lui en avait donné et aux signaux dont ses amis et lui étaient convenus à Toulon. Mais il ne le vit que pour reconnaître en même temps l'impossibilité absolue de l'atteindre. Aucun canot n'était à sa disposition sur la plage, et le navire, observé par des bâtiments gardes-côtes, voguait à toutes voiles vers la pleine mer.

Son dernier espoir et ses derniers amis s'éloignaient avec cette voile. Il tomba un moment anéanti sur le rocher d'un écueil, appelant ses amis ou la mort.

VIII

Mais il était de cette trempe d'hommes qui ne plient pas longtemps sous le poids des circonstances même les plus désespérées. Exercé par les hasards de sa jeunesse, par le jeu avec la destinée et par les dangers bravés ou évités du champ de bataille, à toutes les extrémités de la fortune, il ne les subissait, comme les grands cœurs, qu'après avoir employé toutes les ressources de sa présence d'esprit et toutes les vigueurs de son courage à les surmonter. Jamais vaincu avant la mort, l'énergie et la souplesse de son âme domptaient, même dans les plus sinistres surprises du sort, les défaillances et les pâleurs de visage, et sa physionomie conservait le sourire et la sérénité de son courage.

Il se releva après quelques minutes données en vain au retour de plus en plus impossible de son vaisseau qui disparaissait à l'horizon sous les lames, et il s'enfonça dans les champs et sous les oliviers qui bordent la rade, ne sachant où porter ses pas et ne pouvant néanmoins rester immobile.

Le jour allait le découvrir à ceux qui l'avaient cherché la nuit. La certitude que son asile de la veille était soupçonné et circonvenu ne lui permettait pas d'y revenir, à moins de se livrer à ses bourreaux. Il craignait dans chaque toit qu'il apercevait dans la campagne de rencontrer un délateur ou un ennemi. Il marcha au hasard, évitant le voisinage des forts et les villages, s'éloignant des bords de la mer, ne suivant d'autres sentiers que ceux que son instinct lui montrait comme les plus cachés et les plus déserts, vingt fois tenté de frapper aux portes de quelques maisons isolées, vingt fois repoussé par la crainte d'y trouver un traître.

Il erra ainsi trois jours et quatre nuits sans autre nourriture que les régimes de maïs qu'il broyait sous ses dents pour soutenir ses forces, et n'ayant pas d'autre manteau que les feuilles des oliviers pour se couvrir la nuit pendant son sommeil contre les intempéries de l'air. Il ne s'éloignait néanmoins pas trop des bords de la rade, et il s'en rapprochait le soir, dans la vague espérance que ses amis, une fois délivrés de l'observation des bâtiments de guerre, débarqueraient aux alentours de la plage convenue et parviendraient à le découvrir et à le ramener au navire.

IX

Mais aucun de ces rêves ne s'était réalisé. Le quatrième jour vers midi, contraint par la faiblesse de ses membres et par la faim, il se décida à frapper à tout hasard à la porte de la première maisonnette isolée qui s'offrait à lui, et à tenter l'hospitalité ou la mort de la générosité ou de la trahison des habitants. Il se flattait même de n'être pas reconnu et de pouvoir sonder les sentiments et les opinions de ses hôtes, avant de se révéler ou de se dérober de nouveau de leur seuil.

Sa fortune le conduisit vers une maison de campagne

pauvre et rustique, isolée des autres demeures éparses sur ces collines et appartenant à un ancien militaire retiré du service qui cultivait là le petit héritage de ses pères. Une servante âgée, gouvernante du ménage et du domaine, habitait seule cette maison avec son maître. Le maître était absent au moment où Murat s'approchait du seuil. Le roi frappa timidement. La vieille femme ouvrit, et voyant un homme d'une figure noble et douce, d'un costume moitié militaire, moitié civil, mais décent et même riche, elle pensa que c'était un des amis, compagnons d'armes de son maître, et le fit entrer avec confiance dans la maison. Le roi lui dit qu'il était un officier de la garnison de Toulon, nouveau dans le pays, et que s'étant égaré dans une longue promenade à travers ces campagnes inconnues, il s'était senti pressé par la fatigue et par la faim, et qu'il avait pensé qu'on serait assez hospitalier dans cette maison habitée pour lui permettre d'y prendre un peu de repos et de nourriture. La grâce et la noblesse de la figure du roi, la politesse de ses manières et la franchise honnête de son accent convainquirent et touchèrent la gouvernante.

Elle offrit au roi une place sur le banc de la table de la cuisine, et s'occupa à rallumer le feu, et à chercher des œufs pour lui préparer à dîner. Tout en s'occupant de ces détails de ménage, elle entretenait l'étranger avec cette familiarité domestique du Midi qui met moins de distance que dans l'intérieur de la France entre les serviteurs et les hôtes. Elle lui demanda pardon pour la rusticité des mets qu'elle allait lui offrir, et lui dit que, si son maître l'avait attendu, il l'aurait certainement reçu à une table mieux servie. Le roi, au nom de maître prononcé par la servante, trembla ; mais, cachant son impression sous une feinte indifférence; il lui demanda négligemment qui était son maître, et s'il était absent pour longtemps de sa demeure. Elle répondit qu'il était sorti seulement pour visiter ses oliviers, et qu'il ne tarderait pas à rentrer. Le roi allait continuer ses interrogations, quand le maître lui-même rentra de sa promenade, et voyant un étranger de noble apparence dans sa maison, déjà assis et mangeant à sa table, il le salua avec une cordiale hospitalité, et s'asseyant vis-à-vis de son hôte, il lui dit qu'il était lui-même en appétit, et il ordonna à la gouvernante de lui préparer un autre plat d'œufs de ses poules et de lui apporter une autre bouteille de son vin. Le roi, en effet, affamé par son long jeûne dans les bois, avait déjà dévoré le pain et les mets qu'on avait mis sur la table, devant lui, avant l'arrivée du maître de la maison.

X

A peine les deux convives étaient-ils assis l'un vis-à-vis de l'autre, à la même table, que le maître de la maison, regardant de plus près et à un rayon de soleil plus direct l'hôte qui était devant lui, reconnut le roi de Naples à la ressemblance parfaite de ses effigies sur les monnaies du grand-duché de Berg et du royaume des Deux-Siciles, se troubla, se leva en sursaut de son banc, et témoignant du regard, du geste et de l'attitude tout le respect et tout l'attendrissement dont il était saisi en face de tant de grandeur et de tant d'abaissement, lui demanda pardon de la familiarité involontaire dont il venait d'user avec un hôte si auguste et si inattendu. Il se hâta de le rassurer sur sa discrétion, et lui jura qu'il risquerait plutôt mille fois sa vie que de le trahir; et que sa maison, sa fortune et sa personne étaient, sans réserve, à son service.

A cette soudaine exclamation de son maître et aux démonstrations chaudes de respect et de dévouement qu'il donnait à l'étranger, la vieille femme, qui était occupée à son foyer, se retourna avec étonnement, comprit que l'hôte qu'elle avait reçu était un roi, et laissant d'émotion tomber dans la cendre le plat qu'elle préparait pour son maître, se précipita toute tremblante aux genoux du Murat, et se confondit en excuses et en attendrissement devant lui.

XI

Murat bénit la Providence qui l'avait mieux dirigé que n'aurait fait le choix. Il passa quelques jours tranquille, heureux et inconnu sous ce toit de l'hospitalité. Mais le maître de cette maison étant un des militaires soupçonnés alors de souvenirs et de prédilections impérialistes, un de ceux sur lesquels la police de Toulon avait les yeux le plus ouverts, il ne crut pas prudent d'y prolonger son séjour au delà du temps nécessaire pour s'en préparer un plus sûr. Par les soins de son hôte et d'officiers de marine, ses amis, qu'il avait fait informer de son aventure, il se réfugia dans une autre maison de la campagne de Toulon appartenant à un capitaine de vaisseau et inhabitée en ce moment.

Une seule femme fidèle, vigilante et sûre, fut mise dans la confidence et consacrée au service du roi dans cette maison que l'on croyait déserte. Les deux officiers de marine de Toulon, seuls confidents de son secret, veillaient de loin sur sa sûreté et lui apportaient de temps en temps, pendant la nuit, les choses nécessaires à la vie et les espérances d'une meilleure fortune.

Mais le bruit répandu, parmi les exécuteurs des vengeances populaires dans le Midi, de la présence du roi de Naples caché dans les environs de Toulon, et des trésors, et des bijoux imaginaires, dépouille enviée de ceux qui le découvriraient, redoublait l'ardeur des investigations autour de lui. La femme qui le servait n'avait pas une heure de sécurité. Elle veillait toute la nuit pendant le sommeil du roi pour épier les pas et les bruits des patrouilles nocturnes dans la campagne, et pour faire évader son hôte, si les visiteurs armés s'approchaient de la maison.

XII

Malgré ces précautions et ces discrétions des amis de Murat, le silence et le mystère eux-mêmes semblaient révéler les proscrits. Dans la nuit du 13 août, une bande de soixante volontaires royalistes, dirigée et commandée par un des chefs les plus acharnés à la découverte du roi, entoura la maison de campagne où il reposait. Des fenêtres de l'habitation placée sur un monticule, on apercevait de très-loin, pendant le jour, tout ce qui s'approchait, et l'on avait le temps de se soustraire aux recherches; mais à la faveur des ombres de la nuit et du silence imposé à la troupe, les proscripteurs pouvaient entourer et surprendre leur victime, sans lui donner ni le soupçon de leur recherche ni le temps de s'y dérober. Mais une lanterne portée dans un chemin creux par un des guides de la bande armée, pour les éclairer dans leur marche, ayant révélé par sa lueur à la gardienne de Murat, qui veillait près d'une fenêtre, l'approche d'une patrouille lointaine montant le chemin vers la maison, elle éveilla en sursaut le roi, qui dormait tout habillé ses armes sous la main, et l'avertit du danger.

Il s'élança de son lit, s'enveloppa de son manteau, s'arma de son poignard et de ses pistolets, et sortant sans bruit par une porte de derrière, il s'enfonça dans les hautes vignes à soixante pas de la maison, et se recouvrit de fagots de pampres secs laissés par les vignerons dans leurs champs. La vieille femme referma soigneusement la porte de la maison après l'évasion de Murat, effaça toutes les traces qui pouvaient révéler la présence d'un étranger dans les chambres, et, feignant de se réveiller et de s'habiller lentement aux coups des visiteurs à la porte, elle ne leur ouvrit qu'après avoir donné au roi tout le temps de s'éloigner et de se cacher.

Pendant que les volontaires visitaient, avec une rage trompée, les appartements, les caves, les greniers, les lieux les plus secrets de l'habitation, d'autres rôdaient dans les cours, dans le jardin, et jusque dans les vignes voisines de la maison. Ils passèrent plusieurs fois, leur lanterne à la main et le sabre nu, à quelques pas des fagots de pampres qui recouvraient le proscrit, et le roi les entendit se répandre en imprécations contre lui, et en espérances de le découvrir enfin pour l'immoler à leur fureur et pour se partager ses dépouilles. Pendant ces entretiens entre ses persécuteurs, qui ne laissaient que quelques pas entre la mort et lui, Murat avait la main sur son poignard et sur ses pistolets, décidé, raconta-t-il depuis, à tuer d'abord les premiers qu'il pourrait frapper, et à réserver le feu de son dernier pistolet pour lui-même, afin de ne livrer qu'un cadavre à la férocité de ses bourreaux.

Cette recherche mystérieuse, trompée, dans la maison qu'il habitait, la lui rendit plus sûre, et il ne chercha plus à en changer. Mais sa tête était mise à prix à Marseille. On promettait mille louis à celui qui le livrerait mort ou vif aux inquisiteurs du parti des Bourbons. Le sol de la France devait, tôt ou tard, s'ouvrir sous ses pas. Il reprit la pensée de se réfugier en Corse.

XIII

Les trois jeunes officiers de marine, qui n'avaient pas cessé de se dévouer secrètement à son salut, et qui étaient prêts à s'associer à ses hasards, MM. Donnadieu, Blancard et Langlade, lui préparèrent de nouveau un moyen de fuite. Un bateau de pêche, sans cabine et sans pont, dans lequel ces jeunes gens s'embarquèrent eux-mêmes, attendit le roi par une nuit sombre et par une mer houleuse sur un autre point de la rade. Cette fois il parvint à s'y jeter, favorisé par la sécurité des gardes-côtes, qui croyaient la plage assez gardée dans une telle nuit par la tempête, et il se livra aux lames et aux vents moins cruels et moins acharnés que les partis politiques.

La barque, qui ne pouvait contenir que quatre passagers, gouvernée par des bras intrépides, sortit de la rade, et vogua, au lever du jour, sur la haute mer, dans la direction de l'île de Corse. Mais la tempête, qui soulevait en plein canal des vagues plus démesurées à la frêle embarcation que dans la rade abritée de Toulon; le vent qui avait déchiré la voile et brisé la vergue; les flots qui s'embarquaient à chaque rafale, menaçaient le roi et ses amis de leur creuser un tombeau entre chaque lame. Ils aperçurent un navire ponté qui cinglait vers la côte de France; ils en approchèrent pour conjurer l'équipage de les recevoir à bord et de les conduire en Corse, offrant au capitaine pour prix de ce service une partie des sommes que le roi portait sur lui. Mais le capitaine et l'équipage, sourds aux supplications des passagers, manœuvrèrent sans pitié, au risque de faire sombrer la barque sous leur proue, et laissèrent Murat aux prises avec les éléments déchaînés. La nuit tombait, le vent mugissait, la barque faisait eau et chancelait à chaque coup de mer, quand une autre voile se montra sur les lames, à la lueur du crépuscule, voguant vers la Corse, dans la même direction que Murat, et près de l'atteindre et de le dépasser.

C'était le bateau-poste de Toulon en Corse, commandé par le capitaine Michaello Bonelli, de Bastia, qui portait des dépêches et des passagers vers l'île. Aux signaux de détresse, aux gestes et aux cris de Murat et de ses compagnons, le généreux capitaine, quoique menacé lui-même par le gros temps, n'hésita pas à carguer ses voiles et à attendre la barque. Il feignit d'ignorer quels étaient les passagers en perdition qu'il recevait sur son bord; mais le capitaine de frégate Olessa, embarqué à Toulon sur le bateau-poste, avait reçu, avant de partir, la confidence du départ du roi. Il présumait que le vent et la mer n'auraient pas intimidé ce prince intrépide, qu'il le rencontrerait en mer luttant contre les flots, et il avait secrètement insinué au commandant du bateau, Michaello Bonelli, de surveiller l'horizon et de recueillir l'infortuné roi de Naples. Murat fut donc reçu sur le pont du bâtiment, moins en naufragé qu'en roi.

A peine était-il sur le pont, que sa barque, démâtée et disloquée par les coups de mer, sombra à la vue des passagers.

XIV

Indépendamment du capitaine de frégate Olessa, qui lui était dévoué, Murat trouva à bord du bateau corse des partisans de sa cause et des hommes qui fuyaient sinon la proscription, du moins la disgrâce. De ce nombre étaient des sénateurs, des généraux corses de haut rang, de la famille, de la cour ou de la haute faveur de Napoléon : des Bacciocchi, des Casabianca, des Rossi, des Galvani. Ils accueillirent Murat avec toutes les marques de respectueuse considération et de déférence compatibles avec la réserve que commandaient les circonstances. Il fut convenu sur le bâtiment qu'on affecterait d'ignorer, en touchant au port, le nom et le titre du roi. Il avait pris le nom de Campo Meli, un des fiefs de son ancien royaume.

XV

Le roi, descendu sous ce nom à Bastia, fut bientôt reconnu et accueilli silencieusement par la popularité sourde qui s'attachait à sa personne, à ses exploits, à ses infortunes, que l'on confondait, dans l'ignorance de l'île, avec les revers de Napoléon. Toutefois, craignant que les agents et les partisans des Bourbons dans la ville, centre du gouvernement, ne prissent ombrage de son séjour, et n'exécutassent contre lui quelque ordre de sévérité apporté de Paris ou inspiré par leur propre zèle, il ne passa qu'une nuit dans la ville; et dès le lendemain de son arrivée il partit avec quelques amis pour Vescovato, village situé dans un noyau de hautes montagnes de l'île, à douze lieues de Bastia.

La principale famille de Vescovato était la famille Colonna, antique et considérée dans ces montagnes où le peuple, comme en Orient, reconnaît des chefs naturels et héréditaires dans les chefs des vieilles tribus du pays. Murat avait été inspiré de se jeter à Vescovato par le souvenir du nom de cette famille Colonna, dont un de ses généraux les plus affidés, le général Franceschetti, avait épousé une fille. Il pensait que la reconnaissance et l'affection que ce général, comblé de sa faveur à Naples, avait communiquées à sa parenté lui seraient un gage d'hospitalité et de fidélité. Il ne se trompait pas. Les liens de la nature et du cœur sont plus sacrés en Corse que ceux de la politique et de l'opinion, comme dans tous les peuples primitifs où l'homme est au-dessus du sujet ou du citoyen. Le maire de Vescovato, Colonna Cecaldi, beau-père du général Franceschetti, était le chef de cette famille. Il était royaliste, ennemi de Bonaparte, et dévoué aux Bourbons; mais, avant tout, dévoué au sentiment de famille, au devoir de l'hospitalité envers ceux qui l'imploraient et aux mœurs antiques de son pays.

XVI

Murat en arrivant, comme un chef de bandes d'Écosse ou du Liban, sur la place de Vescovato, descendit de cheval devant le seuil de la maison du village qui présentait la plus imposante apparence : c'était celle de Colonna Cecaldi. Le maître de la maison et le chef du pays, Colonna, sortit de sa demeure au bruit des chevaux de la suite du roi. Murat se nomma, lui fit connaître les motifs de sa descente dans l'île; et lui demanda asile et protection parmi les siens, dans l'unique intention d'attendre en sûreté dans ces montagnes ce que le roi de France et les souverains alliés décideraient de lui.

Le vénérable chef des Colonna répondit au roi par le témoignage de la plus inviolable hospitalité. Il lui dit qu'il n'existait, à sa connaissance, aucun ordre du roi de France et aucune raison de conscience et d'honneur pour un fidèle partisan des Bourbons, qui autorisassent personne en Corse à traiter le roi de Naples, dépossédé, en fugitif et en ennemi.

Le roi vécut quelques jours en sécurité et en paix dans

la maison de Colonna Cecaldi, où il ne tarda pas à être rejoint par le général napolitain Franceschetti, gendre de son hôte.

XVII

La Corse, comme nous l'avons dit plus haut, flottait alors dans une sorte d'interrègne, favorable aux anarchies des trois principaux partis qui la divisaient : les bonapartistes, les partisans de l'Angleterre et les amis de la maison de Bourbon ; plus favorable encore aux entreprises personnelles qu'un chef illustre, remuant et populaire comme le roi de Naples, voudrait y tenter, soit pour dominer l'île, soit pour y recruter des adhérents et des instruments d'aventures et d'expédition au dehors. Les faibles garnisons de Calvi, de Bastia, d'Ajaccio, ne comptaient que quelques centaines de soldats ; nombre insuffisant pour imposer l'obéissance ou même la paix aux trois partis debout, enracinés dans l'île, maîtres des montagnes, et toujours en armes et en observation pour profiter des hasards que les événements leur offraient.

Le drapeau blanc flottait sur le port et sur les clochers de l'île, seul signe de la soumission du pays au gouvernement de Louis XVIII. Le commandement militaire de l'île était exercé provisoirement et presque officieusement par le colonel de gendarmerie, Verrière.

XVIII

Aussitôt que ce commandant militaire de Bastia, averti de la descente du roi de Naples en Corse, et pressé par son propre zèle et par le zèle des royalistes de son parti d'agir contre le fugitif de Toulon, eut appris que Murat était à Vescovato, il lui adressa, par un parlementaire, une sommation de se remettre entre ses mains jusqu'à ce que le roi de France eût prononcé sur son sort. Murat, déjà garanti à Vescovato par l'inviolable hospitalité des Colonna, et bientôt entouré de paysans, de pasteurs et d'anciens soldats armés pour sa protection, refusa d'obéir, en alléguant, pour motiver son refus, l'absence d'autorité légale et souveraine dans l'île. En recevant cette réponse, le colonel Verrière publia une proclamation qui déclarait le roi de Naples, Murat, ennemi du roi de France et perturbateur du repos public. Un détachement de quatre cents hommes, appuyé par un corps de gendarmes, marcha à Vescovato pour faire exécuter les ordres du gouvernement et pour s'emparer de Murat.

Mais déjà Murat était une puissance inattaquable dans le noyau des hautes et belliqueuses montagnes où il s'était cantonné. Chez les uns, le dévouement héréditaire à la famille Colonna, dont il habitait le seuil; chez les autres, les droits sacrés de l'hospitalité, qu'aucune opinion ne leur ferait oublier, ni trahir; chez ceux-ci, la popularité aventurière du roi de Naples; chez ceux-là, la mémoire des anciennes guerres dans lesquelles ils avaient servi sous ses ordres; chez les plus ambitieux, l'espérance de partager ses périls et les dépouilles d'une expédition de cet ancien souverain pour conquérir son ancien royaume; chez les cupides, la solde que Murat distribuait sur les sommes qu'il avait apportées ou qu'il escomptait sur Paris : tout cela avait groupé à Vescovato, autour du roi de Naples, un millier de défenseurs armés et prêts à tout pour sauver, suivre ou venger ce proscrit populaire. Le détachement envoyé de Bastia, intimidé par le nombre, par la résolution de ses partisans et par la force naturelle des lieux, revint sans sa proie à Bastia.

XIX

Cette petite armée de Murat et l'attachement des montagnards le pressaient de lever l'étendard de l'indépendance de l'île en son propre nom, et de s'emparer de Bastia. Il s'y refusait encore, affirmant toujours qu'il ne voulait rien entreprendre contre le roi de France, et qu'il se bornait à pourvoir à sa sûreté et à sa dignité sous la garde de ses hôtes belliqueux. Mais déjà ses partisans autour de lui faisaient violence à sa réserve affichée ou sincère, et recrutaient hardiment des hommes, des armes, des munitions, des subsides pour sa cause. Il fermait les yeux et semblait flotter lui-même, indécis, entre une insurrection de l'île en sa faveur et une expédition sur les côtes de son ancien royaume.

La certitude d'échouer devant l'Europe après un succès momentané dans l'île de Corse, et la médiocrité de la conquête proportionnée au danger le détournèrent de la première idée et le précipitèrent dans la seconde. Le désespoir surtout et l'ambition d'imiter et de surpasser Napoléon, en rentrant à Naples et en s'y maintenant, le poussèrent en aveugle à ce pas funeste de sa vie. Ses ressources pécuniaires s'épuisaient, il ne pouvait supporter le poids de l'oisiveté, ni l'humiliation d'une vie privée et obscure après une vie de tumulte dans les camps ou de splendeur sur un trône. Des peines domestiques ajoutaient leur amertume secrète et leur incitation à ses revers politiques. Il adorait sa femme, jeune, belle, ambitieuse, avide de pouvoir et d'éclat. Il était jaloux de ses faveurs d'esprit présumées pour de jeunes généraux de sa cour, dont elle avait semblé quelquefois préférer les conseils à sa propre politique. Il était humilié de l'avoir fait descendre du trône où elle l'avait élevé par son union avec lui. Il était impatient de l'y replacer par l'audace de son génie et par la bravoure de son cœur; il s'indignait du rang vulgaire où il allait laisser ses enfants, qu'il adorait comme leur mère. Son cœur troublait sa tête. Il prit le vertige de l'orgueil, de l'amour et du trône. Il se donna, pendant trois semaines de séjour dans ces montagnes, le délire ou les illusions dont il avait besoin pour justifier sa démence.

XX

« Je suis adoré à Naples, disait-il à ses confidents, et comment ne le serais-je pas? je n'ai fait que du bien aux Napolitains, que j'ai gouvernés avec mon cœur, et dont j'ai relevé le nom militaire dans les camps en le couvrant de mes propres exploits. J'ai affranchi le peuple, j'ai relevé la noblesse, j'ai aguerri les soldats, j'ai aimé les paysans, j'ai policé, administré, enrichi le royaume. J'entends encore d'ici les acclamations de la multitude sur mon passage toutes les fois que je rentrais en triomphe dans ma capitale, de retour de nos campagnes avec la grande armée. Grand Dieu! quels souvenirs ces applaudissements d'une nation éveillent dans mon âme! Naples et mon peuple m'obsèdent de leur continuelle présence! » Et fondant en larmes à ces tableaux : « C'en est trop, disait-il, je ne puis plus vivre et mourir que pour mon peuple. Nous verrons Naples, nous verrons Naples, hâtons-nous de partir! »

XXI

En vain quelques officiers généraux, plus calmes et plus fidèles à ses intérêts qu'à ses illusions, lui représentaient les dangers de l'entreprise : l'Europe debout, l'Autriche et ses armées sur ses frontières, les Bourbons de Sicile à peine rendus à leur royaume et n'ayant pas eu le temps encore d'épuiser l'enthousiasme et la popularité de ces retours, l'armée vaincue et disloquée, ses officiers rattachés aux Bourbons par les souvenirs de famille, le devoir, le serment, l'intérêt; l'oubli si rapide qui suit la disgrâce du sort et l'absence, une police vigilante, des sbires nombreux venus de Sicile et surveillant les sentiments et les émotions du peuple; la difficulté de débarquer, le dénûment des ressources d'armes, de soldats, de munitions, l'absence de prétexte ou de raison pour soulever le peuple, une captivité certaine ou une mort tragique sur le sol d'un royaume qui ne pouvait porter deux rois.

Rien ne l'ébranlait; il avait le vertige du trône. Il était résolu à ne regarder des choses et des hommes que le côté qui souriait à ses désirs et qui lui renvoyait les fausses couleurs de sa vive et chaude imagination. Intelligent, mais irréfléchi comme les hommes du Midi, Murat avait eu toute sa vie besoin d'une tête qui pensât pour lui. Partout où il avait marché seul, il s'était égaré. Son esprit, quoique plein de feu, avait peu de lumière. Il servait moins à l'éclairer qu'à l'éblouir.

XXII

Ce fut au milieu de ces perplexités, mais quand son cœur, décidé avant son esprit, penchait déjà tout à fait vers un débarquement à Naples, que son ancien aide de camp, son correspondant et son négociateur à Paris, le colonel Macerone, arriva dans l'île avec l'autorisation du gouvernement, demanda à être conduit à Vescovato, pour apporter au roi les intentions et les sauf-conduits des puissances. Il était trop tard. Le roi répétait déjà tous les jours cet axiome dont il avait fait l'excuse héroïque de sa résolution : « A un roi qui a perdu sa couronne, il ne reste que la mort du soldat. » Il était convaincu de plus, et il le redisait sans cesse à ses familiers, que, s'il se livrait à la générosité apparente de l'Europe, son tombeau ne tarderait pas à s'élever auprès de sa prison.

Macerone, avant de se rendre auprès de son ancien maître, confia au commandant de Bastia et à des agents anglais et napolitains, qui étaient dans ce port pour détourner Murat de son entreprise et pour dissuader ses adhérents, la mission dont il était chargé auprès de lui. Il vit entre autres les deux frères Carabelli, Corses de naissance, ayant servi autrefois dans l'armée britannique, et envoyés confidentiellement de Naples par le ministre de la police, Medici, non pour provoquer, comme on l'a cru, mais pour détourner Murat de son entreprise. La cour de Naples avait déjà des soupçons. Elle craignait et elle surveillait; mais elle n'avait pas besoin de tendre un piége de sang à un homme qui s'y précipitait de lui-même avec tant de vertige.

Macerone et les deux Cabarelli, l'un dans l'intérêt du roi et du succès de sa négociation, les autres dans l'intérêt de Naples et du ministre Medici qui les employait, se virent à Bastia, conférèrent avec le gouvernement militaire de la ville, et apprenant que Murat se rendait à Ajaccio par une route, ils s'y rendirent par une autre, pour l'arrêter par leurs conseils au dernier pas.

XXIII

Mais rien ne pouvait plus l'arrêter. Le 17 septembre il monta à cheval à Vescovato, entouré d'une petite armée de volontaires corses et de tous les clients de la famille Colonna. Il marchait sur Ajaccio, seconde capitale de l'île, aux cris de : « Vive le roi de Naples ! » et aux vœux de toutes les populations que sa grâce, sa familiarité, son éloquence martiale et sa renommée lui avaient conquises pendant son long séjour chez les Colonna. Cette armée était composée principalement des généraux Franceschetti et Natali, qui l'avaient rejoint en Corse, de sous-officiers et de soldats oisifs retrouvés dans l'île et accourus au bruit de son nom, autour de leur ancien général, de l'élite des condottieri les plus aguerris que les vengeances réciproques et éternelles des familles en guerre jettent dans les forêts et accoutument tous les jours au bivouac et aux coups de feu contre les troupes, et enfin de ces bergers des pâturages élevés de l'île et de cette jeunesse des villages, qui gardent leurs troupeaux ou qui labourent, le fusil à la main, et que l'habitude des armes aguerrit dès l'enfance. Murat, dans le costume de trône et de guerre dont il affectait de fasciner les yeux du soldat français, suivi des principaux chefs de la famille qui lui avait donné l'hospitalité et de ses généraux en uniforme; derrière, les guides de son avant-garde de montagnards, s'avança à la tête de cette colonne, escorte pour les uns, armée pour les autres, selon que les portes d'Ajaccio, où il avait pratiqué des intelligences, s'ouvriraient ou se fermeraient à son nom.

Il montait un de ces petits étalons corses à longue crinière dont le pied sûr, l'œil de feu, le cœur ardent, l'oreille habituée au feu, font le cheval de bataille de ces guerres de montagne. Les roches, les ravins, les lisières des forêts étaient couverts de femmes et d'enfants groupés sur la route pour voir passer un héros et un roi.

La magnificence sauvage des paysages qu'il avait à parcourir ajoutait encore quelque chose de grandiose, de pittoresque et d'oriental à ce spectacle. Les sentiers abrupts par lesquels il avait à traverser le noyau granitique de l'île pour se rendre à Ajaccio s'élevaient, s'enfonçaient, serpentaient tour à tour à travers les montagnes, les ravins, les abîmes, les forêts séculaires de sapins, de chênes, de châtaigniers que leur élévation rend inaccessibles à la hache des hommes; Alpes méridionales encadrées par une vaste mer où la splendeur profonde du ciel, la solitude, la rudesse et la majesté silencieuse de la nature impriment dans l'homme l'énergie, la hauteur et la profondeur des lieux.

XXIV

Tous les villages que Murat devait traverser, avertis de son passage, fiers de lui donner l'hospitalité et fanatisés d'avance pour sa cause par ses émissaires, allaient au-devant de lui avec leurs chefs, leurs magistrats et leurs prêtres. Il coucha la première nuit à Cotone, chez le curé Galvani, dont un frère, commissaire général des guerres, suivait le roi dans son état-major. Il y séjourna le 18 pour y recruter de nouveaux soldats. Le 19, il déjeuna au hameau des Peselli-Danisani, dans la maison du principal habitant, Manuelli. Franchissant ensuite avec sa suite, grossie à chaque chaumière sur sa route, les hautes gorges de la Serra, il campa le soir à Saint-Pierre de Venaco. Le curé de Vivaro, Pantalacci, lui donna l'hospitalité le 20, et l'escorta avec ses villageois le reste du jour à travers les forêts primitives de Vizzavona. En descendant Bococnano, il rencontra le lieutenant-colonel Bonelli, qui venait à sa rencontre avec tout son village. Il attendit là le reste de sa petite armée, qui avait marché plus lentement que lui, et il envoya, pour annoncer son approche et ses intentions, le général Franceschetti à Ajaccio, chargé de parlementer avec les principaux de la ville et avec les autorités royales. Il devait attendre à Bococnano le résultat de ses conférences.

XXV

Franceschetti se rendit d'abord chez les Arrighi, famille comblée des dons, des titres et des faveurs de Bonaparte. Il y trouva rassemblés tous les principaux membres de la famille de l'empereur, résidant ou réfugiés dans l'île. Le ressentiment de ces parents de Napoléon contre Murat, qu'ils accusaient d'avoir concouru à sa perte, et la prudence naturelle aux insulaires, qui leur faisait redouter plus qu'à d'autres de paraître tremper dans des complots contre les Bourbons, auxquels leur nom ne les rendait déjà que trop suspects, animaient ce conseil de famille d'une inflexible aversion contre la témérité compromettante du roi de Naples. Ils adressèrent à son général les reproches les plus amers et les plus injurieux contre un roi qui, après avoir été couronné par la main de leur famille et après l'avoir combattue avec la coalition, venait encore la poursuivre de son ambition et la perdre jusque dans l'île où elle abritait ses malheurs. Ils conjurèrent sévèrement Franceschetti de détourner son maître d'entrer dans Ajaccio, et de donner ainsi à une ville soumise et calme l'apparence d'une ville insurgée contre le roi de France. Franceschetti revint rapporter au roi les mauvaises dispositions de ses parents. Mais Murat, entouré maintenant de son armée entière et appelé par l'enthousiasme moins réfléchi du peuple et des soldats de la garnison d'Ajaccio, n'écouta rien, et, remontant à cheval, il s'avança vers la ville.

XXVI

Son entrée fut un triomphe. Le peuple débordait ses autorités. Les magistrats civils et le commandant militaire continrent avec peine les cinq cents soldats français de la garnison dans la forteresse dont ils fermèrent les portes, pour les empêcher seulement de se mêler au peuple et à l'armée du roi. On les voyait, accoudés sans armes sur les parapets des fortifications, contempler l'entrée triomphale de l'ancien frère d'armes de leur empereur, applaudir aux démonstrations de la multitude et mêler leurs cris de : « Vive le roi de Naples ! » aux acclamations de l'armée, de la ville et du port. Murat n'accepta pas le palais public où la foule le pressait d'entrer en signe de souveraineté. Il se fit conduire à une simple hôtellerie sur la place, et, avant de descendre de cheval, il harangua le peuple pressé autour de lui. Il dit au peuple qu'il ne venait demander à Ajaccio qu'une simple et inoffensive hospitalité, et que si sa présence devait être une cause de sédition ou d'inquiétude pour la ville, il en ressortirait à l'instant. Il envoya ses officiers porter aux autorités les mêmes assurances, satisfait de les avoir bravées, ne voulant pas pousser la victoire plus loin que son but, heureux seulement d'être protégé dans ses desseins par cet ascendant de sa popularité et par ce rôle de roi qu'il savourait pour la dernière fois dans l'île de son bienfaiteur et de son ennemi.

XXVII

« Sa Majesté le roi de Naples cherche un asile, fit-il écrire au maire d'Ajaccio par son chef d'état-major. Elle a donné la préférence au lieu où vit sa famille, elle croit être au milieu des siens quand elle est au milieu des habitants de cette ville. Elle y vivra en simple particulier, elle n'y réclame des autorités que la protection due à l'honneur et au malheur. »

L'officier de marine Blancard, qui faisait les fonctions de secrétaire de son cabinet, écrivit sous la dictée de Murat au colonel Verrière, commandant la division militaire, une longue dépêche destinée à la publicité et qui disait : « Le roi a lu avec indignation votre proclamation contre lui aux habitants de l'île et aux soldats ; cette proclamation est indécente et mensongère, elle dénonce au fer des assassins le roi et les personnes qui ont donné asile à un prince malheureux, à un capitaine que ses services, son rang, ses revers, rendent sacré chez toutes les nations civilisées. »

Murat jouissait avec ivresse de l'empire qu'il exerçait sur la population d'Ajaccio. Il en contemplait à chaque instant les démonstrations sous ses fenêtres, il les faisait remarquer à ses amis ; il y voyait l'augure de l'enthousiasme qu'il allait bientôt retrouver sur le sol de son royaume. Il pressait les préparatifs de son expédition, qui se nolisait et s'armait en liberté dans le port, sous les yeux des autorités impuissantes et des soldats de la garnison complices de cœur et de vœux. Il mit ses bijoux en gage pour se procurer les fonds nécessaires à l'équipement de sa petite escadre.

XXVIII

Cependant Macerone était arrivé avec les deux frères Carabelli. Cet officier fit demander audience à son ancien maître. Elle lui fut accordée à l'instant. L'hôtellerie habitée par le roi n'était désignée que par le drapeau des Deux-Siciles arboré sur la porte et par les sentinelles et les montagnards armés qui gardaient le seuil. Macerone, accueilli avec tendresse, mais avec embarras, par le roi, lui rendit compte du succès de sa négociation et lui remit une note du prince de Metternich, contenant les conditions auxquelles le roi de Naples serait admis à l'hospitalité de l'Autriche. Ces conditions portaient :

1° Que le roi prendrait un nom de simple particulier ;

2° Qu'il choisirait un séjour à la ville ou à la campagne, dans la Bohême ou dans la haute Autriche ;

3° Qu'il engagerait sa parole de ne pas quitter les États autrichiens sans le consentement de l'empereur, et qu'il s'y soumettrait aux lois du pays.

A ces conditions était joint un passe-port pour Trieste, si le roi voulait en faire usage. Il prit le passe-port et se réserva, quand il serait réuni à sa famille, à discuter les conditions. Cette réponse ambiguë rappelait l'ambiguïté de son attitude entre Napoléon et les alliés en 1814. Muni du passe-port si le sort lui était contraire dans l'expédition qu'il allait tenter, libre des conditions qu'il n'acceptait pas s'il réussissait, il refusa, sous le prétexte de l'omission de son titre de roi dans les dépêches, l'offre que lui faisait, par écrit, le capitaine d'une frégate anglaise mise à sa disposition par le gouvernement britannique pour le conduire à Trieste.

Les deux frères Carabelli furent ensuite admis à son entretien, et s'efforcèrent de lui démontrer les dangers de son entreprise, sans réussir à le convaincre. Il les invita à sa table ainsi que Macerone. Les généraux Natali, Franceschetti, six colonels et ses principaux officiers assistaient à ce repas. On parla de Waterloo. « Ah! s'écria le roi, si j'avais été là, j'ai la confiance que le sort du monde eût été changé. La cavalerie française a été engagée par la démence, on l'a sacrifiée en détail quand sa charge en masse au moment décisif aurait tout surmonté! » Son esprit était libre, sa sérénité douce, sa conversation variée et comme indifférente.

Il amena Macerone dans son cabinet, après le dîner. Il lui dit que la première réponse ambiguë qu'il lui avait adressée le matin aux offres de l'Autriche avait un double sens peu séant à sa loyauté et à son rang qu'il se reprochait, et qu'il allait lui en remettre une autre plus franche et plus sincère sur ses vraies intentions. Puis, s'asseyant devant son bureau, il écrivit de sa propre main une lettre qui contenait ses griefs et ses pensées sans réticence.

« J'apprécie ma liberté, disait cette lettre, au-dessus de tous les biens de ce monde. La captivité ou la mort sont pour moi une même chose. Quel traitement puis-je espérer de ceux qui ont payé à Marseille des assassins contre moi? J'ai sauvé la vie du marquis de Rivière, il était condamné à périr sur l'échafaud. J'ai arraché sa grâce à l'empereur. Exécrable vérité, cependant! il a provoqué des misérables contre moi, il a mis ma tête à prix!!! Errant dans les bois et dans les montagnes, j'ai confié mes jours à la généreuse fidélité de trois officiers français, ils m'ont amené en Corse, au péril de leur vie. Des misérables disent que j'ai emporté des trésors de Naples? J'y ai dépensé au profit de mon royaume, au contraire, toutes les richesses que je rapportais de ma principauté de Berg. Je ne puis accepter les conditions que vous me présentez, monsieur Macerone! C'est mon abdication, on me permet seulement de vivre... Est-ce là le respect que l'on doit à un infortuné souverain reconnu par l'Europe entière, et qui, dans un moment critique, décida de la campagne de 1815 en faveur de ces mêmes puissances qui le poursuivent de leur haine et de leur ingratitude aujourd'hui?... Je n'ai pas abdiqué! J'ai le droit de recouvrer ma couronne, si Dieu m'en donne la force et les moyens!... Ma présence sur la terre de Naples ne peut plus abuser personne, je ne puis correspondre avec Napoléon captif à Sainte-Hélène!... Quand vous recevrez cette lettre je serai déjà en mer, m'avançant vers ma destinée. Ou je réussirai, ou je terminerai ma vie avec mon entreprise. J'ai affronté mille fois la mort en combattant pour mon pays, ne me sera-t-il pas permis de l'affronter une fois pour ma propre cause?... Je n'ai qu'un souci, le sort de ma famille!... »

Après avoir remis ces lignes à un secrétaire pour les faire copier, il les signa et congédia, en l'embrassant, son ancien aide de camp.

XXIX

Un coup de canon retentissant à une heure du matin, dans le silence de la nuit, éveilla en sursaut Macerone et lui apprit que le signal de l'embarquement était donné par le roi à ses compagnons de hasards et de guerre. Il venait, en effet, de s'embarquer avec eux. Ce coup de canon fut, quelques minutes après, suivi de plusieurs autres partant des embrasures du fort d'Ajaccio. C'était le vain simulacre d'opposition à l'expédition du roi de Naples, obtenu, avec peine et supplications, de leurs soldats par les officiers de la garnison. Les canonniers, favorisant en secret la cause aventureuse de Murat et contenus par la seule discipline dans une apparente neutralité, avaient chargé les pièces comme pour tirer sur l'escadre, mais ils avaient visé à dessein sur la mer vide. Ces décharges, perdues dans les flots, étaient moins une hostilité qu'une salve. Le roi et son armée voguaient déjà en liberté vers les côtes de l'Italie.

Six bâtiments légers, barques pontées, felouques ou bombardes, composaient toute la flottille du roi. Le bâtiment monté par le roi était commandé par le baron Barbara, capitaine de frégate au service de Naples; Courand commandait le second, ayant sous lui le capitaine Pernice et le lieutenant Maltedo; Ettore le troisième, Mattei le quatrième, Semidei le cinquième. La sixième barque plus rapide et plus maniable encore servait d'aviso, et était commandée par un simple pilote nommé Ceconi.

Les officiers et les deux cent cinquante sous-officiers et

soldats qui formaient toute l'armée de débarquement du roi étaient distribués sur ces frêles embarcations à proportion de leur petitesse ou de leur grandeur. La flottille était sous voile en vue de la Corse, au lever du jour, le 28 septembre. Le 29, elle vogua lentement faute de vent. Le 30, une rafale la jeta sous la côte de Sardaigne, où elle faillit échouer. Les navires trop chargés s'abritèrent tout un jour sur une anse de l'île inhabitée de Tavolora, vaste écueil de la forme d'un autel antique détaché de la Sardaigne.

Ils déployèrent de nouveau la voile le second jour d'octobre, luttèrent péniblement contre les lames pendant cinq jours et quatre nuits, et s'élevèrent seulement à la nuit tombante du 6 à la hauteur des côtes de la Calabre et en vue des montagnes de Paolo. La terre se montrait à trois lieues de la proue des navires alors réunis.

XXX

Le commandant de la flotte, Barbara, ordonna d'éteindre tous les feux sur les ponts et sous les ponts, de peur de révéler la présence de voiles inconnues à la côte. Il fut convenu que les bâtiments marchant de conserve se feraient les signaux par la seule étincelle de pierres à feu frappées par l'acier, afin que les vigies du rivage pussent confondre ces lueurs fugitives avec les phosphorescences de la mer dans ces nuits d'été. Le vent soufflait des montagnes de la Calabre comme si la Providence eût voulu repousser le roi de sa perte. Les bâtiments, obligés de louvoyer péniblement sur une mer creuse pour atterrir au fond de la rade de Paolo, furent séparés dans les ténèbres les uns des autres par un coup de vent tombé, après le lever de la lune, des gorges orageuses de la Calabre citérieure. Écarté de son premier but par la mer et par le vent, le roi entra à l'aube du jour dans la rade déserte de San Lucido avec deux de ses navires seulement pour y attendre les autres barques dispersées.

XXXI

Il fit jeter l'ancre, à quelque distance de la grève, et il ordonna au chef de bataillon, Ottaviani, de descendre à terre avec un seul matelot pour sonder l'opinion des paysans, et pour lui rapporter des indices. Ottaviani et le matelot ne revinrent pas. Ils furent arrêtés à quelques pas de la plage par les habitants. Ce mauvais signe troubla les compagnons de Murat. Déjà, depuis la veille, un silence et des hésitations de timide augure se remarquaient dans les équipages. On eût dit que la vue de la côte leur avait présenté tout à coup la terreur de l'entreprise qu'ils allaient tenter, et qui de loin avait disparu dans leurs âmes sous les illusions de la distance. Le rivage leur envoyait ces pressentiments.

Ces hommes n'avaient ni cause personnelle, ni cause de devoir, de patrie ou d'honneur, dans ce débarquement, aucun des motifs qui animent le véritable héroïsme et qui soutiennent la constance. Aventuriers cherchant la fortune facile et la gloire capricieuse d'une aventure où ils étaient au fond désintéressés, le moindre doute sur le succès pouvait les abattre, le moindre obstacle les décourager. Ils commencèrent à entrevoir leur témérité et à regarder, sans oser se l'avouer, derrière eux.

XXXII

Le jour s'achevait, le roi ne voyait point reparaître ses navires. Le pilote Ceconi, commandant de la barque qui servait d'aviso, et qui seule était mouillée à côté de celle du roi, dans la rade de San Lucido, fut envoyé par Murat à la fin du jour pour découvrir en mer, ou derrière les caps voisins, les autres barques, et pour les rallier autour de lui. Ceconi découvrit le bâtiment monté par Courand et le ramena. Courand, interrogé par le roi sur le sort des autres navires, répondit qu'il les avait perdus de vue pendant le coup de vent de la veille. Deux officiers des troupes de terre montés sur le navire de ce capitaine confièrent à Murat leurs soupçons sur les intentions de Courand, qu'ils croyaient comploter avec son équipage la désertion en mer et l'abandon du roi. Murat fit appeler Courand à son bord, lui rappela les bienfaits dont il l'avait comblé à Naples, et feignit en lui plus de confiance pour lui enlever l'idée de le tromper.

Cependant le roi, par prudence, ordonna au capitaine Barbara, chef de la flottille, de prendre à la remorque le bâtiment de Courand pour ôter à ce marin tout prétexte de se séparer de l'escadre. Ce bâtiment portait cinquante hommes d'élite, sous-officiers ou soldats les plus aguerris et les plus aventureux de toute l'expédition.

A minuit, les trois navires du roi levèrent l'ancre en silence, et la flottille fit voile vers une autre anse de la côte, espérant rencontrer en mer les autres bâtiments. Mais avant que le jour pût éclairer sa fuite, le capitaine Courand ayant fait descendre les soldats qu'il portait sous le pont pour les dérober, disait-il, à l'œil des vigies de la côte, coupa pendant leur sommeil le câble qui l'attachait à la poupe de l'aviso, et, se perdant dans la brume, fit route vers la Corse, disant au réveil aux soldats que le roi avait renoncé à l'entreprise et lui avait ordonné de le précéder à Trieste.

XXXIII

Le roi, à la première lueur du jour, fut consterné de la désertion de Courand, qui avait servi sept ans dans sa garde, et qui manquait au moment suprême à son bienfaiteur. N'ayant plus avec lui que son propre équipage et la poignée d'hommes embarqués sur la barque du pilote Ceconi, il chancela dans sa résolution. Il appela le commandant de sa flottille, Barbara, et lui ordonna de tourner la proue vers Trieste. Barbara affirma que ses bataillons étaient hors d'état de supporter la longueur d'une navigation dans la mer Adriatique dans le dénûment de vivres et de matelots où ils étaient, et il proposa au roi d'aller de sa personne descendre dans le petit port voisin du Pizzo, d'y affréter un bâtiment plus solide, de prendre des marins et des vivres, et de revenir joindre en mer le roi, qui attendrait son retour sur l'aviso. Mais, pour cela, il fallait que le roi confiât à Barbara ses passe-ports de l'Autriche pour Trieste, seules pièces qui pussent couvrir le débarquement, là personne et les transactions de Barbara sur la terre ferme. Le roi refusa de se dessaisir de ces sauf-conduits qu'il se réservait sans doute comme dernière ressource de fuite en cas de désastre. Barbara s'obstina à ne pas descendre à terre sans cette garantie indispensable à sa sûreté. Une aigre altercation s'éleva entre le roi et le marin.

« Vous l'entendez, s'écria Murat indigné, en s'adressant à ses officiers ; on refuse de m'obéir ! Eh bien, je débarquerai moi-même ! Ma mémoire est fraîche dans le cœur des Napolitains, ils me reconnaîtront, eux ! »

Il ordonna alors à tous ses officiers de revêtir leurs uniformes. Le général Natali, seul, n'ayant pas ses habits militaires, le roi murmura tout haut de cette négligence ou de cette prudence de son lieutenant. « Ce n'était pas, lui dit-il, pour me suivre au danger, qu'il fallait oublier l'habit de combat ! »

Pendant ces altercations, ces murmures et ces reproches à bord, le vent frais poussait rapidement, sur une mer vive et sous un soleil éclatant, les deux navires vers la plage de Calabre, où blanchissaient à mi-côte le château, les maisons en étage et le petit port du Pizzo. C'était le 8 octobre, à onze heures du matin. Le ciel souriait comme une lueur sur un piége.

XXXIV

Au moment où les deux bâtiments jetaient l'ancre à une encâblure d'une plage déserte, et à une courte distance du port de Pizzo, les généraux et les officiers voulurent le devancer à terre. Le roi les retint du geste, et les faisant rentrer derrière lui sur le pont : « C'est à moi, dit-il, de descendre le premier sur ce champ de gloire ou sur ce champ de mort, le pas m'appartient comme la responsabilité. » Et il s'élança résolûment sur le sable. Les deux généraux, Franceschetti et Natali, accompagnés de vingt-cinq officiers, sous-officiers, soldats ou serviteurs de sa personne, descendirent après lui, et, se groupant derrière le roi, suivirent ses pas, ses mouvements et ses gestes.

La présence de ces voiles inconnues dans la rade solitaire, le nombre et le costume des passagers, l'ancre jetée sans attendre la visite des gardes-côtes, le tumulte, la rapidité, le bruit du débarquement, avaient éveillé l'attention des marins du port. La plage où le roi était descendu se couvrait de groupes peu nombreux, étonnés, indécis, et se tenant à une certaine distance du roi et de sa suite. Un poste de canonniers de marine de quinze soldats, sortis d'une tour isolée qui leur servait de corps de garde, s'avança au bruit, mais avec irrésolution vers le roi. Ils portaient encore l'uniforme de son armée.

« Voilà mes soldats, s'écria Murat en marchant à eux. Enfants ! reconnaissez votre roi ! » A ces mots, ôtant son chapeau, relevant fièrement devant les soldats sa belle tête éclairée par le soleil, et agitant ses longs cheveux flottants sur le cou, pour bien imprimer dans leurs yeux cette figure martiale qui s'était gravée tant de fois dans leur mémoire, aux revues ou aux camps : « Oui, c'est moi, je suis votre roi Joachim. Dites si vous me reconnaissez, et si vous voulez me suivre et me servir encore, moi, l'ami des soldats, le frère des Napolitains! »

Les compagnons de Murat appuyaient ces paroles et ces gestes de leur chef, en élevant leurs chapeaux en l'air, en criant : « Vive le roi Joachim! » et en tendant la main aux soldats et aux Calabrais qui se groupaient à ce spectacle autour d'eux. Les soldats sans chef, pétrifiés par cette soudaine apparition d'un roi aimé, dont l'imagination de ces populations poétiques conservait l'image comme celle de son héros, abaissèrent leurs armes devant lui. Quelques-uns répondirent machinalement par le cri de : « Vive le roi Joachim! » comme un peuple mobile qui fait écho à tout cri. Quelques autres s'éloignèrent et se turent pour attendre l'événement. Cinq ou six répondirent qu'ils étaient prêts à le suivre et à combattre sous lui pour reconquérir son trône et pour délivrer le royaume de la tyrannie des Autrichiens.

XXXV

Pendant ces colloques, les habitants du Pizzo, informés par la rumeur publique du débarquement d'hommes armés proclamant le roi Joachim, et ayant ce prince proscrit à leur tête, accouraient, incrédules d'abord, sur la plage où les haranguait Murat. Puis, voyant le petit nombre de ces adhérents, ces deux barques démantelées sur la mer, cette poignée de sous-officiers et de soldats sardes, corses, génois, hâlés par le soleil, pâlis par la mer, leurs habits souillés d'écume et de sable, plus semblables à une bande de pirates qu'à l'escorte d'un roi, ils passaient de l'incrédulité à l'étonnement, de l'étonnement au mépris, du mépris à l'indignation et à la colère. Les uns entouraient le roi à une distance qui témoignait plus de répulsion que de respect; les autres, déjà résolus à l'outrage, retournaient en murmurant vers la ville pour prendre leurs fusils et pour combattre, au nom de leur roi légitime, l'usurpateur et le proscrit qui venait tenter leur fidélité.

Les Calabres étaient le point de débarquement le plus malheureusement choisi par Murat pour opérer un soulèvement au nom de la popularité des Français. Ces provinces, les plus fanatiques et les plus belliqueuses du royaume, voisines de la Sicile, où l'ancienne cour les entretenait toujours dans la haine de la domination française, soulevées en 1790 par le cardinal Ruffo, qu'elles avaient proclamé à la fois leur général et leur pontife, avaient été sans cesse remuées depuis par des conspirations bourboniennes. Contenues enfin par la terreur, pacifiées mais opprimées, décimées, fusillées au premier symptôme d'agitation par le général français Marchès, elles avaient été soulevées de nouveau par l'annonce des premiers désastres des Français dans la basse Italie.

Présenter à ces provinces, rentrées si récemment sous le gouvernement de leur ancienne famille royale et de leurs prêtres, le drapeau d'une royauté française, c'était leur présenter le drapeau de la tyrannie, de l'usurpation, de l'irréligion et de la trahison. Les Calabres étaient pour Murat ce qu'un débarquement dans la Vendée eût été pour Napoléon, son modèle, trois mois après la restauration vendéenne des princes de la maison de Bourbon.

Plus près de Naples et des provinces du centre du royaume, Murat aurait eu peut-être plus de hasards et plus d'opinions populaires pour lui.

Déjà le peuple se rassemblait, s'interrogeait, s'encourageait à la fidélité et s'armait à la voix des principaux habitants de la ville, sur la place du Pizzo. Murat perdait des minutes à attendre un mouvement vers lui qui ne se prononçait pas. La plage devenait déserte, le vide se faisait : fatal indice ! Là où est la fortune, là accourent les hommes.

XXXVI

Les parentés de la maison royale de Naples et de la maison royale d'Espagne, et la double domination des deux royaumes par une même dynastie, ont laissé dans les provinces de Sicile ou de Naples d'immenses fiefs aux grandes familles espagnoles. Le duc de l'Infantado possédait des territoires considérables autour du Pizzo. L'agent du duc avait, sur la population de la ville, l'influence et l'autorité que donne une généreuse suzeraineté sur un peuple de vassaux. Cet agent, populaire au Pizzo, était fidèle à la maison de Bourbon, dont son maître servait héroïquement la cause en Espagne. Apprenant le débarquement de Murat, il descendit sur la place, se mêla aux rassemblements qui interrogeaient sa pensée, et démontrant au peuple le crime et la démence d'un soulèvement contre le roi légitime, et l'honneur et le prix d'une courageuse fidélité, il entraîna sans peine tous les cœurs déjà frémissants contre la complicité avec Murat. On répondit à l'agent du duc de l'Infantado par le cri : « Aux armes! » par des imprécations et par des menaces de mort contre Murat. On n'attendait pour marcher contre lui que des bras plus nombreux et des armes mieux chargées.

XXXVII

Deux jeunes gens de Monteleone, ville voisine et capitale de la Calabre, témoins de cette fermentation du peuple et paraissant prendre intérêt pour les débarqués, vinrent à la plage, s'approchèrent du roi, lui rapportèrent ce qui se passait dans la ville, l'avertirent du danger qu'il courait en restant sur la côte et lui conseillèrent de se jeter résolûment sur la route de Monteleone, où l'opinion plus favorable et la garnison plus séductible lui ouvriraient la porte de son royaume. Ils s'offrirent à lui servir de guides. Murat, sans avoir le temps de réfléchir, et rougissant de se rembarquer quand il le pouvait encore, prit ce conseil pour une inspiration. Il accepta les deux Calabrais pour guides, fit signe aux siens de se lever et ordonna aux canonniers de le suivre. Quelques-uns de ces soldats le suivirent en effet, plutôt par habitude d'obéir que par entraînement vers sa cause, tant l'uniforme et le commandement imposent aux soldats.

XXXVIII

La faible colonne, composée en tout de quarante à cinquante personnes, dont plusieurs curieux, quelques-uns ennemis, gravit, sur les pas des guides et de Murat, la route rapide qui escalade les collines. Cette route se dirige vers Monteleone en laissant le Pizzo sur sa droite et la mer à ses pieds. Les uniformes et les fusils de l'escorte du roi brillaient de loin, à travers les troncs des oliviers, presque au sommet de la montée, près du plateau où la route s'adoucit, tandis qu'une colonne plus épaisse, plus confuse et plus sombre, armée de longues carabines et coiffée des longs chapeaux des Calabrais, commençait à se former à la porte de la ville sur la plage. On ne pouvait discerner, des bâtiments à l'ancre, si elle se formait pour suivre ou pour combattre la colonne du roi.

Murat ne le savait pas bien lui-même ; comme tous les hommes qui tentent l'impossible, il avait le goût et le besoin des illusions. Malgré l'avertissement de ses guides et la froideur du spectacle de son débarquement, il se flattait que la popularité de son nom, la certitude de sa présence, la hardiesse de sa marche, entraînaient ce peuple indécis sur ses pas. Harassé de lassitude et de chaleur par la pente escarpée qu'il venait de gravir, les jambes déshabituées du mouvement par les huit jours qu'il venait de passer en mer sur un bâtiment dont la dimension refusait l'exercice à ses membres, il s'assit, au sommet de la rampe, sur la racine d'un olivier, pour essuyer sa sueur, pour respirer un moment et pour réfléchir. Il semblait attendre avec impatience la colonne populaire, qu'il contemplait de cette hauteur sur la plage, sans se rendre compte de ses intentions. Il demanda au groupe de canonniers qui le suivaient où étaient leurs camarades. Ces soldats les lui montrèrent du geste, commençant à monter la côte, confondus avec le peuple. Murat, pour les mieux voir, se leva, quitta le grand chemin et monta dans un champ d'oliviers, d'où l'œil embrassait comme d'un promontoire la ville, la mer, la plage et les sinuosités de la rampe. Il s'obstina là, malgré les instances de ses guides, à attendre le second détachement de canonniers et la foule qui les entourait.

XXXIX

A ce moment, un colonel de gendarmerie royale, à cheval et en uniforme, parut sur la route, à la hauteur du monticule où le roi reposait en observant les mouvements de la plage. C'était un chef de bandes calabraises, fameux dans les guerres de partisans de ces provinces contre les Français, agent de la reine Caroline et du cardinal Ruffo, longtemps aventurier des montagnes et devenu commandant des sbires réguliers de Monteleone depuis la restauration du roi Ferdinand. Son nom était Trenta Capelli. Le colonel s'arrêta au milieu du groupe d'officiers et de soldats qui stationnaient en attendant le roi sur la route.

Murat l'appela et le somma de se joindre à lui. Le sang

de trois frères de Trenta Capelli, versé sur les échafauds par les Français dans les insurrections des Calabres, lui défendait de se joindre aux meurtriers de sa famille. Il ne témoigna, néanmoins, aucune répulsion trop vive aux insinuations du roi, et se contenta de lui dire, en lui montrant de la main le drapeau des Deux-Siciles sur le château du Pizzo : « Mon roi est celui dont les couleurs flottent sur le royaume ! » Murat, au lieu de le retenir par force, causa avec lui et le laissa continuer son chemin vers la ville.

XL

Trenta Capelli avait à peine abordé le peuple et les canonniers montant vers le roi, qu'il revint avec eux, s'avança à quelques pas devant sa troupe, interpella Murat et l'engagea respectueusement à le suivre au Pizzo. Murat, encore trompé, ou feignant de l'être, sur les intentions de la foule armée qui s'avançait vers les siens, redescendit avec Trenta Capelli sur la route, entouré des généraux Franceschetti, Natali, de ses officiers, qui le conjuraient en vain de se dérober à ce peuple et de marcher sur Monteleone.

« Mes enfants, dit-il à la foule, ne tirez pas sur votre ancien roi ! Je ne suis pas débarqué dans les Calabres pour vous combattre, mais pour me rendre à Monteleone et pour y demander l'assistance des autorités afin de poursuivre ma navigation vers Trieste, où je dois rejoindre ma femme et mes enfants ! Si vous aviez voulu m'entendre sur la plage du Pizzo, vous auriez vu que j'ai des sauf-conduits pour les États autrichiens que votre roi Ferdinand lui-même doit reconnaître et respecter. »

La foule ne répondant que par ses cris, ses fusils en joue et son élan accéléré aux paroles perdues de Murat, il se rejeta rapidement au milieu de ses vingt-huit soldats restés à quelques pas en arrière pour intimider la multitude par leur contenance. Une décharge confuse de la foule et des canonniers éclate sur le groupe du roi, renverse mort à ses pieds le capitaine Maltedo, blesse le lieutenant Pernice et plusieurs autres soldats de sa suite. Murat n'y répond qu'en élevant son chapeau, en saluant le peuple et en le conjurant de l'écouter. Une seconde décharge décime ses rangs. La multitude armée s'accumule sur la route et s'étend sur les flancs pour couper au roi le retour vers la mer.

Il n'a déjà plus d'autre asile sur cette terre qu'il voulait conquérir, que les bâtiments qui l'y ont apporté. Il s'élance, suivi de Franceschetti, de Natali, de huit ou dix sous-officiers, à travers champs vers le rivage. Il reçoit, sans être atteint, le feu de quelques carabines, et parvient, à travers les tirailleurs intimidés, jusqu'à la plage. Du haut d'un écueil qui s'avance dans la mer, il appelle à grands cris : « Barbara, Barbara ! » conjurant ce commandant de son bâtiment de lui envoyer une embarcation et de se rapprocher du rivage. Mais déjà le bâtiment, qui avait levé l'ancre aux coups de feu retentissant sur la rade, fuyait vers la pleine mer, emportant avec les proclamations, les armes, l'or et les munitions du roi, son dernier refuge et sa vie !

XLI

Murat et ses quatre ou cinq compagnons de course n'avaient été poursuivis à travers les vignes et les oliviers, dans leur fuite vers la plage, que par quelques hommes sans armes, que la crainte de voir les fugitifs se retourner tenait à distance. Le colonel Trenta Capelli, les canonniers et les hommes en armes du Pizzo étaient occupés au sommet des collines à tirer sur les vingt-quatre soldats de Murat, à les désarmer, à les faire prisonniers, à les traîner dans leur sang vers la ville. Le roi et ses amis avaient donc le temps d'échapper à la captivité ou à la mort, si Barbara et Ceconi eussent viré de bord à leurs cris et envoyé un canot au rivage. Mais Murat voyait redescendre derrière lui les soldats et les volontaires de Trenta Capelli, et s'éloigner son seul secours.

Dans cette perplexité, le roi, voyant des barques de pêcheurs amarrées à quelque distance de lui sur la grève, se jette dans l'eau pour s'emparer d'une de ces embarcations et pour mettre la mer entre lui et ses ennemis. Mais la barque échouée, manquant d'eau sous la quille, résiste aux efforts du roi pour la mettre à flot. Pendant ces inutiles tentatives, la multitude, qui s'aperçoit de son dessein, appelle par ses gestes les sbires de Trenta Capelli, entoure le roi de plus près sans oser néanmoins, soit respect, soit pitié, soit crainte, tirer sur lui ou lever la main sur sa personne.

Murat, renonçant à ébranler la grande barque, se jette

seul à quelques pas de là dans un petit canot de pêcheur qui flottait à l'ancre, sur une eau plus profonde. A peine en a-t-il escaladé le bord, qu'il s'efforce de retirer à lui le câble à l'extrémité duquel était nouée la grosse pierre qui servait d'ancre à ce frêle canot. Il était près d'y parvenir, quand le pauvre pêcheur à qui appartenait ce canot, tremblant de voir le roi emmener avec lui sa seule fortune, se jette à la mer pour disputer sa barque au fugitif. Le roi le renverse d'un coup de rame à ses pieds, et continue à tirer le câble et à soulever la pierre. Mais la foule des marins et des pêcheurs, accourant aux cris de leur camarade renversé, se précipitent dans la mer, retiennent le câble de leurs mains réunies, s'élancent dans le canot, renversent à leur tour le roi, le désarment de sa rame, déchirent ses habits, meurtrissent son visage, et, l'entraînant vaincu et sanglant sur le sable, le remettent, accablé d'injures et d'outrages, aux hommes armés de Trenta Capelli. Ceux-ci se disputent les uns aux autres le roi prisonnier, le frappent au visage de la crosse de leurs carabines, le collètent, lui arrachent les insignes précieux qu'il portait sur son chapeau et sur sa poitrine, et le traînent avec les cadavres de Pernice, de Giovanni, et avec sept autres de ses officiers ou de ses serviteurs blessés ou baignés dans leur sang, à travers la multitude, qui insulte tout ce qui tombe. Ils les jettent pêle-mêle dans les casemates du petit château en ruine du Pizzo.

XLII

Deux fois, pendant le trajet de la plage à la prison, la fureur du peuple menaça le roi, et la hache fut levée sur sa tête. Trenta Capelli et l'agent du duc de l'Infantado, satisfaits d'une si illustre proie et ne voulant pas souiller leur succès par un crime, le protégèrent contre les poignards de la populace, firent rougir les assassins de leur lâcheté, et placèrent des volontaires et des soldats aux portes du château pour préserver les victimes.

Le roi fut jeté sur un peu de paille dans la même salle voûtée où ses compagnons morts ou blessés jonchaient de leur sang les dalles du vaste cachot. Trenta Capelli fit fouiller ses vêtements. On s'empara de ses passe-ports, de ses diamants, de l'or qu'il portait sur lui, d'une lettre de crédit d'un million et demi qu'il avait sur un banquier de Naples, et de la proclamation imprimée qu'il avait rédigée à Vescovato et qu'il comptait répandre dans le royaume.

Cette proclamation, longue, diffuse, pleine de sophismes auxquels le peuple est peu accessible, respirait plus le diplomate que le soldat. C'était plutôt une justification de son entreprise devant l'Europe qu'un appel sympathique aux Napolitains. On n'y retrouvait le cœur humain que dans quelques phrases faisant allusion aux vicissitudes de sa destinée.

« Je vivais solitaire, disait-il, dans un de ces modestes asiles que l'on trouve plus souvent chez les pauvres vertueux ; là, je bravais le poignard des assassins du Midi, de ces cannibales qui, dans toutes les époques de la révolution française, se sont baignés dans le sang de leurs compatriotes. J'étais décidé à attendre dans ma retraite la fin de cette fièvre contre-révolutionnaire qui dévore la France, pour venir chercher dans vos cœurs un asile contre mes disgrâces et contre la persécution la plus inouïe, la plus injuste, quand je fus forcé de m'éloigner !... » Cette proclamation finissait par la promesse d'un règne de paix et d'une constitution, résipiscence ordinaire et tardive de tous les princes qui ont fatigué le monde de guerre et de tyrannie.

XLIII

Des insultes et des menaces retentissaient encore dans les cours du château et dans le cachot des prisonniers, dans la bouche de quelques fanatiques de vengeance et de sang : mais le plus grand nombre des soldats et des volontaires respectaient l'infortune après la victoire, et témoignaient au roi les égards et les respects compatibles avec la captivité.

Murat n'avait pas semé de haine personnelle contre lui pendant son règne aussi humain dans la paix que brave et généreux dans la guerre. Il n'avait versé de sang que dans les combats. Être admiré et être aimé, c'était toute sa vie. Une fois qu'on l'avait désarmé, on ne pouvait plus le haïr. L'agent des Infantato, Alcalas, envoya au château un repas pour le roi, des secours pour les blessés, des matelas, du linge, des vêtements, des rafraîchissements et des consolations de toute espèce. Il honora la nation espagnole et ses maîtres par la générosité de ses égards envers un roi enchaîné.

XLIV

Cependant, sur le bruit du débarquement et de la défaite d'une bande de factieux qui venaient provoquer le royaume à l'insurrection, le général napolitain Nunziante, qui commandait dans les Calabres, se hâta d'envoyer au Pizzo le capitaine Stratti, Grec de naissance, et étranger aux dernières années de Naples, avec un détachement pour veiller sur les prisonniers, pour constater leurs noms et leurs qualités, et pour empêcher à la fois l'évasion et l'immolation des captifs. On ignorait encore à Monteleone la présence du roi Joachim parmi cette poignée d'aventuriers. Stratti, en arrivant au château sans passer par la ville et sans avoir approfondi les rumeurs vagues qui parlaient du roi arrêté, fit comparaître sur-le-champ les prisonniers devant lui dans la cour pour les interroger et pour en dresser la liste. Un sergent et un soldat corses passèrent et répondirent les premiers à l'appel. « Qui êtes-vous? dit Stratti au troisième. — Joachim Murat, roi de Naples, » répondit avec dignité le roi. Stratti, troublé par cette présence d'un roi à laquelle il ne croyait pas encore, saisi de respect et de compassion devant son prisonnier, baissa les yeux, et donnant pour la dernière fois au roi le titre de Majesté comme par une suprême ironie du sort, il le fit conduire, avec les égards et les bienveillances d'un soldat qui respecte un héros dans une chambre plus isolée et plus décente, où le roi put, du moins, recueillir son âme sans avoir sous les yeux la ruine, le sang et les cadavres de ses amis.

XLV

Sur le rapport de Stratti, qui confirmait les bruits répandus à Monteleone, le général Nunziante accourut, lui-même, avant la nuit. Il envoya des courriers à Naples pour informer la cour et les ministres de ce prodigieux événement, qui avait en une heure menacé et sauvé la couronne de Ferdinand et la paix du royaume; et il se présenta devant Murat.

Le général Nunziante n'était pas un de ces satellites des camps qui passent d'un service à l'autre, comme leur épée passe de main en main, ne conservant dans leur nouvelle cause ni le respect d'eux-mêmes, ni le respect de ceux qu'ils ont précédemment servis, espèce d'hommes aussi communs dans les camps que dans les cours, que la discipline et la cupidité d'avancement façonnent à l'adulation, à la bassesse, à la cruauté. C'était un homme de tête et de cœur, fidèle à son pays et à son prince, mais fidèle aussi à la reconnaissance et à la gloire envers celui qui avait été son roi; homme de guerre, sachant concilier en lui les devoirs de la nature et les devoirs de la situation. Il honorait Murat. Il l'aborda en roi déchu du trône, mais non déchu du respect et de l'affection de ses anciens subordonnés. Il plaignit le roi, il réprouva les indignités et les outrages dont il avait été flétri par la populace du Pizzo. Il s'excusa de la nécessité où il était de le laisser encore dans une demeure dévastée, indigne de lui, par le soin de sa sûreté qui avait besoin de murailles et de soldats pour être à l'abri d'insultes. Des chirurgiens appelés de Monteleone donnèrent des secours aux blessés. La nuit se passa entre les gémissements des mourants et les silencieuses réflexions du roi sur son sort.

Le lendemain, le général Nunziante le conduisit dans un appartement du château, séparé des prisons et préparé plus convenablement pour le recevoir. Le visage du général témoignait plus d'anxiété que celui de son captif. Il commençait à pressentir en secret les ordres sinistres partis de Naples. Il prenait ses repas à la table du roi avec les deux généraux Franceschetti et Natali, compagnons volontaires du roi dans sa nouvelle prison. L'entretien roulait sur les guerres passées, sur l'état du royaume et de l'Europe, sur les résolutions probables que prendait le roi Ferdinand à l'égard de son compétiteur et de son captif. Le roi affectait la confiance dans la générosité de son ennemi et dans l'inviolabilité de sa propre vie, désormais sans danger pour le royaume. Nunziante n'osait lui révéler toutes ses appréhensions ; soigneux, néanmoins, de ne pas lui laisser une sécurité trop entière, dont la chute serait trop subite et trop cruelle pour son âme. Il lui parla avec inquiétude d'une première dépêche télégraphique interrompue par les brumes et par la nuit, qu'il avait reçue dans la matinée. Cette dépêche portait : « Une dépêche m'annonce... Vous le consignerez... »

XLVI

La journée s'écoula dans l'attente d'une dépêche ou d'un courrier achevant l'ordre tronqué de la veille. Le roi reçut la visite d'un capitaine de frégate anglais, qui proposait à Nunziante de transporter son prisonnier à Tropea, petite ville de la côte, où il serait logé plus décemment et gardé plus sévèrement contre les émotions de la populace qu'au Pizzo. Nunziante n'osa confier le captif dont il répondait, sans une autorisation de sa cour, à un vaisseau anglais et au hasard de la mer. Le soir il témoigna, en dînant avec le roi, de nouvelles inquiétudes sur le sens de la dépêche suspendue : « J'espère cependant, dit-il au roi, que le sens était de remettre Votre Majesté à la flottille anglaise, et de la faire transporter à Messine pour y attendre la décision des puissances alliées.

« — Mais, général, dit Murat avec un sourire qui préjugeait d'avance la réponse, si cependant une dépêche télégraphique vous ordonnait de me remettre à une commission militaire, le feriez-vous ? »

Nunziante répondit qu'il n'obéirait à un pareil ordre que s'il l'avait reçu du roi Ferdinand lui-même, par un courrier porteur de sa volonté écrite ; mais que de pareils ordres n'étaient pas à redouter de la bonté de cœur et de la générosité de Ferdinand. Murat, rassuré et serein, se leva de table, se coucha avec tranquillité d'esprit, et se fit lire avant le sommeil, par Natali, une tragédie de Métastase dont le dénoûment avait quelque analogie avec sa situation; puis il s'endormit d'un profond sommeil.

Le lendemain, à son réveil et à sa table, il s'entretint gaiement avec ses gardiens et avec Nunziante de la facilité d'un arrangement amical entre Ferdinand et lui, par lequel il céderait la Sicile aux Bourbons, et les Bourbons le reconnaîtraient souverain de Naples. Les illusions de grandeur ne le quittaient pas plus que les illusions de la vie. Le retard des instructions de Naples lui fit croire à des délibérations d'où sortirait un arrêt plus doux.

XLVII

Cependant la cour de Naples avait reçu, d'abord par le télégraphe de Monteleone, puis par un courrier de Nunziante, la nouvelle du débarquement et de l'arrestation de Joachim au Pizzo. L'ombre même de Murat, l'écho seul de son nom, populaire encore dans l'armée, prestigieux pour la capitale, provocateur pour les provinces et pour l'Italie, avait jeté la cour et le gouvernement dans un trouble précurseur de lâches et sinistres résolutions. Dans les cours, dans les partis, comme dans le peuple, la peur pousse aux férocités. L'âme des rois, des ministres, des grands, est faite comme celle de la populace; la panique la jette dans le sang.

Le cœur de Ferdinand n'était pas cruel. Souverain emmaillotté dès son enfance dans les indolences, dans les voluptés, dans les superstitions populaires de ces trônes du Midi; familier jusqu'à la trivialité avec les lazzaroni de la plage de Naples; passionné pour la pêche, pour la chasse, pour les femmes ; gouverné jusqu'alors par une reine impérieuse et vindicative qui venait de mourir ; livré à des maîtresses, intimidé par le clergé, servi par des ministres plus rois que lui ; homme d'esprit cependant, mais de cet esprit trivial et inactif qui joue avec les choses et qui rit de soi-même, il était sur le trône depuis soixante ans. Son peuple le méprisait et l'aimait à la fois. Ses infortunes, ses longs exils en Sicile, son âge et ses bonnes intentions, le rendaient cher en ce moment aux Napolitains. De grandes cruautés avaient signalé son règne en 1799 ; mais ce sang, attribué à sa femme, au cardinal Ruffo, à l'amiral Nelson, à lady Hamilton, favorite de la reine et maîtresse de ce grand soldat, ne retombait pas sur le roi. Rien de sinistre ne pouvait émaner de cette âme sans ressort pour le crime, comme sans constance pour la vertu.

XLVIII

Mais il était plus accessible à la crainte qu'à la vertu. Sa cour trembla autour de lui. Ses ministres, et surtout Medici, âme jeune, éclairée, philosophique, penchèrent d'abord pour la magnanimité, seule vraie prudence contre les factions déconcertées. Mais pour complaire aux peurs de la cour, de qui ils dépendaient, ils en témoignèrent eux-mêmes au delà de l'événement. On craignit ou on affecta de croire à des ramifications du complot dans la capitale et dans les provinces. On doubla les postes du palais, on sillonna les rues de patrouilles, on fit marcher un corps d'armée sur Naples et sur les Calabres. L'imagination du roi et de ses familiers s'assombrit comme dans un péril suprême. On ne voulut pas voir qu'une tentative de cette nature, échouée à son premier pas, contre la fidélité du peuple lui-même et contre le bon sens public, était la meilleure garantie de sécurité pour le royaume, et, pour le roi, la plus belle occasion de grandeur d'âme et de défi à l'usurpation sans péril.

Les conseils succédèrent aux conseils, les résolutions aux résolutions. Quand la cour tremblait, nul n'osait se montrer rassuré. L'ordre féroce et inutile d'immoler un prisonnier sans défense partit du palais du roi le 9 octobre dans la nuit, vingt-quatre heures après que le roi détrôné, jeté presque malgré lui à la côte par la mer, avait mis le pied sur le sol du royaume, vaincu, insulté, enchaîné par le peuple qu'il venait provoquer. Honte gratuite sur la cour de Naples et sur ses conseillers! En dérobant une goutte de sang au hasard qui la leur livrait, les conseils déshonoraient deux trônes, ensanglantaient la main d'un vieillard dans Ferdinand, contestaient le retour naturel de l'antique dynastie dans ses États, donnaient au vieux droit monarchique, qui se défend par sa paternité, l'apparence d'une force révolutionnaire, tuaient un héros désarmé et jetaient un intérêt de peur sur sa tombe. On eût dit dans ce siècle que le roi avait juré de se détrôner, tantôt par la faiblesse, tantôt par la folie, tantôt par la vengeance!

Quoi qu'il en soit, l'ordre partit, et le prince de Canosa, instrument implacable des conjurations, des polices, des réactions, des émigrés de la cour de Sicile, partit en même temps, chargé de surveiller, de purifier ou de fanatiser la Calabre, où il avait des intelligences dans les conciliabules de la contre-révolution. Cet ordre portait :

« Le général Murat sera traduit devant une commission militaire dont les membres seront nommés par notre ministre de la guerre.

» Il ne sera accordé au condamné qu'une demi-heure pour recevoir les secours de la religion.

» FERDINAND. »

Ainsi l'ordre du jugement n'admettait pas même l'hypothèse d'un acquittement. Les conditions de l'exécution devançaient l'arrêt. Le jugement du Pizzo rappelait celui de Vincennes contre le duc d'Enghien.

Ce fut une consolation pour Murat, à cette heure suprême, de ne pas reconnaître une représaille de la Providence dans les formes du décret de Ferdinand, et d'avoir protesté contre l'assassinat du fils des Condé, aussi malheureux et plus innocent que lui!

XLIX

Nunziante, qui avait reçu ce décret dans la nuit du 12, ne voulut pas retrancher des heures qui restaient au roi le sommeil qui abrégeait du moins son agonie. Il entra, s'assit au pied du lit de son prisonnier, pleura silencieusement sur lui, et attendit que Murat s'éveillât de lui-même. Le soleil éclairait déjà depuis longtemps la tête assoupie du prisonnier. En ouvrant les yeux, Murat aperçut le visage en pleurs du général. Il comprit sans paroles. Cependant Nunziante, après lui avoir serré tendrement la main, lui révéla, à voix basse, la nature de l'ordre de la cour arrivé pendant la nuit, afin que le roi eût le temps de préparer un cœur d'homme et un visage de roi au coup qu'il allait recevoir en public. Un instant après : « Eh bien ! puisqu'il en est ainsi, » dit Murat en se résignant à un arrêt qu'il était loin de prévoir aussi irrévocable, « je suis perdu ! L'ordre de mon jugement est celui de ma mort ! » Quelques larmes montèrent à ses yeux. L'homme le plus courageux a du moins un attendrissement sur lui-même. Toute vie crie en se déchirant dans le cœur d'un héros.

Nunziante le laissa à ses réflexions, et se retira à pas muets. On fit sortir de l'appartement du roi ses deux généraux et le dernier de ses serviteurs, son valet de chambre, Armand, qui avait voulu suivre son maître jusque dans sa témérité.

Le capitaine Stratti entra bientôt, accompagné de sept officiers de l'armée, dans la chambre où Murat les attendait debout. Stratti, compatissant comme Nunziante, baissait la tête et n'osait regarder la victime. Il rangea, à droite et à gauche, un peu en arrière de lui, ses collègues de tous grades, en face du roi. Ces sept juges militaires, désignés, par ordre de la cour, par le général commandant les Calabres, étaient tous des officiers longtemps sujets, puis compagnons des campagnes du roi Murat, et promus par lui-même à leurs différents grades dans l'armée. Aucun d'eux n'eut le courage de se refuser à une mission de meurtre. Le courage de ces hommes de camp est dans le bras plus que dans le cœur. Ils allaient juger et condamner leur ancien général et leur bienfaiteur comme ils auraient jugé et condamné, cinq mois auparavant, ses ennemis. Machines humaines, qu'on dirait presque privées d'âme par la constante subordination et dociles à la main de tout ce qui règne.

Loin de se plaindre, ils remercièrent le roi Ferdinand d'une confiance qui les honorait, disaient-ils, et qui mettait à l'épreuve leur récente fidélité à leur nouveau roi.

L

Stratti lut enfin, en balbutiant, à son prisonnier l'ordre qui le traduisait devant une commission militaire. Il ajouta que cette commission allait se réunir à l'instant dans une salle contiguë, que la loi militaire donnait un défenseur à l'accusé, que le général Nunziante lui proposait pour ce dernier office le capitaine sicilien Starace, homme d'honneur, aussi dévoué à l'humanité qu'à son devoir.

« Dites au tribunal, répondit Murat en élevant la tête avec dignité, que je refuse de comparaître devant lui. Des hommes tels que moi n'ont de compte à rendre de leurs actes qu'à Dieu! Que le tribunal décide de moi! je subirai mon sort, je ne reconnaîtrai pas de juges! »

Stratti et ses collègues se retirèrent pour aller préparer les formalités du conseil de guerre. Le général Nunziante vint apporter lui-même au prisonnier l'encre et le papier pour exprimer ses dernières volontés, ou pour écrire ses derniers adieux à sa famille. Murat, demeuré seul, écrivit, en arrosant le papier de larmes, cette lettre sublime où son âme et son sort, son amour d'époux, sa passion de père, sa conscience de roi, sa fermeté de soldat, se résumaient en quelques lignes dans les dernières palpitations de son cœur. Il les adressait à sa jeune femme, amour et gloire de sa jeunesse, délices, orgueil, et quelquefois tourment de sa vie, mais toujours perpétuel souci de son âme.

« Pizzo, 13 octobre 1815.

« Ma chère Caroline! ma dernière heure est arrivée!... Dans quelques instants, j'aurai cessé de vivre; dans quelques instants, tu n'auras plus d'époux... Ne m'oublie jamais!... je meurs innocent. Ma vie ne fut tachée d'aucune injustice! Adieu, mon Achille! adieu, ma Lætitia ! adieu, mon Lucien! adieu, ma Louise! — tous noms de ces enfants à qui il voulait laisser cet embrassement nominal pour qu'il retentît plus personnellement dans le cœur de chacun d'eux avec leur nom de familiarité domestique; — montrez-vous au monde dignes de moi! Je vous laisse sans royaume et sans biens au milieu de mes nombreux ennemis... soyez constamment unis! montrez-vous supérieurs à l'infortune; pensez à ce que vous êtes et à ce que vous avez été, et Dieu vous bénira! Ne maudissez point ma mémoire!... sachez que ma plus grande peine dans les derniers moments de ma vie est de mourir loin de mes enfants! Recevez la bénédiction paternelle! recevez mes embrassements et mes larmes! ayez toujours présent à votre mémoire votre malheureux père! »

LI

Cette lettre uniquement dictée par la nature, en face de l'éternelle séparation, à trois pas du tribunal qui attendait pour juger, des soldats qui chargeaient leurs armes pour briser cette poitrine et pour interrompre les palpitations de ce cœur, attestait plus encore que toute une vie le génie de l'âme de Murat, la bonté ! Il savait combattre et il savait aimer. C'était mieux qu'un roi, c'était plus qu'un héros, c'était un homme. Ce dernier cri témoignait, à son insu, pour sa mémoire, mieux que toutes les déclamations et tous les manifestes n'ont pu faire depuis pour celle de Napoléon. L'un adressait ses adieux au monde, l'autre à sa femme et à ses enfants; l'un mourait en scène, l'autre en famille. La mort de Murat l'emporte en pathétique comme la nature l'emporte sur l'orgueil. L'adieu de Murat arrachera des larmes à la postérité la plus reculée. Si on n'y sent pas la victime et le martyr, on y sent l'amant, le père et le héros. Il se rendait à lui-même un vrai témoignage. Léger et fougueux, il avait eu les enivrements de la fortune et les erreurs de la politique; il n'avait jamais eu les perversités de l'ambition, ni les cruautés du pouvoir suprême. Son règne avait été généreux et doux comme son cœur.

Après avoir arrosé ce papier de ses larmes et y avoir déposé autant de fois ses lèvres qu'il avait de baisers à envoyer ainsi à sa femme et à ses quatre enfants, il demanda des ciseaux, coupa une des boucles de ses longs cheveux, l'embrassa aussi pour que sa famille y retrouvât l'impression de sa bouche, et enfermant les cheveux humides dans la lettre, il la remit avec la plus ardente recommandation à Nunziante.

LII

Le capitaine Starace, qu'on lui avait désigné pour défenseur officieux, entra, déguisant mal une émotion qui se révélait par ses larmes. Il conjura Murat de lui permettre de le défendre devant la commission militaire. Murat reprit, à ces mots, le langage et l'attitude martiale de son rôle de roi. « Non, ce sont mes sujets, ce ne sont pas mes juges, dit-il à Starace; les rois ne sont pas justiciables de leurs sujets, pas même des autres rois, car les trônes rendent égaux les rois entre eux! Veut-on me juger à d'autres titres? Comme maréchal de France? Il faut un conseil de maréchaux. Comme général? Il faut un conseil de généraux. Avant de me contraindre à reconnaître un tribunal comme celui qu'on m'impose, il faudrait arracher bien des pages à l'histoire de l'Europe! Vous ne pouvez pas sauver ma vie! Ceux qui vont prononcer sur mon sort ne sont pas mes juges, mais mes bourreaux. Sauvons du moins en moi l'honneur de la royauté! » Starace fut contraint d'obéir à l'inflexible volonté de son client.

L'officier rapporteur se présenta pour interroger l'accusé. « Vous n'aurez de moi qu'une réponse, dit l'accusé : je suis Joachim Napoléon, roi des Deux-Siciles! Sortez! »

Délivré des soins de sa défense et de la présence de ses juges, qui délibéraient de l'autre côté de la muraille et qui rédigeaient sa condamnation, il s'entretint avec une impassible liberté d'esprit avec les officiers commis à sa garde et debout à la porte de sa chambre. « J'aurais cru, dit-il avec dédain, le roi Ferdinand plus grand. Si le sort l'avait mis à ma place, et moi à la sienne, et s'il avait débarqué dans mes provinces, je n'aurais pas abusé du sort des armes en le faisant immoler!... » Puis, remontant par la pensée le cours de sa carrière, il parlait avec satisfaction de la douceur et de la prospérité de son règne à Naples, des grâces qu'il avait accordées, du sang qu'il avait épargné, des améliorations de tout genre dont il s'était efforcé de doter le royaume; de l'armée, de la gloire qu'il avait répandue sur elle en l'associant aux exploits de l'armée française; des sacrifices personnels qu'il avait fait de ses trésors rapportés d'Allemagne pour l'embellissement de sa capitale, et du dénûment absolu de fortune dans lequel il laissait les siens après lui !...

« C'est là ma gloire, c'est là ma consolation à mes derniers moments, disait-il; je jure que j'ai fait tout le bien qu'il était en ma puissance de faire au pays, jamais le mal qu'aux méchants! Au Pizzo, cependant, on se réjouit de mon malheur, on me hait! Qu'ai-je donc fait pour être haï? » Puis, remontant plus haut encore pour rechercher la cause de l'animadversion des hommes contre lui, et se rappelant le meurtre du duc d'Enghien, dont on l'avait si injustement accusé d'avoir été complice : « Est-ce la tragédie du duc d'Enghien, s'écria-t-il comme en sursaut, que Ferdinand venge sur moi maintenant par une semblable tragédie! Je jure à présent ici, par le Dieu devant qui je vais paraître dans un moment, que je ne pris aucune part à ce meurtre. »

Il demanda enfin à rester seul quelques instants pour résigner et fortifier son âme, car ses paroles à ses gardiens comme sa lettre à ses enfants attestent que la pensée de Dieu assistait à son départ de la terre.

Un prêtre du Pizzo, qu'on lui avait offert et qu'il avait accepté pour consoler et bénir sa mort, s'enferma avec lui dans sa chambre. « Sire, lui dit le prêtre respectueux et miséricordieux en l'abordant, ce n'est pas la première fois que je parais devant Votre Majesté. Lorsque vous vîntes, il y a cinq ans, au Pizzo en visitant vos provinces, j'implorai un secours de Votre Majesté pour les besoins de cette église, et vous me fîtes un don généreux. Ma voix, qui eut assez d'empire alors sur votre cœur pour vous inspirer un bienfait, sera donc pour vous un souvenir de miséricorde. Puisse ce souvenir de bon augure contribuer aujourd'hui à vous faire agréer des prières qui n'ont plus d'autre objet que le repos éternel de votre âme ! »

Murat accomplit les rites du mourant, et, sur la requête du prêtre, lui remit pour l'exigence de sa sépulture ces mots écrits et signés de sa main : « Je déclare mourir en bon chrétien. » Il chargea le prêtre de remettre sa montre, qui n'avait plus d'heures à lui marquer ici-bas, à son fidèle serviteur Armand. Il demanda à faire ses adieux aux généraux Natali, Franceschetti et aux pauvres soldats entraînés dans son malheur. On le lui refusa, non par cruauté, mais par commisération, pour épargner un déchirement de plus à son cœur.

LIII

Pendant ces rapides préparatifs de la dernière scène, le tribunal qui siégeait à sa porte le condamnait à la mort, comme fauteur d'une insurrection contre le royaume, en vertu d'une loi qu'il avait promulguée lui-même, dix ans avant, pour intimider les révoltes dans les Calabres, mais qu'il n'avait jamais fait exécuter jusqu'à la mort par l'indulgente commisération de son caractère. On lui lut solennellement son arrêt. Il l'écouta comme il aurait entendu le canon d'une bataille de plus pendant sa vie martiale, sans émotion comme sans bravade. Il ne demanda ni grâce, ni délai, ni appel. Il fit remercier le général Nunziante, les officiers et le prêtre, des égards et des sensibilités à son sort qu'ils lui avaient témoignés pendant sa courte captivité dans ces murs.

Il s'avança de lui-même vers la porte, comme pour aller plus vite au terme. Cette porte ouvrait sur une étroite esplanade encaissée entre les tours du château et les murs extérieurs, toute semblable au château de Vincennes. Mais le dernier et splendide soleil éclairait du moins le dernier pas et le dernier regard du héros. Douze soldats, les armes chargées, l'attendaient. L'espace resserré ne leur permettait pas de se tenir à la distance qui dérobe son horreur à la mort. Murat, en franchissant le seuil de sa chambre, se trouva face à face avec eux. Il refusa de se laisser bander les yeux, et regardant les soldats avec un ferme et bienveillant sourire : « Més amis, leur dit-il, ne me faites pas souffrir en visant mal, l'espace rétréci vous force naturellement à appuyer presque le canon de vos fusils contre ma poitrine, ne tremblez pas, ne frappez pas au visage, visez au cœur, le voilà ! »

En parlant ainsi il plaça sa main droite sur son habit pour indiquer la place du cœur. Il tint dans sa main gauche un petit médaillon qui contenait en un seul bloc d'amour l'image de sa femme et de ses quatre enfants. On eût dit qu'il voulait les faire assister ainsi à sa dernière heure, ou qu'il voulait avoir leur image dans son dernier regard comme dans sa dernière pensée. Il baissa les yeux sur ce portrait et reçut le coup sans le sentir, absorbé dans la contemplation de ce qu'il aimait ! Son corps, percé de si près par douze balles, tomba les bras ouverts et la face contre terre, comme embrassant encore ce royaume qu'il avait possédé et qu'il ne venait reconquérir que pour son sépulcre. On jeta son manteau sur le cadavre, et on l'inhuma dans la cathédrale du Pizzo, où ses dons avaient acheté d'avance l'hospitalité de la sépulture.

Ses compagnons d'infortune furent amnistiés, relâchés et rendus à leur patrie. Le peuple, qui l'avait outragé vivant, le pleura mort. On ne pouvait le haïr qu'en le combattant. Il avait éprouvé la pitié, il la recueillit sur sa tombe.

LIV

Ainsi finit le plus chevaleresque des soldats de l'époque impériale, figure non la plus grande, mais la plus héroïque parmi les compagnons du nouvel Alexandre. Sorti des montagnes des Pyrénées comme un soldat qui cherche aventure, signalé à l'armée par sa bravoure, offert au premier consul par le hasard, devenu cher et utile par le zèle et par l'amitié, élevé à la main de la sœur de Bonaparte par sa beauté et par son amour, porté aux grands commandements par la faveur, au trône par l'intérêt de sa famille, à l'infidélité par l'ambition de sa femme et par la faiblesse du père pour ses enfants, précipité par le contre-coup de la chute de l'empire, disgracié à la fois par Napoléon et par ses ennemis, incapable de l'obscurité et de la médiocrité après tant d'éclat et tant de fortune, se jetant de désespoir dans l'impossible et de l'imprévoyance dans la mort, mais tombant, jeune encore, avec toute sa renommée, emportant, sinon l'estime entière, au moins tout l'intérêt et toute la compassion des contemporains, laissant à la postérité un de ces noms qui éblouissent les âges, où l'on trouvera des ombres sans doute, mais pas de crimes ! tel fut Murat ! Deux patries le revendiqueront, la France qu'il servit, l'Italie qu'il gouverna. Mais il appartient, avant tout, au monde de l'imagination et de la poésie; homme de la fable par ses aventures, homme de la chevalerie par son caractère, homme de l'histoire par son époque. Il mérita plus que tout autre des hommes de guerre et des hommes politiques de sa période l'épitaphe rarement méritée par ceux qui servent ou qui gouvernent les cours : *homme de cœur*, dans toute la grandeur et dans toute la sensibilité du mot. Aussi l'histoire, qui aura de l'enthousiasme et des reproches, aura surtout des larmes pour lui.

LV

Sa mort, si elle ne fut pas un crime, fut du moins une bassesse de cœur dans ses meurtriers. Ils avaient le droit extrême de le tuer, ils n'en avaient pas la nécessité. Maîtres de sa personne, ne pouvant plus craindre d'un ennemi captif aucune de ces entreprises et de ces compétitions qui troublent un empire ou qui font trembler une dynastie, il y avait plus de vengeance que de prudence dans son exécution. Cette exécution flétrissait le règne de Ferdinand, elle ne l'assurait pas. La grandeur d'âme, cette justice de la victoire, manqua à la cour de Sicile, où les traditions tragiques de Conradin, de la reine Jeanne, de l'Italie de Machiavel, avaient laissé les exemples sinistres des luttes à mort et des échafauds entre les prétendants. En immolant un héros qui n'avait ni ancêtres avant lui, ni dynastie après lui pour revendiquer non un droit, mais une aventure sur son trône, la cour de Sicile ne relevait pas sa gloire, elle dégradait son caractère. Ce supplice d'un compétiteur désarmé sentait la peur. L'envie aussi paraissait l'inspirer. Ce n'était pas tant la rivalité de droits que la supériorité de renommée qui offusquait dans Murat la maison de Naples. On craignait moins sa compétition que la popularité de ses exploits. En abattant le héros, on voulait abattre sa mémoire. On ne réussit qu'à donner au drame de sa vie le pathétique et la pitié qui s'attachent aux dénoûments sanglants des grandes vies. Sa mort rappelait celle de Pompée. La maison de Naples ne conquérait par cette mort qu'une tache de sang de plus sur ses annales et un cadavre mutilé dans un cimetière de sa plage.

Malheur aux lâches! On n'est jamais cruel que faute d'être assez courageux.

LIVRE TRENTE-DEUXIÈME

Caractère de la France. — Causes de l'esprit des élections de 1815. — Chute de Fouché. — Son exil en Allemagne. — Jugement sur sa vie. — Chute de M. de Talleyrand. — Formation du ministère de M. de Richelieu. — Coup d'œil rétrospectif sur le duc de Richelieu. — Sa vie en Russie. — Son caractère. — Négociations avec les alliés. — Leurs exigences. — Traité du 20 novembre. — Lettre de M. de Richelieu. — Traité de la Sainte-Alliance. — Ouverture des chambres. — Discours du roi. — M. Lainé, président de la chambre des députés. — Son discours. — Adresses des deux chambres au roi. — Politique du duc de Richelieu. — Esprit du conseil. — Lois contre les cris séditieux et la liberté individuelle. — Loi des cours prévôtales. — Discussion et vote dans les deux chambres. — Proposition du duc de Fitz-James. — Discours du comte d'Artois. — Retour du duc d'Orléans. — Son entrevue avec Louis XVIII.

I

Les peuples sont comme les hommes; ils en ont les passions, les retours, les exaltations, les abattements, les repentirs, les hésitations, les incertitudes d'esprit. Ce qu'on appelle l'opinion publique dans les gouvernements libres n'est que l'aiguille mobile du cadran qui marque tour à tour les variations de cette amosphère des choses humaines. Cette instabilité est plus soudaine et plus prodigieuse encore en France que dans les autres contrées du monde, si l'on en excepte l'antique race athénienne. Elle est devenue le proverbe de l'Europe.

L'historien français doit confesser ce vice de la nation dont il raconte les vicissitudes, comme il doit en signaler les vertus. Cette mobilité même tient à une qualité de cette grande race française : l'imagination ; elle fait partie de sa destinée. Dans ses guerres, elle s'appelle élan ; dans ses arts, génie ; dans ses revers, abattement ; dans ses abattements, inconstance ; dans son patriotisme, enthousiasme. C'est le peuple moderne qui a le plus de feu dans l'âme. C'est le vent de la mobilité qui nourrit ce feu. On ne peut expliquer que par ce caractère de la race française ces délires qui semblent saisir à la fois toute la nation, à quelques mois de distance, pour les principes, pour les hommes et pour les gouvernements les plus opposés.

Nous touchons à une de ces étonnantes mobilités de l'opinion en France. Disons-en les causes.

II

La lueur des principes philosophiques dont l'ensemble compose ce qu'on a appelé la révolution n'avait nulle part, autant qu'en France, ébloui et réchauffé les âmes à la fin du dernier siècle. A la voix de ses écrivains, de ses orateurs, de ses tribuns, de ses guerriers, la France s'était mise la première à l'œuvre, sans considérer ce qu'il lui en coûterait de fatigues, de fortune et de sang pour renouveler ses institutions viciées par la vétusté des siècles, en religion officielle, en législation, en civilisation, en gouvernement. Une immense popularité s'était attachée dans le principe aux hommes qui avaient sapé le vieil édifice de son Église, de son trône, de ses lois. Son roi lui-même, pénétré jusque sur ce trône, à travers sa cour, de cet esprit unanime de rénovation, s'était généreusement déclaré le premier novateur de son royaume. Il avait commencé les réformes par celles de sa cour, les sacrifices par ceux de son autorité. La noblesse avait été aussi généreuse en renonçant à sa caste, à ses féodalités, à ses titres, à ses monopoles, pour se confondre avec la nation. L'Église seule, se disant immuable même dans le temporel au milieu d'une civilisation perfectible, s'était renfermée dans l'inflexibilité des corps sans hérédité, sans famille et, par conséquent, sans responsabilité dans la nation. Elle n'avait concédé de ses priviléges temporels que ce qu'on lui avait arraché. Les guerres civiles avaient éclaté à sa voix dans les provinces sur lesquelles elle conservait le plus d'ascendant. Elle avait condamné la liberté et l'égalité modernes. Elle avait agité les consciences témérairement atteintes par l'Assemblée constituante dans la constitution civile du clergé ; constitution qui ne devait toucher qu'à l'établissement temporel, et non à la libre hiérarchie du sacerdoce. Elle avait fanatisé les paysans; les paysans avaient entraîné malgré eux leurs nobles dans ces extrémités du royaume.

III

Le reste de la nation, peu éclairé, avait rendu le roi, le clergé, la noblesse responsables de ces séditions du passé contre le temps. La colère et les soupçons du peuple avaient monté, la persécution avait poussé à l'émigration, l'émigration à la fureur, à la spoliation des familles, à la guerre nationale contre l'Europe. Le trône s'était écroulé dans ce tumulte, abattu comme un drapeau de contre-révolution élevé au milieu de la révolution. Des démagogues effrénés avaient jeté au peuple les têtes du roi, de la reine, de sa famille, de la noblesse, de la bourgeoisie, pour nourrir de sang leur popularité. Ils avaient péri eux-mêmes par la main de leurs rivaux. La France, inondée du sang de ses citoyens pendant dix-huit mois, avait été l'effroi du monde et d'elle-même. Les idées s'étaient troublées dans sa tête. La mêlée des événements, des guerres étrangères, des guerres civiles, des hommes, des choses, avait tellement confondu tous les drapeaux, que nul ne reconnaissait plus ses amis ni ses ennemis : la révolution s'était noyée dans l'anarchie.

Elle commençait à se reconnaître, à s'épurer, à se constituer en démocratie tolérante sous le gouvernement républicain du Directoire, lorsque Bonaparte, personnifiant à la fois en lui l'usurpation de l'armée sur les lois et la contre-révolution, était venu interrompre soudainement, au 18 brumaire, le travail sourd de la civilisation nouvelle qui élaborait et triait les éléments de l'ordre nouveau.

Pour distraire le peuple de sa révolution, il l'avait lancé dans la guerre et conduit à la conquête de l'Europe; il l'avait épuisé de population et de sang pour l'empêcher de penser et de remuer sous lui; il lui avait fait apostasier par ses publicistes, par son mutisme et par sa police, tous les principes de sa régénération de 1789. En chassant les rois de leurs trônes, il s'était déclaré le vengeur et le restaurateur des sacerdoces et des royautés.

IV

La France avait respiré après sa première chute en 1814. La charte avait repris l'œuvre de Louis XVI et promulgué les principes de l'Assemblée constituante. La révolution avait remonté à ses premiers beaux jours. Elle n'avait plus à craindre ni les ivresses de l'illusion, ni les résistances de l'Église, de la cour, de la noblesse, ni les crimes de la démagogie.

Le second retour de Bonaparte, grâce à la complicité de l'armée, avait une seconde fois interrompu cette ère de rénovation, de paix et d'espérance. Cette violence à la nation et à l'Europe avait été punie par une seconde invasion, qui humiliait, ruinait, décimait la France, et qui menaçait même de la partager en lambeaux. Bonaparte, en quittant son armée après sa défaite à Waterloo, et en abdiquant, avait emporté avec lui la responsabilité de ce désastre; mais il avait laissé derrière lui le ressentiment de la nation contre l'armée, contre son parti, contre ses complices, contre son nom.

Ce malheur du temps avait besoin de retomber sur quelque chose. Il retombait alors comme une imprécation presque unanime sur le bonapartisme. Royalistes, libéraux, propriétaires, négociants, agriculteurs, artisans, débris des assemblées de 89, restes de la noblesse et du clergé, royalistes de la Vendée, du Midi, du Nord, constitutionnels ou républicains de l'est et du centre de la France, bourgeoisie des villes, dont les vingt mille familles avaient toutes un fils, un neveu, un frère dans la maison militaire du roi; ports de mer dont la guerre continentale emprisonnait depuis vingt ans les navires, les expéditions, les produits dans les rades; familles rurales qui pleuraient chacune un, deux, et quelquefois trois enfants laissant leur place vide au foyer, et sacrifiés en Espagne ou en Russie à l'ambition d'un conquérant; villes et villages occupés par les Russes, les Prussiens, les Anglais, décimés par les réquisitions et les impôts; tout le monde avait un grief, un ressentiment, un deuil, une ruine à venger sur ce nom d'un homme. L'accès de colère comprimé par la présence de l'armée, par la terreur de la police impériale, et par l'espérance d'une seconde gloire dont il avait un moment fasciné la France avant Waterloo, éclata dans tous les cœurs, excepté dans celui de ses soldats, aussitôt après sa chute.

L'opinion se jeta sans réflexion, sans prévoyance et sans mesure, au parti contraire dans les élections. Ni les ménagements recommandés par M. de Talleyrand aux commissaires du roi chargés d'aller présider et diriger les colléges électoraux, ni les agents de Fouché favorisant autant qu'il le pouvait les candidatures républicaines pour intimider la cour et le roi et maintenir l'équilibre n'y purent rien.

L'opinion irritée en France n'écoute ni les tempéraments, ni les intrigues, ni les prudences; elle va d'un bord à l'autre, comme l'Océan dans ses flux et reflux. Là est toute l'explication des élections de 1815, qui envoyèrent à la couronne une chambre plus contre-révolutionnaire que l'Europe et plus royaliste que le roi.

Elle étonna ce prince lui-même par l'unanimité et par l'excès de sa colère contre la révolution, de son animosité contre l'empire, de son exaltation pour les Bourbons. Il sentit qu'il aurait plus de peine à contenir qu'à provoquer une telle passion pour sa famille. Il craignit même que cette passion ne le trouvât trop tiède dans sa propre cause, qu'elle ne lui reprochât l'humiliante concession qu'il avait faite en plaçant M. de Talleyrand et surtout un régicide dans ses conseils, et qu'elle ne fît du comte d'Artois, son frère, le dominateur et peut-être le maître du règne. Il résolut de prévenir les exigences que les noms d'une pareille représentation lui présageaient, et de congédier lui-même son ministère avant l'ouverture des chambres.

V

Il éprouvait néanmoins un secret embarras à disgracier M. de Talleyrand, qui lui avait tendu une main si protectrice en 1814, et dont l'ascendant sur la pairie et les intelligences avec les cours étrangères lui paraissaient mériter des ménagements et des prudences. Il le voyait avec une secrète joie, quoique mêlée d'amertume pour lui-même, se dépopulariser dans Paris par sa nonchalance, et échouer dans la négociation des conditions de paix par l'inflexibilité de l'Autriche et de la Prusse. Il lui était doux de pouvoir rejeter sur l'inhabileté de ce grand diplomate l'humiliation des *ultimatum* des puissances que M. de Talleyrand était assez souple pour accepter, et que lui, roi, était assez patriote pour ne pas consentir. Il voulait de plus se servir d'abord de la main de M. de Talleyrand pour congédier Fouché de son conseil. La ligue des mécontentements simultanés de ces deux hommes d'État lui semblait dangereuse à sa sûreté. Il fallait les diviser avant de s'en défaire. Il croyait avoir besoin encore quelque temps de M. de Talleyrand; il pouvait désormais se passer de Fouché.

Le zèle et l'activité de son futur favori, M. Decazes, de jour en jour plus avant dans sa confiance, le rassuraient sur les conspirations des bonapartistes. M. Decazes, profitant de l'indolence de Fouché, inhabile aux détails, et des audiences secrètes du roi, s'emparait insensiblement de tous les ressorts de la police. Il ne laissait à Fouché que le nom de ministre et les hautes intrigues dans lesquelles ce ministre se complaisait à jouer le rôle d'homme nécessaire à tous les partis. Déjà le roi disait en parlant de son jeune confident : « Je l'élèverai si haut qu'il fera envie aux plus grandes maisons de France ! » L'orgueil et l'amitié se confondent dans le cœur des rois.

VI

Louis XVIII perçait de l'œil ces intrigues transparentes de Fouché. Cet homme d'État continuait depuis le retour du roi le double jeu qu'il avait joué pendant les cent-jours. Il intimidait le roi et le conseil des ministres sur des complots imaginaires et sur des périls exagérés. Il répandait lui-même, sous la forme d'avertissements officiels, des rumeurs sinistres, afin de propager l'agitation par les moyens mêmes qu'il feignait d'employer pour l'assoupir.

Il écrivit plusieurs rapports au roi, semblables aux rapports qu'il avait rédigés pour l'empereur après le 20 mars, il les livra secrètement à ses agents, et il les fit circuler sourdement dans le public, comme des pièces dérobées par l'indiscrétion à la confidence de son cabinet.

« Sire, disait l'astucieux ministre, les hommes énergiques qui ont renversé Bonaparte n'ont cherché qu'à mettre un terme à la tyrannie. Une opposition de la même nature agite et divise toutes les classes. Elle a son foyer dans les passions les plus ardentes, dans l'effroi de voir triompher les anciennes opinions. Il ne faut pas regarder Paris. Là une opinion factice prend la face des opinions réelles. »

Il voulait ainsi effacer de l'esprit du roi les témoignages d'adoration et de joie dont la scène était sans cesse sous ses yeux, dans le jardin des Tuileries et sur les boulevards, ivres de royalime.

« Les villes, ajoutait-il, sont opposées aux campagnes,

dans l'Ouest même, où l'on vous flatte de trouver des soldats. Les acquéreurs de domaines nationaux y résisteront à quiconque entreprendrait de les déposséder. Le royalisme du Midi s'exhale en attentats. Des bandes armées parcourent les campagnes et pénètrent dans les villes. Les pillages, les assassinats se multiplient. Dans l'Est, l'horreur de l'invasion et les fautes des précédents ministres ont aliéné les populations. Dans la majorité des départements on trouverait seulement quelques poignées de royalistes à opposer à la masse du peuple. Le repos sera difficile à l'armée. Une ambition démesurée l'a rendue aventureuse.

» Il y a deux grandes factions de l'État. L'une défend les principes, l'autre marche à la contre-révolution. D'un côté le clergé, les nobles, les anciens possesseurs des biens nationaux aujourd'hui vendus, les membres des anciens parlements, des hommes obstinés ne pouvant croire que leurs idées anciennes soient en défaut et qui ne peuvent pardonner à une révolution qu'ils ont maudite ; d'autres qui, fatigués de mouvement, cherchent le repos dans l'ancien régime; quelques écrivains passionnés, flatteurs des opinions triomphantes. Du côté opposé, la presque totalité de la France, les constitutionnels, les républicains, l'armée et le peuple, toutes les classes de mécontents, une multitude de Français même attachés au roi, mais qui sont convaincus qu'une tentative et que même une tendance à l'ancien régime serait le signal d'une explosion semblable à celle de 1789. »

VII

Manuel, cet orateur de la dernière Assemblée, de plus en plus rapproché de Fouché et cherchant à s'attacher au ministre, rédigeait avec lui ces rapports. Quelques vérités s'y mêlaient à des exagérations intentionnelles. Manuel et Fouché, en écrivant ces statistiques menaçantes au roi, oubliaient ou feignaient d'oublier ces masses innombrables qui flottent entre les opinions réfléchies et qui se précipitent où se montrent la fortune, la paix, la sécurité. Elles étaient toutes en ce moment au roi. Les élections l'attestaient assez haut. Mais Fouché voulait alarmer pour rassurer ensuite, en répondant de tout, par son habileté personnelle.

Le roi et son conseil commençaient à s'offenser de ces tableaux sinistres et surtout de la publicité coupable que leur donnait le ministre de la police. Cette publicité ressemblait trop à une trahison pour que le roi la tolérât sans ombrage. « Le ministre de la police, s'écria enfin un jour M. de Talleyrand devant son collègue et devant le roi, prétend-il donc nous dominer par sa popularité ? » Fouché s'excusa par de prétendues révélations involontaires de ses manuscrits au public. On était habitué à ne pas croire à ses paroles. L'irritation contre lui s'accroissait. Le duc et la duchesse d'Angoulême, en revenant des provinces du Midi où ils étaient allés s'enivrer de l'enthousiasme royaliste, et qui rentraient aux Tuileries avec le sentiment d'une popularité passionnée pour leur cause, déclarèrent de nouveau au roi qu'ils ne se rencontreraient jamais dans son palais avec le juge de Louis XVI.

Chaque fois que Fouché paraissait au palais, le vide se faisait autour de lui. Les hommes modérés ne dissimulaient pas leur répugnance, les royalistes leur antipathie. Lui seul, aveuglé par le prodigieux succès de ses audaces et de ses ruses pendant les derniers événements, et sûr de l'appui de lord Wellington, se croyait encore certain de tout dominer. Il s'imaginait intimider l'Assemblée par le roi, le roi par les révolutionnaires et les bonapartistes, les puissances coalisées par le patriotisme irrité du pays, le pays par les puissances. Il était confiant comme le succès. Il oubliait lui-même son passé, croyant ainsi le faire oublier aux autres. L'homme de la Convention et l'homme de la cour de Louis XVIII étaient pour lui deux hommes qui n'avaient plus rien de commun, pas même le nom. Son titre de duc d'Otrante couvrait la mémoire de l'ancien Fouché. Il répudiait la révolution comme un souvenir importun de sa jeunesse. « Quand on est jeune, disait-il négligemment à ses familiers, les révolutions plaisent, elles remuent, elles agitent, elles sont un spectacle auquel on aime à assister et à se mêler ; mais à mon âge, elles ont moins de charme, on veut le repos, l'ordre, la fixité, on veut jouir. » Le pouvoir lui semblait une de ces jouissances nécessaires à son âge mûr comme l'agitation avait été nécessaire à sa jeunesse.

VIII

Rien ne manquait à la dignité extérieure de cette vie, qu'une famille à qui transmettre après lui son immense fortune et ses titres, et une alliance avec une des familles de la haute aristocratie française, pour légitimer sa noblesse nouvelle dans la noblesse antique de la cour et de Paris. On le croyait encore si puissant, si inviolable aux disgrâces; ses richesses, son influence sur les derniers événements, son intervention décisive dans la chute de Bonaparte et dans le rétablissement des Bourbons, exerçaient un tel prestige sur cette noblesse accoutumée à tout accorder à la faveur des cours, qu'il était presque certain, malgré son nom et ses taches, de s'enter sur la souche d'une famille illustre par une union.

Cette âme agitée, mais non remplie par les ambitions et par les satiétés de la fortune, n'avait pas été insensible à la séduction de la jeunesse et de la beauté. Il avait connu, à Aix, pendant ses missions dans le Midi à la fin de l'empire, mademoiselle de Castellane, jeune fille d'une maison renommée de Provence, douée des dons les plus propres à captiver l'âme et les yeux. Il en avait conservé un tendre souvenir et une sérieuse admiration. Cette jeune personne elle-même, malgré la disproportion de nom, d'âge et d'existence, avait été touchée du culte respectueux d'un homme puissant, spirituel, célèbre, dont les titres, l'élévation, les services rendus à la cause royale, couvraient le passé. Fouché la demanda en mariage et l'obtint de sa famile. Il était si haut alors dans la faveur publique et dans l'apparente confiance du roi, qu'on osa à peine murmurer dans l'aristocratie de Paris contre la complaisance d'une grande race qui consentait à mêler son nom à celui de l'ancien proconsul de la terreur. Il donna un grand éclat aux fêtes de son mariage comme pour défier le murmure. Il croyait s'ouvrir pour toujours les portes de cette noblesse dont il ne possédait que la richesse et les titres. Ce fut l'apogée de son bonheur. Il n'allait pas tarder à en être précipité.

IX

Peu de jours après les élections, dont la signification, quoique obscure encore, frappait néanmoins le ministère d'inquiétude, M. de Talleyrand, qui voulait mériter la faveur de la cour en la délivrant d'une humiliation, insinua indirectement à Fouché, au conseil des ministres, la convenance ou la nécessité de la retraite. Il parla négligemment de l'Amérique, où il avait passé lui-même les plus douces années de son exil pendant la terreur. Il vanta la liberté et la sûreté d'un séjour qui, en séparant l'homme d'un continent orageux comme celui de l'Europe, le séparait de ses ennemis et de ses périls. Il dit qu'aucune existence sur la terre ne lui avait jamais paru supérieure à celle d'un ambassadeur représentant de la France dans ce pays qui devait tout à la France. Puis, se tournant avec affectation du côté de Fouché, comme s'il eût voulu provoquer de la bouche de son collègue un acquiescement à ce bonheur

qu'il aurait pu prendre pour une aspiration à le goûter :
« Cette existence, ajouta-t-il, je puis l'offrir en ce moment,
le poste de ministre du roi aux États-Unis est vacant.
Ne seriez-vous pas tenté par la dignité et par la sécurité de
cet asile? » Fouché, que l'étonnement avait empêché de
comprendre au premier mot, comprit enfin, se troubla,
et demanda, sans que personne lui répondît, si ses services
étaient donc désagréables au roi, et si l'on voulait se débarrasser de lui.

On pouvait désormais s'expliquer davantage et le congédier sans danger. Les élections le menaçaient par son
nom, les royalistes rougissaient d'avoir eu besoin de lui un
jour. Le roi était humilié, la cour ingrate, les ministres
jaloux, M. de Talleyrand heureux de jeter un ancien rival
à l'orage, les républicains indifférents, les bonapartistes
implacables. Le sol s'écroulait enfin sous lui. Cet homme,
qui venait de proscrire pour complaire, était proscrit,
quelques jours après, par ceux à qui il avait sacrifié ses
complices. Il allait les retrouver comme des remords vivants sur la terre étrangère.

X

Seulement on décora cette proscription de l'apparence
d'une mission à l'étranger. Fouché, qui avait refusé la légation des États-Unis pour ne pas mettre trop de distance
entre l'exil et les retours de grandeur qu'il ne cessait pas
d'espérer, accepta le titre de ministre auprès de la petite
cour disgraciée de Saxe. Le roi colorait ainsi son ingrati-

tûde, Fouché son impuissance. Sa fortune lui ouvrait le monde, il pouvait se retirer indépendant partout. Mais il fallait à cet exilé l'ombre d'une cour, de l'importance et des affaires. Il était si abandonné et si menacé en France le lendemain du jour où il cessait d'y être tout-puissant, qu'il fit en silence ses préparatifs de départ, et qu'il traversa la France sous un faux nom et sous un déguisement pour tromper l'injure des uns, la vengeance des autres, le dédain de tous.

Peu de mois après son arrivée à Dresde, il fut révoqué, et le retour dans sa patrie lui fut interdit. Il fut exilé en Autriche et vécut à Lintz, consolé par la tendresse et par les vertus de sa jeune femme. Il sollicita souvent de M. Decazes et du prince de Metternich un exil plus rapproché de la France ou le séjour d'une capitale comme Vienne. Nous avons sous les yeux sa correspondance dans ces années de solitude et d'éloignement ; elle respire quelquefois la résignation, quelquefois la révolte contre le sort et contre les injures de ses ennemis.

« Nous sommes dans un beau et riche pays et dans une jolie ville, dit-il, mais sans ressource de société et d'instruction. Il n'y a dans la monarchie autrichienne que la ville de Vienne où il y ait des lumières ; mais c'est la résidence du fils de Napoléon. Trouverait-on des inconvénients à me placer en Bavière, en Belgique ou en Angleterre? On est bien sûr que je ne prêterai aucun secours aux partis qui vous divisent. En me rapprochant de la France, j'aurais l'avantage de voir quelquefois mes amis... J'ai signé l'ordonnance de proscription ; elle était et elle fut considérée alors comme le seul moyen de sauver le parti qui m'en accuse aujourd'hui. Elle l'enlevait à la fureur des royalistes et le mettait à l'abri dans l'exil... Je ne désire pas que les partis soient écrasés en France; mais je forme des vœux ardents pour qu'ils soient contenus. Qu'on réduise les révolutionnaires à un rôle d'opposition raisonnable; qu'on ne sépare pas le roi de la nation, en le faisant considérer comme son adversaire. — On est trop en garde contre les royalistes exagérés; on ne l'est pas assez contre l'autre parti... Relisez l'histoire de la Pologne; vous êtes menacés du même sort si vous ne vous rendez pas maîtres des passions... — Je lis une histoire de la campagne de 1815, par le général Gourgaud. Je ne suis point étonné du langage de son maître à mon égard; il est commode à Napoléon d'excuser toutes ses sottises en soutenant qu'il a été trahi... Non, il n'y a eu de traîtres que ses flatteurs. »

Fouché mourut insulté ou oublié de tous les partis dans cet exil, incapable de repos, usé par l'oisiveté et l'inertie, non rassasié de rôle, cherchant à repousser l'écho tantôt vrai, tantôt calomnieux de sa vie, qui le poursuivait jusque dans sa retraite; homme de tempêtes qui ne pouvait, comme l'oiseau de mer, vivre sur le bord.

XI

Il laissa une mémoire ambiguë, mais grande comme son rôle si divers dans les événements de sa patrie. Génie plus brouillon que pervers, mais véritable génie de l'intrigue, poursuivant sa trame à travers des révolutions si diverses; terroriste d'attitude et de langage plus que de cœur et de main sous la Convention, suspect à Robespierre, menacé quelques jours avant le triomphe de la modération, reniant, un des premiers, la révolution aussitôt qu'elle décroît, et s'offrant à Bonaparte comme un négociateur nécessaire entre le jacobinisme et lui ; se servant de sa puissance sous l'empire pour se faire, par l'indulgence, des amis des royalistes et des républicains, cherchant à modérer le despotisme de Napoléon pour le faire durer à son profit, l'abandonnant dès qu'il décline pour se faire pardonner des Bourbons, les congédiant d'une main, les ramenant de l'autre après le retour de l'île d'Elbe, avec une audace et une duplicité qui ne furent peut-être jamais égalées ; ne trahissant pas Napoléon, mais le laissant trahir par son génie et par les événements ; se préparant à le congédier de la scène et à l'empêcher d'incendier une troisième fois la France ; dominant en ce moment, par son interposition, une des transitions les plus compliquées et les plus hardies de l'histoire ; sauvant de grands malheurs à son pays, des flots de sang à l'Europe, peut-être le démembrement à la France ; triomphant deux jours et forçant la cour des Bourbons à implorer la main d'un régicide ; dupe ensuite de sa propre habileté et englouti dans son triomphe par la colère des royalistes qu'il avait servis. Tel fut Fouché.

Si quelque chose de sinistre ne s'attachait pas à son nom avec les votes de sang de la Convention, ce serait un des grands rôles tour à tour comiques et sérieux que l'homme d'État étudierait avec le plus de complaisance, quand il se donne pour but le succès et non les principes. Acteur consommé sous les deux visages de l'homme de ruse ou de l'homme d'audace, il ne lui manque rien en habileté, peu en bon sens, tout en vertu. Ce mot le définit, mais ce mot le juge. On le regardera éternellement, on l'admirera quelquefois, on ne l'estimera jamais.

XII

Revenons au lendemain de sa chute. Le roi n'était qu'à demi délivré par la disgrâce de Fouché. M. de Talleyrand et le reste du ministère subsistaient encore et s'obstinaient à affronter la chambre, croyant qu'elle serait apaisée par le sacrifice du ministre de la police. Mais M. de Talleyrand pesait peut-être plus au roi que Fouché lui-même. Le roi ne haïssait dans Fouché que le révolutionnaire, il haïssait dans M. de Talleyrand le protecteur. L'orgueil de l'homme de haute naissance et la supériorité de l'homme d'esprit consommé dans les affaires perçaient dans l'attitude et dans le ton de M. de Talleyrand devant le roi. Quoique souple avec les puissants, ce ministre se souvenait trop de son nom, de ses dignités de l'empire, de sa faveur auprès des souverains étrangers et de sa réputation d'homme d'État devant le roi. Il considérait ce prince comme un hôte étranger à la France, neuf aux affaires, passif dans son propre conseil, qu'il avait ramené par la main dans ce palais, à qui il faisait les honneurs de la France, et qui ne pouvait se passer de lui pour lui traduire les mœurs, les choses, les hommes du nouveau siècle.

Louis XVIII avait subi quelque temps cette subalternité politique dans les affaires par la nécessité qui lui imposait M. de Talleyrand; mais sa dignité d'intelligence se sentait blessée. Il avait confié à M. Decazes le mécontentement qu'il éprouvait de son ministère, le désir qu'il avait de le remplacer et les négociations préliminaires et confidentielles, préludes nécessaires de ces changements d'administration. Ses entretiens avec M. Lainé et avec d'autres membres de la chambre arrivés à Paris, la lenteur et l'insuccès des négociations avec les puissances pour la paix générale, les murmures de la cour du comte d'Artois contre ce ministère, qu'il nommait à la fois paresseux, orgueilleux et malheureux, avaient secrètement décidé le roi. Mais il fallait une occasion et un prétexte pour rompre avec décence ce pacte avec M. de Talleyrand formé par la nécessité. M. de Talleyrand, enivré de deux ans d'importance et se croyant inviolable, eut l'imprudence d'offrir lui-même au roi l'heure et la convenance de sa disgrâce.

XIII

Les journaux royalistes et les salons de l'aristocratie, exaltés par le mouvement passionné de l'opinion que les élections venaient de révéler, ne cessaient pas de menacer le ministre de la colère des chambres pour les ménagements lâches ou coupables qu'il montrait à la révolution et aux révolutionnaires. Ces rumeurs, préludes de luttes vives avec les chambres, alarmaient M. de Talleyrand. Il ne se sentait pas de force à dompter une assemblée par la parole; il voulait l'intimider par l'autorité du roi. Il fallait pour cela compromettre le roi dans la cause des ministres et établir entre eux et lui une solidarité apparente, capable d'imposer aux royalistees.

M. de Talleyrand fit part de ce plan à ses collègues, entraîna facilement des hommes faibles et légers dans cet acte étourdi d'audace. Il somma le roi en plein conseil de donner un démenti aux bruits qui couraient de sa désaffection pour son ministère, en accordant à lui et à ses collègues quelque marque éclatante qui découragerait l'opposition naissante dans les chambres et qui imposerait silence à la cabale du comte d'Artois dans le palais. Il alla même, dit-on, jusqu'à faire envisager au roi l'éloignement du comte d'Artois de Paris comme une nécessité de gouvernement qui enlèverait un centre et un appui aux contradicteurs de sa politique. Il ajouta que si le roi ne témoignait pas à son ministère l'adhésion la plus ferme et la plus personnelle, les ministres affaiblis dans l'opinion ne se croiraient pas en mesure de pouvoir aborder les chambres, et qu'ils se verraient obligés de se retirer.

XIV

M. de Talleyrand, en parlant ainsi, ne doutait pas que le roi, contraint par la nécessité de conserver sa confiance à l'homme qui traitait en ce moment de son royaume avec les alliés et de sa popularité avec le parti de la révolution, ne cédât à son injonction et ne retrempât son autorité dans ses mains. Comme Fouché, M. de Talleyrand ne savait plus lire dans le cœur des rois ou des nations, il posait encore en homme nécessaire, et il n'avait plus de base, ni dans les événements, ni dans les opinions. Le roi, qu'il avait dominé, le dominait maintenant de toute la hauteur du trône sur la révolution.

Le roi sentait sa force, et il crut la circonstance secourable à son embarras de congédier ses ministres. Après avoir écouté, avec l'apparence de l'impassibilité qui réfléchit, le langage insolemment respectueux de M. de Talleyrand :

« C'est donc leur démission, dit-il avec le ton d'un homme offensé, que mes ministres me donnent? eh bien ! j'en nommerai d'autres. » Et d'un signe de tête, sans attendre les répliques, les repentirs, les explications, il les congédia.

« Vous pouvez rester en France, » dit le roi à M. de Talleyrand, comme s'il eût voulu faire souvenir son ministre de l'exil qui venait d'être imposé à Fouché, et des relégations loin de la cour auxquelles l'ancienne monarchie condamnait les ministres trop puissants. — « J'espère, répondit M. de Talleyrand avec une hardiesse d'amertume qu'il n'avait pas trouvée en pareille circonstance devant Napoléon irrité, j'espère que je n'ai pas besoin d'autre chose que de la justice du roi pour résider sans crainte dans mon pays. » Il se retira.

« Nous sommes joués, » dit-il avec l'étonnement de la ruse trompée à ses collègues, en sortant du cabinet du roi. Il avait vu dans la précipitation de ce prince à le prendre au mot un parti pris d'avance, et il avait entendu dans ses paroles l'accent du maître et non du protégé. Subordonnant néanmoins sa colère à son intérêt et voulant se réserver ouverte pour l'avenir la porte d'un palais dont il connaissait les inconstances, il sollicita, comme réparation d'abord et bientôt comme grâce, la place de grand chambellan avec un traitement de cent mille francs, grâce accordée à la situation plus qu'à la personne, car la cour le ménageait encore, mais ne le craignait plus.

XV

Le ministère de M. de Talleyrand, depuis 1815, avait été passif, impuissant, malheureux. Cet homme d'État avait été mal servi cette fois par les circonstances, et il n'avait su ni les corriger ni les combattre. Nul à l'intérieur, joué par la Russie et par la Prusse à l'extérieur, ne pouvant ni traiter des conditions acceptables avec les puissances, ni inspirer les élections qui avaient passé comme une marée de réaction par-dessus sa tête, ni dominer la cour, ni attendre les députés, ni couvrir contre l'indignation du pays les restes du parti révolutionnaire compromis dans les cent-jours, il disparaissait sans regrets dans aucun parti. Il n'avait obtenu qu'un succès, celui de persuader au roi de prendre Fouché dans ses conseils, et ce succès avait déshonoré la monarchie qu'il voulait servir.

Sa vie politique déclina, à dater de ce jour, malgré toutes les manœuvres qu'il ne cessa d'employer pour ressaisir une popularité qu'il avait justement diminuée lui-même par son insuffisance devant ces grandes conjonctures. Il ne la ressaisit en 1830 et il n'agrandit alors son nom qu'en désavouant sans dignité le principe de l'hérédité des trônes, dont il avait fait, en 1814, le dogme des monarchies, et en se faisant le complice du succès contre le principe, avec la maison d'Orléans, dernier refuge de toutes ses ambitions.

XVI

Le roi, qui s'était entretenu avec M. Decazes du duc de Richelieu, chargea son favori de le voir et de lui offrir la présidence du conseil des ministres. Indépendamment de l'estime générale et méritée qui attirait la pensée du roi vers ce nom, et du prestige de ce nom en lui-même, qui semblait renouer son cabinet à la mémoire d'un des hommes d'État à qui la famille des Bourbons devait la terreur et l'omnipotence de la monarchie, le roi avait un instinct très-juste et très-habile en plaçant son gouvernement sous les auspices d'un si grand nom.

L'empereur de Russie avait été aliéné de M. de Talleyrand au congrès de Vienne, l'année précédente, par les manœuvres mal couvertes de ce diplomate, qui avait conclu une alliance secrète avec l'Autriche en dehors et contre les intérêts de la Russie. M. de Talleyrand en agissant ainsi avait suivi la politique lâche et mesquine du cardinal de Bernis, sous Louis XV. La France ne s'alliait ainsi qu'en se liant. Par le ressentiment sourd que l'empereur de Russie avait conçu de cette duplicité et de cette ingratitude du cabinet des Tuileries, qui lui devait tout, jusqu'au trône, il était moins disposé à avoir envers un ministère dirigé par M. de Talleyrand qu'envers tout autre les complaisances et les générosités que le roi avait à solliciter de lui pour adoucir les conditions des vainqueurs. Les exigences envers le roi pouvaient être des vengeances personnelles de ce souverain contre M. de Telleyrand. Un ministre qui garantirait à la Russie la loyauté et l'amitié du gouvernement des Bourbons obtiendrait peut-être de l'empereur Alexandre, arbitre de l'Europe, des adoucissements aux rigueurs du sort. M. de Richelieu semblait désigné par sa vie pour cette négociation sur le cœur d'Alexandre. C'était un de ces hommes prédestinés par la naissance, par le nom, par la nature et par les hasards même de leur existence, à se jeter comme médiateurs entre les événements, et à sauver leur patrie, quand tout semble conjuré pour la perdre.

XVII

Armand, duc de Richelieu, petit-neveu par les femmes du cardinal, était petit-fils du maréchal de Richelieu, l'Alcibiade français. Il faut omettre de cette généalogie illustre le duc de Fronsac, son père, éclipse d'une génération dans une grande race. Le génie du gouvernement, le génie de la guerre et le génie de la cour semblaient ainsi se concentrer sur ce nom.

Le duc de Richelieu avait alors quarante-neuf ans. Jeune et impatient de gloire comme La Fayette avant 1789, il était allé chercher, dans la lutte des Russes contre les Turcs à cette époque, des occasions et des leçons de guerre sous l'aventureux général Souvarof. Il s'était fait remarquer par ce héros au fameux assaut d'Ismaïl, ce Saragosse de la Turquie. Il était accouru des frontières de l'empire ottoman à l'armée de Condé pour offrir son bras et son sang à la défense des Bourbons et du trône, ces deux devoirs de sa propre race. Après la dissolution de cette armée brave, mais répudiée à la fois par la France et par l'étranger, il avait poursuivi sa cause en Angleterre, où elle avait encore des défenseurs et des espérances. Il y avait commandé jusqu'en 1794 un de ces corps d'émigrés que l'Angleterre entretenait à sa solde comme des auxiliaires de guerre civile, quand le continent s'ouvrirait aux princes inactifs de la maison de Bourbon. Cette oisiveté sans gloire pesait à l'âme élevée et noble du duc de Richelieu. La guerre civile répugnait à son patriotisme. Il retourna en Russie offrir ses services à l'empereur Paul Ier. Bien accueilli d'abord, disgracié ensuite par un des caprices de ce prince, généreux de cœur, mais ombrageux d'esprit, il avait été rappelé par l'empereur Alexandre, au moment de son avénement au trône. La conformité d'âge et de caractère avait lié d'une amitié plus intime et plus solide que la faveur des cours le jeune empereur et l'illustre proscrit. Mais la Russie était en paix. Le besoin de revoir sa patrie et les sollicitations de Napoléon, qui recherchait les noms illustres pour s'entourer de tous les prestiges, avaient rappelé un moment le duc de Richelieu à Paris.

Respectueux envers le premier consul, il n'avait cependant pas consenti à désavouer, pour s'attacher à sa fortune, les traditions de sa maison et les attachements de sa jeunesse. Un éclat de ces sentiments dans son langage l'avait fait exiler. Ses souvenirs le rappelaient en Russie, où l'attendait l'amitié du czar. Alexandre, qui s'occupait alors de peupler, de civiliser, de bâtir, d'armer la belle partie de son vaste empire que baigne la mer Noire, lui avait donné le gouvernement général de toute la nouvelle Russie. Il avait créé, construit, agrandi Odessa, cette capitale territoriale et maritime de la Crimée. Il avait ébauché, en dix ans d'administration sage et prospère, un empire entre le Dniester et le Caucase. Il n'avait eu que des bienfaits à répandre, des végétations spontanées de peuple, de commerce, de navigation à seconder. Il avait compris la nature, et la nature l'avait aidé. Son nom, comme celui d'un fondateur antique de colonie, semeur de races, grandi par le lointain et servi par les circonstances, était béni dans l'Orient, renommé dans l'Occident.

La guerre continentale l'avait ramené dans les camps, dans les conseils et dans l'intimité d'Alexandre.

On l'a vu, en 1814 et pendant les cent-jours, suivre ou représenter son souverain et son ami à Paris, à Vienne, à Gand. Sujet à la fois de deux princes, Louis XVIII et Alexandre, il était le lien qui cherchait à les unir pour les servir tous les deux. Sa réputation et son caractère inspiraient un sérieux respect au roi et aux princes français. Les armées et les diplomaties étrangères le considéraient comme un de ces hommes sans tache qui brillent moins par leur éclat que par leur pureté. La noblesse française le citait avec orgueil, l'armée et le peuple avec estime. Étranger, par son long éloignement de France, à toutes les colères, à toutes les fautes, à toutes les ambitions des partis, il présentait à tous cette condition de neutralité dans les passions et d'impartialité dans les pensées, heureuse condition des hommes qui ont longtemps quitté leur patrie et qui y rentrent comme arbitres au-dessus des reproches et des lassitudes des temps de révolution.

Ce caractère moral du duc de Richelieu était relevé en lui par toutes les noblesses et toutes les grâces extérieures qui complètent les hautes vertus par les hautes popularités dans un homme en évidence. Son visage portait son nom. Son front était élevé, ses yeux limpides, son nez aquilin, sa bouche entr'ouverte. L'ovale grec de ses traits rappelait la beauté de son grand-père dans sa jeunesse ; mais son expression n'en avait ni la légèreté, ni l'audace, ni la vanité. On sentait qu'une révolution sérieuse et triste avait passé sur cette splendeur naturelle de sa race, et y avait empreint la réflexion, la maturité, la vertu des longues adversités. Le caractère dominant de sa figure comme de son âme était la modestie. C'était un homme qu'il fallait toujours convaincre de sa propre suffisance, et à qui on ne pouvait faire accepter un honneur qu'en lui démontrant que c'était un devoir.

Il était adoré de sa famille. Deux sœurs qu'il avait laissées en France, et qui habitaient Paris, ne vivaient que de son souvenir et de son affection, la comtesse de Jumilhac et la marquise de Montcalm. La marquise de Montcalm, liée par l'intelligence et le cœur avec l'élite littéraire, aristocratique et politique de Paris, avait un salon ouvert à toutes les puissances et à toutes les célébrités du temps. Femme gracieuse et éminente, dont l'âme et le visage retraçaient son frère, on ne la séduisait que par des vertus, et elle ne séduisait elle-même que par les dignités de l'esprit et la noblesse du cœur. Sa maison était le cercle des amis du duc de Richelieu. On y rencontrait la cour, le parlement, l'armée, la ville, la diplomatie de l'Europe. On n'y intriguait pas ; on y mûrissait dans l'intimité les plus hautes pensées pour la réconciliation des partis, pour l'indépendance et la dignité de la France. M. Lainé en était le modeste et patriotique oracle. La conformité de nature et d'amour du bien avait attiré instinctivement l'un vers l'autre ces deux hommes qui ne se connaissaient que par leurs noms : M. Lainé, la vertu de la bourgeoisie; M. de Richelieu, le patriotisme de la noblesse. Ils se complétaient en s'unissant.

XVIII

Il fallut de grands efforts pour vaincre cette modestie du duc de Richelieu et pour le contraindre à accepter, dans des circonstances si désespérées, un gouvernement qui échappait aux mains les plus consommées. M. Decazes, M. Lainé, le roi, l'empereur Alexandre lui-même, eurent peine à triompher de sa timidité. Le patriotisme seul le subjugua. On lui démontra que lui seul pouvait prévenir le démembrement de la France, en arrachant à l'amitié de l'empereur Alexandre ce qu'aucun autre que lui ne pouvait se flatter d'obtenir, après l'insuccès de M. de Talleyrand. Les larmes et les supplications de ses sœurs amollirent enfin sa résistance. Il consentit à quitter la haute et paisible faveur d'un souverain, son ami, pour se précipiter dans les misères, dans les désastres, dans les intrigues et dans les orages d'opinion de ces partis intérieurs et de ces partis étrangers qui se disputaient sa patrie.

Le ministère fut ainsi composé : le duc de Richelieu, ministre des affaires étrangères et président du conseil;

M. Corvetto, habile financier génois, aussi hardi et plus prudent que Law, ministre des finances; M. de Vaublanc, homme nouveau aux affaires, quoique ancien membre des assemblées de la Révolution, ministre de l'intérieur : c'était le gage donné dans l'administration au comte d'Artois, dont il avait conquis la confiance à Gand; Clarke, duc de Feltre, ministre de la guerre; Barbé Marbois, homme mixte, dont les années répondaient aux deux siècles, ministre de la justice; M. Dubouchage, ancien officier de marine, gentilhomme d'une race antique du Dauphiné, ministre de la marine.

Le roi avait réservé pour son négociateur et son confident personnel, M. Decazes, le ministère qui lui paraissait en un tel moment le gouvernement tout entier, le ministère de la police, cette étude et ce gouvernement de l'opinion.

XIX

A peine le ministère était-il constitué, que le duc de Richelieu, agissant sur l'empereur Alexandre, non plus par des notes diplomatiques, mais par le cœur et par la générosité, obtint de ce souverain l'intervention décisive qu'il sollicitait pour contraindre au silence les exigences obstinées des puissances secondaires et hostiles. L'Angleterre, bien disposée par lord Wellington, dont le bon sens ne voyait de repos que dans les Bourbons, et de monarchie des Bourbons possible qu'avec l'intégrité et l'indépendance de leur royaume, seconda dans les conférences l'empereur Alexandre. Les conditions du traité, malheureusement consenties au delà de la nécessité par la mollesse de M. de Talleyrand et par l'impatience du trône à tout prix de la cour, furent néanmoins adoucies jusqu'à des limites où un homme d'État pouvait non les admettre, mais les subir. M. de Richelieu, désespéré de ne pouvoir obtenir davantage, les trouvait encore trop sinistres et se refusait obstinément à les signer.

Le roi, qui voyait les chambres près de s'ouvrir, disposées à lui demander compte de son intervention stérile pour pacifier le pays, et qui voyait d'un autre côté l'Autriche, la Prusse, la Hollande, les puissances du Rhin écraser son peuple sous les dévastations de huit cent mille hommes, envoya chercher le duc de Richelieu, une nuit, par M. Decazes, et arrosant de ses larmes les mains de son premier ministre, lui demanda le sacrifice qui coûte le plus à un homme d'honneur, celui de son nom. Le duc de Richelieu sortit attendri et vaincu de l'entretien de son malheureux maître. Il signa. On retrouve dans les lignes écrites par lui un instant après, à sa sœur, madame de Montcalm, pour être communiquées à M. Lainé et à ses amis, le cri de douleur qui éclate dans le cœur d'un honnête homme forcé d'humilier sa patrie par patriotisme.

« Tout est consommé! j'ai apposé plus mort que vif mon nom à ce fatal traité. J'avais juré de ne pas le faire, et je l'avais dit au roi. Ce malheureux prince m'a conjuré en fondant en larmes de ne pas l'abandonner; je n'ai plus hésité! j'ai la confiance de croire que personne n'aurait obtenu autant! La France expirante, sous le poids de calamités qui l'accable, réclamait impérieusement une prompte délivrance! »

Le sentiment du duc de Richelieu était vrai. Le roi se

consumait de douleur et de honte ; la France demandait à tout prix le reflux de l'invasion, ramenée sur son territoire par la guerre, et, sinon la fin, au moins la régularisation des représailles. L'Europe n'aurait accordé à personne, excepté au duc de Richelieu, ce qu'elle refusait à Louis XVIII. Il était en ce moment l'intercesseur de sa patrie. Nous avons vu la carte où les bords de la France étaient déchirés pour en attribuer les lambeaux aux puissances qui se les distribuaient.

« Conservez cette carte, que je ne rétablis que pour vous seul, dit l'empereur de Russie à son ami ; elle sera dans l'avenir le témoignage de vos services, de mon amitié pour la France, et le plus beau titre de noblesse de votre maison. » Ses neveux, en effet, la gardent encore.

XX

Ce traité laissait à la France ses frontières de 1790, sauf quelques enclaves de peu d'importance et la Savoie, conquête de la révolution qu'avait respectée le traité de 1814. Il imposait sept cents millions pour indemnité à l'Europe de la dernière guerre intentée par Napoléon, une occupation armée de cent cinquante mille hommes pendant cinq ans, dont le généralissime serait nommé par les puissances coalisées, et les places de guerre remises à cette garnison de sûreté. Cette occupation pouvait cesser dans trois ans, si l'Europe jugeait la France suffisamment pacifiée pour lui offrir des garanties morales de tranquillité. Les prisonniers de guerre devaient être rendus. Les sept cents millions d'indemnité devaient être acquittés jour par jour. Outre cette indemnité de guerre, la France reconnaissait le principe des indemnités attribuées après liquidation à chaque puissance pour les ravages, les réquisitions ou les confiscations que chacun de ces États avait subis pendant les dernières guerres par l'occupation des armées françaises. La France était chargée, de plus, des frais de solde et d'entretien des cent cinquante mille garnisaires que les puissances laissaient sur son territoire. L'amende nationale de la France pour le retour de Napoléon de l'île d'Elbe était en argent d'environ un milliard et demi, en force nationale ses places fortes, en sang répandu soixante mille hommes, en honneur le licenciement de son armée, et une garnison étrangère pour garder à vue un empire enchaîné. Voilà ce que la dernière aspiration de Bonaparte au trône et à la gloire coûtait à sa patrie. Onze cent quarante mille soldats étrangers foulaient en ce moment le sol français.

XXI

Les puissances néanmoins, au moment où elles enchaînaient ainsi la France conquérante, enchaînaient en même temps le roi au système constitutionnel qu'elles lui avaient imposé par leurs conseils en 1814, et qu'elles jugeaient une salutaire nécessité de la popularité du trône en France. Spectacle étrange et bien propre à faire mesurer au regard de l'homme d'État le triomphe graduel du principe de liberté en Europe! C'était la contre-révolution armée et victorieuse qui imposait elle-même des conditions de gouvernement populaire à l'ancien régime.

« Les cabinets alliés, — disait une des stipulations du traité, — trouvent leurs garanties dans les principes éclairés, les sentiments magnanimes et les vertus personnelles du roi. Le roi a reconnu avec eux que dans un État déchiré pendant un quart de siècle par les révolutions, ce n'est pas à la force seule de ramener le calme dans les esprits, la confiance dans les âmes, l'équilibre dans le corps social... Loin de craindre que le roi prête l'oreille à des conseils imprudents ou passionnés, propres à renouveler les alarmes, à ranimer les haines ou les divisions dans le pays, les puissances sont rassurées par les déclarations du roi en 1814 et notamment depuis son retour. Ils savent que le roi opposera aux ennemis du bien public son attachement aux lois constitutionnelles promulguées sous ses auspices, et sa volonté bien prononcée de ne conserver des temps passés que le bien que la Providence a fait sortir du sein même des calamités publiques. Ce n'est qu'ainsi que les vœux formés par les cabinets alliés pour la conservation de l'autorité constitutionnelle du roi seront couronnés d'un succès complet, et que la France, rétablie sur ses anciennes bases, reprendra la place éminente qui lui appartient dans le système européen. »

XXII

Le même jour où l'Europe réunie signait ce pacte, avec la France et avec l'esprit moderne, d'intervention des peuples dans leur gouvernement, l'empereur Alexandre, inspiré par madame de Krudener, qui l'avait suivi à Paris, signait le traité de la Sainte-Alliance, rêve de son âme pieuse, sorte de contrat social des rois. Ce pacte faisait des grands principes fraternels du christianisme le code d'un droit public nouveau entre les princes, en attendant que ces mêmes principes, promulgués plus tard par la France et par la révolution de 1848, devinssent le code des peuples entre eux. C'était le nouveau droit public européen dont une femme mystique avait communiqué l'inspiration au plus puissant monarque de la coalition, et dont Alexandre avait voulu être l'apôtre couronné. Les puissances le signaient par complaisance et par flatterie pour le chef de la ligue européenne. L'Angleterre seule s'y refusait par respect pour la liberté des croyances chrétiennes ou non chrétiennes, fondement de sa législation civile. Ce traité, que les préventions et les suppositions du parti libéral ont cru longtemps le gage mutuel de l'asservissement des peuples entre les rois, n'était en principe qu'un acte de foi dans la Providence, promulgué par un prince reconnaissant après la délivrance du continent, et un acte qui devait substituer dans les transactions des empires la morale et l'équité à l'arbitraire et à la force. Nous le conservons ici à la mémoire d'Alexandre.

XXIII

« Au nom de la très-sainte et indivisible Trinité,
» LL. MM. l'empereur d'Autriche, le roi de Prusse et

l'empereur de Russie, par suite des grands événements qui ont signalé en Europe le cours des trois dernières années, et principalement des bienfaits qu'il a plu à la divine Providence de répandre sur les États dont les gouvernements ont placé leur confiance en elle seule, ayant acquis la conviction intime qu'il est nécessaire d'asseoir la marche à adopter par les puissances, dans leurs rapports mutuels, sur les vérités sublimes que nous enseigne l'éternelle religion du Dieu sauveur,

» Déclarent solennellement que le présent acte n'a pour objet que de manifester à la face de l'univers leur détermination inébranlable de ne prendre pour règle de leur conduite, soit dans l'administration de leurs États respectifs, soit dans leurs relations politiques avec tout autre gouvernement, que les préceptes de cette religion sainte, préceptes de justice, de charité et de paix, qui, loin d'être uniquement applicables à la vie privée, doivent au contraire influer directement sur les résolutions des princes et guider toutes leurs démarches, comme étant le seul moyen de consolider les institutions humaines et de concourir à leurs perfectionnements.

» En conséquence, Leurs Majestés sont convenues des articles suivants :

» 1° Conformément aux paroles des saintes Écritures, qui ordonnent à tous les hommes de se regarder comme frères, les trois monarques contractants demeureront unis par les liens d'une fraternité véritable et indissoluble; se considérant comme compatriotes, ils se prêteront en toute occasion, et en tous lieux, assistance, aide et secours; se regardant, envers leurs sujets et armées, comme pères de famille, ils les dirigeront dans le même esprit de fraternité dont ils sont animés, pour protéger la religion, la paix et la justice.

» 2° En conséquence, le seul principe en vigueur, soit entre lesdits gouvernements, soit entre leurs sujets, sera celui de se rendre réciproquement service; de se témoigner, par une bienveillance inaltérable, l'affection mutuelle dont ils doivent être animés; de ne se considérer que comme membres d'une même nation chrétienne; les trois princes alliés ne s'envisageant eux-mêmes que comme délégués de la Providence pour gouverner trois branches d'une même famille, savoir : l'Autriche, la Prusse et la Russie; confessant ainsi que la nation chrétienne, dont eux et leurs peuples font partie, n'a réellement d'autre souverain que Celui à qui seul appartient en propriété la puissance, parce qu'en Lui seul se trouvent tous les trésors de l'amour, de la science et de la sagesse infinie, c'est-à-dire Dieu, notre divin sauveur Jésus-Christ, le Verbe du Très-Haut, la Parole de vie. Leurs Majestés recommandent en conséquence, avec la plus tendre sollicitude, à leurs peuples, comme unique moyen de jouir de cette paix qui naît de la bonne conscience et qui seule est durable, de se fortifier chaque jour davantage dans les principes et l'exercice des devoirs que le divin Sauveur a enseignés aux hommes.

» 3° Toutes les puissances qui voudront solennellement avouer les principes sacrés qui ont dicté le présent acte, et reconnaîtront combien il est important au bonheur des nations, trop longtemps agitées, que ces vérités exercent désormais sur les destinées humaines toute l'influence qui leur appartient, seront reçues avec autant d'empressement que d'affection dans cette sainte alliance. »

XXIV

Le roi n'attendait que la signature du traité de pacification pour ouvrir la session des chambres. Il reparut le 7 octobre devant elles, accueilli sur son passage et dans l'Assemblée par des acclamations frénétiques qui présageaient moins l'amour pour sa personne que la haine contre ses ennemis. C'était la vengeance des acclamations soldatesques qui l'avaient expulsé le 20 mars de son trône et de son palais. L'Assemblée, presque entièrement composée d'hommes de cour, d'émigrés, d'écrivains ou de journalistes de l'ancien régime, de nobles de province, de royalistes des départements, chargés par la colère publique de venger la France de la Révolution et de l'empire, présentait le spectacle d'une autre France exhumée des cendres de l'invasion.

Les femmes de la cour, de la haute aristocratie et de la ville, toujours plus passionnées que les hommes, remplissaient les tribunes, battaient des mains, versaient des larmes, agitaient des mouchoirs blancs et répandaient sur cette scène triste en elle-même l'agitation d'une joie sinistre qui demandait en ce moment des acclamations et qui bientôt peut-être demanderait du sang. Dans les rangs élevés de la société comme dans les rangs obscurs du peuple, les femmes faibles et timides deviennent facilement cruelles. Il faut des idoles à leur amour et des victimes à leur haine. On pressentait dans l'accent de cet enthousiasme des femmes du monde aristocratique dans les tribunes les prochaines exigences de leur royalisme. Les yeux en étaient ravis, les cœurs consternés. Le roi, dans l'expression à la fois heureuse, assombrie et mélancolique de sa physionomie, semblait craindre cet excès d'amour tout en le savourant.

Son frère rayonnait de confiance et encourageait du regard ces démonstrations. Il se sentait, pour la première fois de sa vie, dans l'élément de ses opinions contre-révolutionnaires. La chambre lui appartenait de cœur. Il voyait en elle son parti et il croyait que ce parti était la France.

Le duc de Berri montrait la loyauté et l'insouciance d'un soldat. Le duc d'Angoulême, qui se modelait sur le roi, son oncle, et qui venait de voir les fureurs du Midi, paraissait triste, contenu et réservé. Ce prince, mal servi par son extérieur, recouvrait sous sa timidité et sous sa modestie plus de sens politique et plus de modération que sa famille. La cour le regardait avec dédain, parce qu'il ne partageait pas ses passions ; le peuple avec respect, parce qu'à travers les disgrâces de son visage il discernait en lui les intuitions d'un Germanicus. Le roi l'aimait comme un élève dans lequel il versait sa tristesse et ses leçons. Il s'appuyait avec abandon sur son bras.

XXV

Quand le silence eut enfin calmé les murmures et les curiosités de cette scène où le roi proscrit par la sédition militaire allait ouvrir son âme à la représentation libre et passionnée de son peuple, il parla ainsi :

« Lorsque l'année dernière je convoquai pour la première fois les chambres, je me félicitai d'avoir, par un traité honorable, rendu la paix à la France.

» Elle commençait à en goûter les fruits; toutes les sources de la prospérité publique se rouvraient.

» Une entreprise criminelle, secondée par la plus inconcevable défection, est venue en arrêter le cours.

» Les maux que cette usurpation éphémère a causés à notre patrie m'affligent profondément; cependant je dois déclarer ici que, s'il eût été possible qu'ils n'atteignissent que moi, j'en bénirais la Providence.

» Les marques d'amour que mon peuple m'a données dans les moments même les plus critiques m'ont soulagé dans mes peines personnelles; mais celles de mes sujets, de mes enfants, pèsent sur mon cœur.

» C'est pour mettre un terme à cet état d'incertitude, plus accablant que la guerre même, que j'ai dû conclure avec les puissances qui, après avoir renversé l'usurpateur, occupent aujourd'hui une grande partie de notre territoire, une convention qui règle nos rapports présents et futurs avec elles.

» Elle vous sera communiquée sans aucune restriction aussitôt qu'elle aura reçu sa dernière forme.

» Vous connaîtrez, et la France entière connaîtra la profonde peine que j'ai dû ressentir; mais le salut même de mon royaume rendait cette grande détermination nécessaire; et quand je l'ai prise j'ai senti les devoirs qu'elle m'imposait.

» J'ai ordonné que cette année il fût versé, du trésor de ma liste civile dans celui de l'État, une portion considérable de mon revenu. Ma famille, à peine instruite de ma résolution, m'a offert un don proportionné.

» J'ordonne de semblables diminutions sur les traitements et les dépenses de tous mes serviteurs, sans exception. Je serai toujours prêt à m'associer aux sacrifices que de douloureuses circonstances imposent à mon peuple.

» Les états vous seront remis, et vous connaîtrez l'importance de l'économie que j'ai commandée dans les départements de mes ministres et dans toutes les parties de l'administration.

» Heureux si ces mesures pouvaient suffire aux charges de l'État! Dans tous les cas, je compte sur le dévouement de la nation et sur le zèle des deux chambres.

» Mais d'autres soins plus doux et non moins importants les réunissent aujourd'hui. C'est pour donner plus de poids à vos délibérations, c'est pour en recueillir moi-même plus de lumières, que j'ai créé de nouveaux pairs, et que le nombre des députés des départements a été augmenté.

» J'espère avoir réussi dans mon choix; et l'empressement des députés, dans des conjonctures difficiles, est aussi une preuve qu'ils sont animés d'une sincère affection pour ma personne et d'un ardent amour de la patrie.

» C'est donc avec une douce joie et une pleine confiance que je vous vois rassemblés autour de moi, certain que vous ne perdrez jamais de vue les bases fondamentales de la félicité de l'État : union franche et loyale des chambres avec le roi et le respect pour la charte constitutionnelle.

» Cette charte, que j'ai méditée avec soin avant de la donner, à laquelle la réflexion m'attache tous les jours davantage, que j'ai juré de maintenir, et à laquelle vous tous, à commencer par ma famille, allez jurer d'obéir, est sans doute, comme toutes les institutions humaines, susceptible de perfectionnement; mais aucun de nous ne doit oublier qu'auprès de l'avantage d'améliorer est le danger d'innover.

» Assez d'autres objets importants s'offrent à vos travaux.

» Faire refleurir la religion, épurer les mœurs, fonder la liberté sur le respect des lois, les rendre de plus en plus analogues à ces grandes vues, donner de la stabilité au crédit, recomposer l'armée, guérir des blessures qui n'ont que trop déchiré le sein de notre patrie, assurer enfin la tranquillité intérieure, et par là faire respecter la France au dehors, voilà où doivent tendre tous nos efforts.

» Je ne me flatte pas que tant de bien puisse être l'ouvrage d'une session; mais si, à la fin de la présente législature, on s'aperçoit que nous en ayons approché, nous devons être satisfaits de nous. Je n'y épargnerai rien; et, pour y parvenir, je compte, messieurs, sur votre coopération la plus active. »

XXVI

La tristesse, la consternation, l'espérance, la résignation, l'amour et la colère avaient tour à tour assombri, abattu, épanoui, attendri ou irrité les physionomies et les attitudes de l'Assemblée et des tribunes aux différents paragraphes du discours du roi. Des larmes roulaient dans les yeux des députés des départements et des villes qui allaient être retranchées du territoire. La patrie, même malheureuse, voulait retenir tous ses enfants. On ignorait encore dans le public la mesure des sacrifices imposés au cœur de la France. On tremblait de les apprendre. Les engagements que le roi et sa famille prenaient de nouveau envers la charte soulevèrent, sinon des murmures, au moins des chuchotements dans les tribunes. Tout ce qui bornait la royauté bornait leur enthousiasme et rappelait un pacte avec la révolution. Le règne, selon les salons de cette époque, ne devait être que le triomphe sur les choses et sur les hommes qui leur rappelaient des souvenirs détestés.

Le passé devait renaître avec le roi, sans mélange et sans condition avec l'avenir. Les concessions leur paraissaient faiblesse, la sagesse lâcheté. Il n'y a rien de si impatient de régner sans modération que les partis sans force qui viennent de défaillir d'impuissance. Ils croient effacer leur humiliation par leur insolence.

Telle était alors cette partie de l'aristocratie irritée, revenue au mont Aventin de la noblesse, qu'on appelait le faubourg Saint-Germain. La colère et l'espérance lui donnaient le délire. Le génie de l'émigration se vengeait en paroles de la France. Après avoir été proscrite elle voulait proscrire, elle cherchait dans le roi non un modérateur, mais un instrument. Elle jetait au comte d'Artois et aux nombreux députés de son parti des acclamations, des sourires, des signes d'intelligence qui disaient : « Régnez d'avance, notre cœur est avec vous ! »

XXVII

Le roi, aussi soigneux de sa renommée de prince lettré que de roi législateur, avait rédigé et écrit de sa propre main ce discours d'une convenance parfaite à la situation et aux événements. Il avait le tact des solennités et le sentiment de l'opinion publique. Avant de le prononcer, il l'avait lu à son conseil des ministres et à sa famille; il avait exigé que le comte d'Artois, le prince de Condé, le duc d'Angoulême, le duc de Berri, tous les princes de sa maison renouvelassent comme lui, au retour de leur second exil, le serment à la charte qu'ils avaient prononcé le 18 mars. Cet engagement, pris aujourd'hui en toute liberté et sous la protection de douze cent mille baïonnettes qui garantissaient la conscience de toute pression populaire, paraissait au roi un acte de haute dignité morale et de généreuse politique. Il avait de plus l'ambition, la seule permise à ses années et à sa nature, de laisser dans l'histoire la renommée d'un monarque fondateur d'institutions. Il voulait que ses héritiers prissent en face de la nation et de l'Europe l'engagement de respecter ses institutions.

Le comte d'Artois avait hésité un moment. Des royalistes invétérés et quelques évêques exaltés dont il était entouré lui déconseillaient un serment à une charte qui admettait des limites humaines à l'autorité divine, coulant avec le sang des rois dans ses veines, avec l'huile du sacre sur sa tête. La partie du clergé rebelle au concordat, et qui voulait restaurer avec l'unité de puissance l'unité de culte, lui faisait un scrupule d'une charte où les cultes dissidents étaient tolérés. Le prince de Condé, affaissé par l'âge et qui n'avait jamais reconnu la révolution sur les champs de bataille que pour la combattre, se refusait également à proférer le serment à cette révolution. Les vieux courtisans et les femmes dont il était entouré lui conseillaient de motiver son absence sur ses infirmités.

Ces princes cédèrent enfin moins aux instances du roi qu'aux injonctions de l'Europe. Ils levèrent la main sur les promesses de leur chef parlant au nom de sa dynastie. Cependant ces scrupules et ces murmures de leur conscience se trahirent par leurs amis dans les deux chambres, au moment où le duc de Richelieu prononçait devant le roi les noms des pairs et des députés pour leur demander le serment. Le comte Jules de Polignac, jeune homme de la cour la plus intime et de la faveur la plus paternelle du comte d'Artois, refusa de jurer. M. de La Bourdonnaie, le cardinal de Périgord, le maréchal de Vioménil, ne répondirent que par leur silence à l'appel de leur nom. Un député de Montauban, nommé Domingon, se leva et demanda la parole pour expliquer son refus. Le duc de Richelieu, également embarrassé de refuser la parole à la conscience d'un député et de laisser entendre au roi une réclamation qui pouvait être une offense, regarda le roi, prit conseil de son geste, et répondit que les usages immémoriaux de la monarchie interdisaient à des sujets de parler devant le prince sans son autorisation.

Ces signes de révolte du cœur contre l'esprit de la charte suffirent au comte d'Artois et à sa cour. Ils contenaient une protestation tacite ou des réserves que le temps pouvait couver sous la ruine de ces libertés. Le roi vit dans leur petit nombre une ratification de sa sagesse par la presque unanimité de la nation. Son retour aux Tuileries fut un triomphe populaire qui le vengeait assez des froideurs ou des murmures de sa propre cour. Une partie de l'aristocratie et de l'Église avait protesté, la nation en en masse consentait et applaudissait. Déjà ce prince, plus ferme en ses desseins qu'on ne le reconnaissait alors, échappait avec une énergie obstinée aux obsessions de famille, de caste et de sacerdoce, pour chercher son point d'appui dans la raison publique, et sa popularité dans l'avenir. La famille lui était amère, l'émigration rebelle, l'Église mécontente, son peuple doux et reconnaissant.

XXVIII

La chambre présenta, selon les rites parlementaires, trois candidats parmi lesquels le roi désignerait lui-même le président de l'Assemblée. M. Lainé, couvert du courage civique qu'il avait deux fois montré en quinze mois jusqu'à affronter la mort, était le plus grand citoyen de la nation. L'Assemblée, alors juste encore, parce qu'elle était neuve, donna l'unanimité de ses suffrages à M. Lainé. Le roi fut heureux de choisir l'homme de la liberté contre la tyrannie, et du droit contre l'insurrection. M. Lainé personnifiait en lui une charte libérale. Nul ne pouvait mieux représenter le peuple devant son roi, le roi libéral devant un peuple libre. C'était le citoyen dans le sujet fidèle, le sujet fidèle dans le citoyen, l'homme des deux temps. Ce choix fut applaudi de toutes les consciences. C'était mieux qu'une déclaration, c'était un symbole.

XXIX

« Messieurs, dit M. Lainé en prenant possession de la présidence, le sentiment dominant des Français, celui qui absorbe vos âmes, celui des malheurs de la patrie, fait taire en moi-même la reconnaissance. Qui pourrait, en effet, au milieu des calamités communes, former d'autres vœux, avoir d'autres pensées que d'adoucir les maux qui, depuis huit mois, accablent le roi et la France? Une grande espérance nous est pourtant donnée. Le serment solennel prêté dans cette enceinte permet de croire que les débats sur les questions politiques vont enfin se taire devant une charte qui rallie les opinions et rassure les intérêts. Montrons qu'un malheur commun élève les caractères!... Laissons à Dieu, qui afflige ce peuple, à juger les rois; mais entourons le nôtre de toute la force dont il a besoin pour éteindre les passions, étouffer les discordes, faire respecter la France et protéger la liberté! »

La chambre, peu digne d'entendre ces paroles et incapable de les comprendre, répondit au discours du roi avec un accent de pénible résignation à la clémence, qui indiquait, dès le premier acte, qu'elle imposerait ses ressentiments et ses représailles à la couronne, et qu'elle ne respecterait son gouvernement qu'à la condition de le dominer.

« Au milieu des vœux de concorde, disait la chambre,

c'est notre devoir de solliciter votre justice contre ceux qui ont mis le trône en péril; votre clémence a été sans bornes, nous ne venons pas vous prier de la rétracter, mais nous vous supplions au nom du peuple même, victime des malheurs dont le poids l'accable, de faire enfin que la justice marche là où la clémence est arrêtée. Que ceux qui, aujourd'hui encore, encouragés par l'impunité, ne craignent pas de faire parade de leur rébellion, soient livrés à la juste sévérité des tribunaux. La chambre concourra avec zèle à la confection des lois nécessaires à l'accomplissement de ce vœu. Ne confiez qu'à des mains pures votre autorité ! »

On sentait dans ce premier vœu l'impatience de sévir, dans le second l'impatience de s'emparer du pouvoir royal. Ces *mains pures*, allusion à Fouché et à Talleyrand, étaient une offense au prince lui-même, sous la forme de l'avertissement. Le roi la ressentit jusqu'au fond du cœur. Il commença à craindre davantage de ses amis que de ses ennemis.

La chambre des pairs, dans laquelle M. de Talleyrand avait introduit des hommes plus modérés, plus expérimentés aux révolutions, mais plus serviles, n'eut le courage ni de contredire, ni de ratifier le langage de la chambre des députés. Elle cherchait le vent pour le suivre. Elle balbutia, dans une adresse obscure où les formes de la paraphrase couvraient le vide des idées, sa réponse au discours du roi.

XXX

Les dispositions de la chambre des députés, toutes conformes aux opinions et aux colères du comte d'Artois et du gouvernement en expectative qui entourait ce prince, dominèrent bientôt le gouvernement du roi et le forcèrent à donner, par des lois sévères, satisfaction à la passion des chefs du parti royaliste.

Le duc de Richelieu, absorbé dans les conférences et dans les négociations avec les puissances pour la libération du territoire, ne pouvait refuser aux cabinets étrangers ces rigueurs qu'on appelait des prudences. Il laissait d'ailleurs à ses collègues de la guerre, de l'intérieur, de la justice et de la police, l'initiative des mesures et des lois, et la direction des chambres. Rendre l'indépendance à la France; maintenir l'harmonie entre les différents membres de la famille royale par des concessions d'influence dans le cabinet, propres à prévenir les factions dans le palais; créer au roi une armée personnelle qui l'affranchît plus tard des prétoriens de Napoléon; modérer le zèle imprudent et déjà cruel du royalisme, tout en comprimant l'esprit de sédition dans le parti révolutionnaire; rétablir dans le Midi troublé l'empire des lois à la place de la turbulence sanguinaire des factions; conserver l'accord entre le gouvernement et les chambres autant que cet accord ne coûterait pas de lâchetés ou de crimes au gouvernement; caresser les émigrés en les contenant, pacifier le peuple, restaurer les finances ruinées par la guerre et par le prix dont il avait fallu payer la paix ; relever le crédit public et lui demander la rançon de la patrie, en faisant porter sur l'avenir une partie du poids du présent ; pour tout le reste, laisser beaucoup au roi, à son frère, au temps, aux événements, au libre jeu des opinions dans les chambres, à l'apaisement graduel des passions, à cette lassitude qui suivent dans les périodes humaines les grandes convulsions des peuples : telle était la pensée dominante du duc de Richelieu.

Sa nature, ses facultés, ses habitudes ne le portaient ni aux détails de l'administration, ni aux manœuvres de l'intrigue, ni aux adulations de cour, ni aux luttes de paroles dans les tribunes avec les partis. C'était un esprit plus clairvoyant qu'exercé, plus généralisateur qu'actif. Il avait besoin dans le conseil de mains pour le servir, de voix pour l'expliquer. Il s'abandonnait à ces mains et à ces voix. Il se livrait surtout à M. Decazes.

XXXI

Le conseil, quoique unanimement royaliste, se classait en deux nuances distinctes d'opinion. M. de Vaublanc, le duc de Feltre, M. Dubouchage, appartenaient, par l'exagération de leur zèle, au parti du comte d'Artois : ils servaient les violences de ce parti dans toutes leurs circulaires, dans toutes leurs opérations ; M. de Richelieu, M. Decazes, M. de Barbé-Marbois et M. Corvetto, au parti du roi. Mais ces deux opinions se confondaient au conseil dans un zèle commun pour l'affermissement du trône.

Le roi lui-même, quoique plus éclairé que son frère, et plus modéré que son propre parti, rapportait de son second exil un certain repentir de sa mansuétude en 1814, et une certaine âpreté de règne, naturels à un homme qui venait de subir de telles trahisons et de tels outrages. L'étranger, la nation, sa race, lui demandaient des sûretés contre le retour des calamités qui pesaient sur tous. On accusait, à haute voix, sa mollesse. Il tenait à prouver qu'il était fort. Une rivalité de royalisme régnait en ce moment entre sa cour et lui. Il ne voulait pas rester trop en arrière de ses partisans, de peur qu'ils ne cherchassent dans son frère une personnification du trône qui s'élèverait dans sa propre cour contre lui. Il paraissait donc céder avec complaisance aux provocations, à la rigueur que les tribunes, les journaux, les salons et les réunions des députés royalistes ne cessaient d'adresser à ses ministres.

Trois projets de lois dans ce sens furent concertés dans le sein du gouvernement et présentés à la chambre. Une loi contre les cris séditieux, une loi qui suspendait les garanties de la liberté individuelle des citoyens, enfin une loi qui constituait les anciennes cours prévôtales, sorte de tribunal révolutionnaire de la monarchie.

XXXII

La première de ces lois infligeait de longs emprisonnements aux auteurs de clameurs séditieuses. Le préambule injuriait des expressions les plus acerbes les partis hostiles à la restauration. La chambre l'accueillit avec froideur, comme une pâle effige de ses ressentiments. La seconde, qui respirait la haine et la menace contre la révolution, arracha les applaudissements aux partis parlementaires, dont elle satisfaisait les exigences. C'était la dictature temporaire de la police sur la liberté des citoyens. Le gouvernement la jugeait lui-même trop absolue; mais les violences privées qui ensanglantaient le Midi faisaient en ce moment une nécessité aux ministres de prendre l'arbitraire entre les mains du gouvernement pour l'arracher aux individus. Il y avait même de l'humanité déguisée sous l'apparence de cette rigueur. On voulait sauver des victimes de l'assassinat par les prisons. La discussion, timide du côté de l'opposition, était implacable du côté des royalistes exaltés. M. d'Argenson, ayant eu le courage de parler du sang des protestants qui coulait dans le Midi, fut rappelé par des vociférations à l'ordre, comme si dénoncer le crime eût été un crime aux oreilles qui ne voulaient rien entendre.

« Croyez-vous donc être encore ici au champ de mai? » lui cria-t-on. M. de Vaublanc combattit, non avec l'autorité calme du ministre, mais avec la déclamation passionnée du néophyte de cour, les objections de M. d'Argenson. « Il faut un pouvoir extraordinaire qui veille au salut de l'État. L'immense majorité de la France veut son roi! » s'écria-t-il. Des acclamations de : « Vive le roi! » lui répondent de tous les bancs monarchiques. On ne discutait plus par des discours, mais par des gestes et par des cris. La loi fut votée; cinquante voix à peine protestèrent contre l'excès de ces précautions. La liberté des citoyens fut à la merci de la police.

XXXIII

Dans la discussion de la loi, les royalistes, trouvant la peine de la déportation trop miséricordieuse, demandèrent à grands cris la mort. « La mort contre les misérables qui cherchèrent à lutter contre le gouvernement légitime, » vota M. Humbert de Sesmaisons. « La mort contre ceux qui arboreront un autre drapeau que le drapeau blanc, » vota M. Piet. « Les travaux forcés à perpétuité, reprit M. Josse de Beauvoir ; depuis le retour du roi on caresse le crime au lieu de le flageller ! — Non, non, la mort ! la mort ! » revendiqua M. de Sesmaisons. « La peine des parricides ! » ajouta M. Bouin. Ces fureurs s'élevaient les unes sur les autres comme une rivalité de gages donnés à la royauté. Chacun semblait vouloir jeter avec son vote son nom à l'histoire, comme un défi à l'humanité. On ne cachait pas sa colère, on s'en faisait un titre devant l'avenir, une gloire devant son parti. L'avenir a conservé en effet ces titres, et il les juge aujourd'hui.

XXXIV

Le 17 novembre, on discuta la loi des cours prévôtales, cette juridiction sans garantie comme l'arbitraire, sans appel comme la passion, sans merci comme la mort. Chaque département devait avoir un de ces tribunaux, composé du prévôt, ou juge principal, et de quatre assesseurs. Ils jugeaient tous les crimes politiques : les complots, les agitations, les cris injurieux au roi ou à sa famille. Les peines étaient aussi larges que le Code, depuis les amendes jusqu'à la mort. Le chef du tribunal recherchait et dénonçait le crime, on instruisait dans les vingt-quatre heures, on prononçait sans ajournement, on frappait sans recours de personne. La suspicion était érigée en criminalité.

La pente du sang était si glissante, et la colère publique avait si peu le pressentiment du remords que de telles lois éveillent plus tard dans l'âme des peuples, que deux hommes illustres depuis par les lumières, l'élévation et la modération de leur caractère, M. Cuvier, illustre à jamais dans la science, M. Royer-Collard, type de philosophie dans les affaires, soutinrent cette loi comme une nécessité du jour. Un membre même, emporté par la fougue de son royalisme qui ne lui laissait voir de justice que dans sa cause, demanda que l'on supprimât une partie des autres tribunaux et qu'on suspendît pendant un an l'inamovibilité des juges, afin de laisser peser sur leurs jugements la crainte d'une destitution.

C'était porter la terreur jusque dans l'âme des juges où la sagesse a fait protéger partout l'impartialité par l'indépendance du gouvernement. Une foule de propositions de cette nature enchérissaient sur la passion.

XXXV

La chambre des pairs fit entendre, dans la discussion de ces lois, des murmures de conscience et des protestations par la bouche des mêmes hommes qui avaient bravé, sous la Convention, le glaive des autres partis. L'héroïsme des révolutions n'est pas dans les hommes d'excès, mais dans les hommes de modération. Lanjuinais se retrouva dans la chambre des pairs tel qu'il avait été devant la terreur. Il osa dire la vérité à ses amis, comme il l'avait dite à ses ennemis.

« Votre loi est injuste, parce qu'elle fait du soupçon un crime, parce qu'elle envoie le suspect devant des juges dépendants de l'accusateur! C'est la loi de 1793, mieux combinée encore pour intimider toutes les imaginations, pour asservir toutes les consciences! Rome et l'Angleterre même dans les dangers publics n'eurent pas de telles lois. » Les pairs, victimes et instruments tour à tour de l'arbitraire qu'on implorait d'eux, s'irritèrent à la voix de Lanjuinais comme la passion s'irrite quand on la trouble par une vérité.

Boissy d'Anglas, Marmont, Lenoir-Laroche, sans nier la nécessité de lois rigoureuses, cherchèrent à atténuer l'arbitraire et l'irresponsabilité de ces tribunaux. Fontanes, esprit cultivé et doux, mais amateur du despotisme sous tous les noms, les défendit par cet éternel motif qui justifie toutes les dictatures: que le premier besoin de toutes les sociétés, c'est l'ordre et non la liberté, axiome vrai pour les temps et pour les hommes qui séparent l'ordre du droit, inséparables dans les civilisations perfectionnées et morales. Le duc de Brissac, élevé à la même école de l'empire, les trouva indulgentes. Les avis les plus âpres, sous la Restauration, furent presque toujours conseillés par les hommes assouplis à la domination et complices du régime impérial de Napoléon.

La loi fut votée par cette assemblée avec le regret non déguisé de n'avoir pas à en voter de plus absolues et de plus efficaces. Il fut évident que la chambre des pairs n'opposerait ni tempérament ni obstacle aux violences de la chambre des députés. M. de Talleyrand et Fouché, en introduisant dans ce sénat les débris vivants de tous les gouvernements révolutionnaires et de toutes les cours, n'y avaient introduit ni le courage civique, ni l'indépendance, ni la dignité des caractères. La chambre des députés avait les passions du temps, la chambre des pairs en avait les servilités. C'était le dépôt de trente ans de révolutions, où les courtisans d'Hartwell, les séides de Napoléon, les révolutionnaires de 89, les législateurs de l'empire, les hommes de guerre fatigués, ne se rencontraient que dans une lassitude commune et dans leur complaisance banale pour tous les pouvoirs protégeant leurs titres, leur fortune, leurs dignités et leur repos. De rares exceptions y faisaient contraste plutôt qu'opposition à l'esprit général de souplesse et d'adulation. L'aristocratie nationale n'existait plus. Le cardinal de Richelieu l'avait tuée ; elle ne pouvait être remplacée en France dans un sénat que par l'aristocratie de cour, faite pour servir, non pour résister.

XXXVI

Le duc de Fitz-James, descendant des Stuarts, attaché au comte d'Artois, homme léger de tête, chaud de cœur, noble d'âme, éloquent de nature, plus propre qu'aucun des amis du prince à prendre un rôle dans le parlement et à rappeler la voix et les doctrines de Cazalès, essaya de populariser le duc d'Angoulême en faisant voter des félicitations à ce prince pour avoir préservé le Midi de l'invasion des Espagnols. Le prince méritait ces éloges.

Le comte d'Artois les écarta avec une convenance et une modestie paternelles qui émurent la France : « Pardonnez, dit-il en montant pour la première fois de sa vie à la tribune, à l'émotion d'un père qui entend l'éloge d'un fils digne de tout son amour et de celui de la France. Il est absent, et c'est à moi d'être son interprète. S'il avait eu le bonheur de déployer contre les ennemis extérieurs de la France le courage que vous voulez honorer en lui, une telle récompense mettrait le comble à ma satisfaction et à sa gloire. Mais Français, prince français, mon fils peut-il oublier que c'est contre des Français égarés qu'il a été forcé de combattre ? Permettez que je refuse pour mon fils des remercîments acquis à ce titre ! »

L'Assemblée obéit à ce scrupule de l'héritier du trône, et le duc de Fitz-James, en retirant sa proposition, fit recueillir à son maître l'honneur de ce refus. Cet hommage au deuil de la patrie ramena des cœurs au comte d'Artois.

Le roi ne vit pas sans ombrage les princes de sa maison

monter à la tribune ou juger dans la chambre des pairs. L'opposition eût été funeste. La popularité même était dangereuse dans des rangs si rapprochés du trône. Le roi, en félicitant son frère sur son succès oratoire, ne pouvait oublier le duc d'Orléans, dont le rôle de tribun à la chambre des pairs, si ce prince voulait le prendre, agiterait l'empire et menacerait même le trône.

XXXVII

Le duc d'Orléans, dont nous avons vu la conduite à la fois irréprochable et ambiguë depuis 1814, les caresses à l'armée pendant sa présence à Lille, les réminiscences flatteuses au drapeau tricolore, le départ pour l'Angleterre; le séjour à Londres pendant les cent-jours, l'affectation habile à séparer sa cause de celle de Gand, venait de rentrer en France. Son attitude suspecte en Angleterre, où les membres les plus libéraux de l'opposition le recherchaient et le présentaient comme le contraste à l'impopularité de sa race; les rumeurs qui avaient couru en France, pendant les cent-jours, d'un complot orléaniste dont il n'était pas le complice, mais dont il était le drapeau; la marche interrompue sur Paris des généraux Lallemand et de leur corps d'armée, énigme dont il était à son insu le vrai mot; son caractère obséquieux à la cour; ses opinions transparentes par tous ses actes, quoique voilées par ses paroles dans le public; son rang, qui commandait le respect pendant que son indépendance lui permettait la popularité; ses talents très-distingués, quoique de cet ordre secondaire qui attire la considération sans éveiller l'envie; les souvenirs de la Révolution qui l'entouraient d'un double intérêt; homme de 1792 pour les patriotes, émigré pour les royalistes; complice pour les uns, victime pour les autres; citoyen pour ceux-ci, prince pour ceux-là, considérable pour tous : tout cela faisait du duc d'Orléans à la fois une force et une menace pour la monarchie. Le roi était justement offensé de l'isolement affecté dans lequel ce prince s'était tenu de lui et des autres princes de sa maison pendant l'interrègne de Gand. Le duc d'Orléans, après la défaite de Waterloo, avait laissé répandre, pour se justifier, que c'était par ordre exprès du roi qu'il s'était abstenu de prendre les armes contre son pays. Le roi, qui savait le contraire, lui pardonnait mal une duplicité de rôles et de paroles dont ce prince profitait, s'il ne la consentait pas. Cependant il ne s'était point opposé à son retour en France après le rétablissement de son trône.

La duchesse d'Orléans, mère de ce prince, fille du duc de Penthièvre, veuve de Philippe-Égalité, avait été chargée par son fils de négocier auprès du roi son retour, sa réconciliation, la restitution des immenses domaines, apanages de sa maison, et tous les titres et grâces royales qui étaient l'objet de son ambition. Cette princesse, victime de la révolution, épouse vertueuse d'un mari corrompu, veuve irréprochable, mère tendre, dévouée par son nom, par ses malheurs, par ses exils, par ses sentiments, à la maison royale, était un intermédiaire naturel et vénéré auprès de la cour. Elle avait répondu de son fils, et obtenu facilement de Louis XVIII l'oubli de ses ombrages et toutes les faveurs propres à rattacher le duc d'Orléans par la reconnaissance à la famille royale. Le roi lui avait parlé avec la haute sincérité d'un chef de race qui ne craint rien pour lui-même et qui combat les ambitions suspectes du pays par l'intérêt bien entendu.

« Vous êtes mon cousin, avait-il dit au prince ; vous êtes le prince du sang le plus rapproché du trône après le duc de Berri. Vous avez plus de candidature à la couronne par le droit que par l'usurpation. Je crois ainsi autant à votre bon esprit qu'à votre bon cœur. Je suis tranquille, vous êtes dans une de ces heureuses situations où la vertu profite plus à la grandeur qu'à l'ambition. »

Le roi avait confirmé ces paroles par la sanction légale et irrévocable des riches domaines de son apanage que le duc d'Orléans ne possédait jusque-là qu'en vertu d'une parole révocable du roi.

Le prince avait juré son innocence, sa reconnaissance, son inaltérable fidélité. Il avait été appelé à siéger avec les princes de la famille royale à la chambre des pairs. Mais, bien qu'il fût muet en public, révérencieux à la cour, ses sourires à l'opinion, ses caresses à l'opposition naissante, sa cour presque exclusivement formée des débris de l'empire et de l'armée démentaient tacitement au dehors l'attitude qu'il avait dans le palais. La générosité de Louis XVIII n'était pas trompée, mais elle était justement vigilante. Il fit savoir aux princes de sa maison que leur assistance aux séances de la chambre des pairs lui serait désagréable. Il colora cette injonction de l'inconvenance qu'il y aurait pour des membres de sa famille de combattre par leur parole ou par leur vote les actes de son ministère, et de l'inconvenance plus grande encore qu'il y aurait à des princes si rapprochés du trône de voter dans les grands procès politiques qui allaient se juger dans la chambre des pairs, changée en tribunal d'État. Les princes obéirent.

XXXVIII

Les discours et les votes sur les trois lois de rigueur proposées par le ministère ne furent pas moins sinistres dans la chambre des pairs que dans la chambre des députés. Le même esprit soufflait sur les deux corps. Les meilleurs en subirent la triste influence. M. de Rougé demanda la peine de mort contre ceux qui arboreraient un autre drapeau que le drapeau blanc. « N'est-ce pas un drapeau arboré à Grenoble qui a été la cause de nos derniers malheurs! » dit-il. M. de Chateaubriand s'indigna à propos de l'article du projet de loi qui portait une peine contre ceux qui menaceraient la légitimité de la possession des biens nationaux.

« Disposition barbare, dit-il, qui atteindra le malheureux émigré dépouillé qu'un acquéreur jaloux de son foyer aura surpris versant quelques larmes, exhalant quelques regrets sur la tombe de son père! Comment imposer un silence que rompraient au besoin les pierres mêmes qui servent de borne aux héritages dont on veut rassurer les possesseurs ?

» — Pour quel crime réserverez-vous la mort, dit M. de Frondeville ; avons-nous des îles pour y reléguer de pareils monstres ? C'est un des malheurs de notre temps que cette philosophie froide qui, à côté des horreurs les plus atroces, place les peines les plus douces. Menaçons le parricide de la mort, et nous préviendrons le parricide ! »

Ainsi la peine qui tue était substituée à la peine qui corrige, et l'humanité même devenait crime aux yeux de ces vengeurs de l'humanité qui revenaient eux-mêmes de l'exil et qui avaient leur sang sous tous les échafauds de la révolution. Le défenseur de Louis XVI, de Sèze lui-même, qui avait disputé avec tant de gloire une tête auguste à la hache politique, demandait aujourd'hui aux lois la mort. Tout respirait les représailles de la contre-révolution. Le sang ne pouvait tarder à couler. Il coulait déjà par la main du peuple dans les provinces passionnées de la France. Les lois allaient arracher le glaive aux mains du peuple, non pour le désarmer, mais pour l'imiter.

LIVRE TRENTE-TROISIÈME

La terreur de 1815. — État de Paris. — Situation du Midi. — Massacres de Marseille. — Assassinat du maréchal Brune à Avignon. — Massacres de Nîmes. — Les verdets. — Intervention du duc d'Angoulême. — Héroïsme du général Lagarde. — Assassinat du général Ramel à Toulouse. — Les jumeaux de la Réole. — Leur jugement. — Leur mort. — Labédoyère. — Son voyage à Paris. — Son arrestation. — Son jugement. — Sa mort.

I

Les opinions adverses, mais tempérées comme le climat et les mœurs, n'avaient rougi d'aucun sang la capitale pendant les nombreuses transformations politiques dont nous venons de faire le récit. Le spectacle des échafauds de la terreur pendant les dix-huit mois d'immolation de la Convention avait inspiré à Paris la satiété et l'horreur du sang. Les mœurs légères, les événements plus rapprochées de l'œil, devenus spectacle et aliment à la curiosité publique; l'habitude de voir s'élever, tomber, se relever les partis et les hommes; les distractions nombreuses qui évaporent les amours comme les colères des peuples; la présence d'une force armée et d'une force civique imposant de près et à l'instant à la multitude, et, par-dessus tout, l'immensité d'une ville où les citoyens inconnus les uns aux autres ne nourrissent pas ces antipathies de clocher, de religion, d'opinion, et ces animosités personnelles qui ne s'éteignent que dans la mort, avaient préservé Paris de crimes.

II

Mais le Midi bouillonnait depuis 1814. Les âmes ont leur climat comme les terres. Le Midi est le foyer de l'imagination française. L'imagination est la mesure des impressions populaires. C'est par cet organe que la sensibilité plus molle ou plus active reçoit et renvoie, avec plus ou moins de passivité ou d'énergie, les contre-coups des événements qui abattent ou exaltent un peuple. Les populations méridionales de la France sont le mouvement et quelquefois ce vertige de la patrie. Aix avait enfanté Mirabeau en 89, Marseille avait envoyé ses enfants provoquer le 10 août en 92, Avignon avait égalé en 1793 les crimes de Rome sous ses proscripteurs, Toulon s'était jeté aux Anglais, Nîmes aux protestants, Lyon s'était armé et incendié contre la tyrannie de la révolution dont cette ville plébéienne avait été un des plus ardents foyers; les Cévennes, saignantes encore des exécutions de Louis XIV, nourrissaient dans l'opposition héréditaire de deux cultes tour à tour persécutés et persécuteurs des levains de haine qui fomentaient les divisions politiques.

La Restauration avait fait trembler les protestants sur la conservation de la liberté de conscience; ils avaient redouté l'inévitable alliance entre les descendants de Louis XIV; bien que républicains d'opinion, ils avaient accueilli comme un salut le retour de Napoléon. Leur joie avait irrité les catholiques et les royalistes, qui brûlaient de se venger à leur tour des insultes qu'ils avaient subies et des triomphes momentanés de leurs antagonistes. La religion consacrait à leurs yeux leur haine. La nouvelle de la défaite de Waterloo et de l'abdication de Napoléon brisa le sceau qui les contenait encore. Le peuple du Midi bouillonnait d'impatience et de colère contre les soldats complices de l'usurpation de leur patrie.

Marseille, ville de premier mouvement, ne put retenir le cri de : « Vive le roi ! » en face des troupes du général Verdier, qui criaient encore : « Vive l'empereur ! » Le général Verdier, vieux soldat des guerres d'Égypte et d'Espagne, mais inhabile au maniement des séditions, harangue en vain les groupes. On prend sa modération pour de la crainte. Le feu éclate; le tocsin sonne; les royalistes, en majorité immense dans les campagnes, accourent au son des cloches au secours des insurgés de la ville.

Le général Verdier avait des forces suffisantes pour tout dominer; mais, connaissant les nouvelles du désastre de l'empereur et ne voulant pas répandre en vain le sang français, il se retire sur Toulon, abandonnant Marseille et une partie de la Provence à l'entraînement de son royalisme. Cette humanité du général fut fatale aux impérialistes désignés, par leur emploi ou leur opinion, à la fureur sans répression du peuple. Le massacre commença par les restes innocents de ces mameluks que Napoléon avait ramenés autrefois d'Égypte, et qui achevaient paisiblement leur vie dans un quartier de Marseille où le soleil et la mer leur rappelaient l'Orient. Leur sang innocent rougit les flots du port. On n'épargna ni leurs femmes ni leurs enfants. Les égorgeurs forcenés, imitant les massacreurs de septembre, s'acharnent sur ces vieux compagnons de Napoléon, croyant, en les mutilant, mutiler la gloire odieuse dont ils étaient le témoignage vivant. Le peuple joignit à leurs cadavres précipités dans la mer les cadavres de quelques citoyens de la ville signalés par leur attachement à l'empereur. Le pillage succéda à l'assassinat. La bourgeoisie alarmée prit enfin les armes et refréna un mouvement qui, tout en flattant ses sentiments, menaçait ses familles, ses foyers et ses richesses.

III

Le maréchal Brune, qui commandait l'armée du Midi, apprit à Toulon les massacres de Marseille. Ses soldats voulaient les venger; il les contint et remit le commandement au marquis de Rivière, commissaire envoyé par le roi pour gouverner et pacifier le Midi. Brune n'avait montré, pendant sa mission à Toulon, que la neutralité ferme d'attitude d'un général qui, en couvrant la patrie contre l'étranger, veut contenir en même temps la passion à l'intérieur. Les royalistes n'avaient eu à lui reprocher que son obéissance trop facile aux ordres de Napoléon. Il s'était empressé de céder au destin et de faire reconnaître Louis XVIII une seconde fois par son armée pour éviter la guerre civile.

Ce devoir accompli, il quitta Toulon et prit la route de Paris. On lui conseillait en vain de s'embarquer pour se rendre avec moins de péril dans la capitale ; on lui représentait la témérité d'un voyage par terre à travers des populations soulevées, car son nom résumait une cause détestée et pouvait devenir le signal d'un crime. Brune se fia à son innocence et à son courage.

Il partit de Toulon dans la nuit du 31 juillet. En changeant de chevaux à Aix, il fut reconnu, et la fureur du peuple ameuté autour de lui laissa difficilement partir la voiture. Arrivé le 2 août au matin à Avignon, il s'arrêta dans une hôtellerie de la ville voisine du Rhône. Le bruit de sa présence se répandit à l'instant parmi cette population oisive qui couvre les quais, les rues et les places dans ce climat où l'on vit en plein air. Le moindre murmure produit une émotion et un rassemblement parmi ce peuple debout et mobile. Le nom du maréchal Brune, victime d'une odieuse calomnie, était resté synonyme d'un grand crime dans l'imagination du Midi. On avait répandu que ce maréchal, alors artisan et féroce révolutionnaire, avait participé aux massacres de septembre, en 1792, dans les prisons de Paris, et qu'il avait promené à travers les rues la tête sanglante de la belle et innocente princesse de Lamballe.

Ce bruit sinistre, démenti en vain par toute sa vie de soldat et par son absence même de Paris au moment du crime, circule dans la foule. On ajoute que ce séide de Bonaparte se rend, non à Paris, auprès du roi, mais à l'armée de la Loire pour en prendre le commandement et pour revenir châtier le Midi. A ces rumeurs fomentées par des voix accréditées dans le peuple, l'hôtel où le maréchal était descendu est assailli par une foule immense. En vain on ferme les portes et on les barricade; en vain M. de Saint-Chamont, préfet d'Avignon, qui se trouvait par hasard dans le même hôtel, se fait reconnaître et dissipe une première fois les assaillants ; ils se reforment devant la mairie de la ville. M. Puy, M. de Saint-Chamont, M. de Balzac, accourent avec une poignée d'intrépides et généreux citoyens pour arracher leur victime à ces forcenés ; ils parviennent une seconde fois, à force de supplications et d'énergie, à dégager le maréchal. Sa voiture roule vers le Rhône ; mais, arrêté de nouveau dans ce court trajet, assailli de clameurs, couvert de pierres, menacé de couteaux, la voiture est ramenée une troisième fois dans la cour de l'hôtel.

Le préfet, le maire, les officiers, les aides de camp, le major Lambot, commandant le département, M. de Montagnat, chef de la garde nationale, M. Hughes, lieutenant-colonel en congé à Avignon, se rangent devant la porte, opposent leurs poitrines à l'irruption, et jurent au peuple qu'il faudra passer sur leurs cadavres avant de souiller la ville du sang d'un maréchal de France immolé sans défense, sans crime et sans jugement. Les cris du peuple s'élèvent alors contre ces magistrats et ces citoyens ; les uns sont forcés de se retirer pour ne pas redoubler l'irritation par leur présence, les autres sont renversés, foulés aux pieds de la multitude, traînés dans la poussière ; le major Lambot se relève, et charge avec Hughes à la baïonnette les assaillants; ils fuient, la porte de l'hôtel reste libre, Brune va échapper encore. M. de Balzac, sous-préfet de la ville, fait tête aux furieux des derniers groupes. On respire ; mais, au moment où le calme se rétablit sur la place, une détonation mortelle retentit dans l'intérieur de l'hôtel, et la fumée de plusieurs coups de feu sort par la fenêtre de la chambre où le maréchal attendait son sort. Un des assassins, l'arme déchargée à la main, se montre au balcon et annonce au peuple son lâche triomphe et sa vengeance! Brune, étendu sur le carreau, n'était plus. Une poignée de scélérats, renonçant à pénétrer par la porte, avaient escaladé les toits des maisons voisines sans être aperçus, et, rampant de là jusqu'aux lucarnes de l'hôtel, ils étaient entrés dans la chambre où Brune se croyait délivré. Il lisait en ce moment, pour se raffermir et se consoler de tant de haines, une lettre affectueuse et tendre de sa femme. Debout devant ses assassins, il ne pâlit pas et ne s'abaissa pas aux supplications. « Que me voulez-vous ? » leur dit-il d'une voix calme. Un premier coup de pistolet lui répond ; mais d'un geste il a détourné le canon, et la balle perdue va frapper à vide. Un second coup de carabine le frappe à la tête et l'étend mort aux pieds de ses meurtriers. Des hurlements de joie célèbrent ce crime dans les rangs de la multitude.

En vain les magistrats, pour dérober cette honte à la ville, déclarèrent-ils dans de fausses attestations que le maréchal, épouvanté par la colère du peuple, s'était donné la mort de lui-même. Le peuple démentit ce mensonge officieux par de nouvelles atrocités. Il poursuit jusque dans la mort le cadavre du maréchal, l'arrache du cercueil, le traîne par les pieds sur les pavés, le précipite du haut du pont dans les flots du Rhône ; et, comme si ce n'était pas assez d'un trépas, il poursuit le corps flottant sur les eaux de ses imprécations et de ses coups de feu. Le fleuve roula le cadavre, souvent repoussé de ses bords par la fureur des habitants, jusqu'à une anse isolée entre Arles et Tarascon. Les oiseaux de proie, attirés par la vue d'un corps mort sur la grève, s'abattirent en foule parmi les roseaux.

Leur vol attira l'attention d'un pauvre pêcheur et lui fit découvrir le corps du maréchal, dont le nom et la mort tragique étaient parvenus jusqu'à lui. Il l'ensevelit seul au milieu des ténèbres, craignant que sa piété même ne lui fût imputée à crime. Il ne révéla que deux ans après le mystère de cette sépulture. Ces funérailles rappelèrent celles de Pompée, sur la grève d'Égypte, par les mains d'un vieux soldat romain allumant la flamme du bûcher de son général.

Ce crime n'était pas celui du gouvernement, mais il était le crime de l'opinion royaliste fanatique dans le Midi. Il fut le signal d'autres crimes populaires qui consternèrent, déshonorèrent et ensanglantèrent pendant plusieurs mois ces provinces. A Nîmes, ville qui a conservé quelque chose de la majesté de Rome dans ses monuments, et de l'âpreté du caractère transtévérin dans ses mœurs, la fureur civile, redoublée par la fureur religieuse, égala les barbaries de 1793, à Avignon et à Paris. Les *verdets*, bandes organisées d'égorgeurs sous le drapeau profané de la religion et de la royauté, parcoururent les campagnes, les villages, les villes. Sous prétexte de venger sur les protestants la complicité avec les bonapartistes, ils assassinèrent en masse les familles désignées à leurs poignards. Après avoir saccagé le château de Vaquerville et brûlé vifs les habitants dans leurs maisons incendiées, autour desquelles ils dansaient des rondes aux cris des victimes, ils arrachèrent du tombeau le corps d'une jeune fille de quinze ans; après l'avoir foulée aux pieds, ils se livrèrent sur son cadavre aux plus brutales profanations. Des milliers de protestants, fuyant leurs toits saccagés, erraient dans les bois et sur les montagnes. La terreur ou la mort les chassait d'asile en asile.

Ainsi traqués ils ne purent paraître aux élections pour revendiquer leur droit de citoyens, et pour implorer des patrons de leur secte persécutée pour les défendre auprès du gouvernement.

IV

Le roi gémissait de ces crimes commis au nom du zèle qui dévorait ses partisans dans ces provinces. Il n'osait sévir contre des amis, il rougissait de tolérer des scélérats. Il envoya à Nîmes le général comte de Lagarde, ancien aide de camp et ami du duc de Richelieu, homme de sens, de cœur et de vertu, homme assez diplomate aussi pour concilier avec habileté le sentiment royaliste dont il était lui-même animé avec le rétablissement impartial de l'ordre et la protection des victimes qui étaient l'objet de sa mission.

Le comte de Lagarde portait dans un corps faible un mâle courage. Il ne se dissimula point les dangers de sa mission. Il n'avait qu'une poignée de troupes. Il n'hésita pas, en arrivant à Nîmes, de faire arrêter le chef des agitateurs et des assassins, Trestaillon. A cet acte de généreuse audace, la fureur des catholiques et des royalistes déborde en menaces et en soulèvements. Les verdets et les volontaires fanatisés se rassemblent sous les ordres de Servan et de Truphémy, dignes vengeurs de leur complice Trestaillon. Les troupes sont inégales en nombre à ces fédérés du crime.

Le préfet, M. Darbaud de Jouque, homme modéré, mais ferme, choisi par M. Decazes pour refréner les passions sur ces rives du Rhône, pressent l'insuffisance de la répression militaire. Il conjure le duc d'Angoulême, qui parcourait le Midi, de venir par sa présence satisfaire et intimider à la fois le délire de cette population. Le duc d'Angoulême, imprégné de la sagesse du roi, et qui n'hésitait jamais devant un devoir, se précipite entre les victimes et les bourreaux. Il exauça les protestants, il calma les catholiques. Il résista avec impassibilité aux instances du clergé, des femmes et des protecteurs influents de Trestaillon, qui osèrent lui demander l'élargissement de ce criminel. « Non, leur dit-il, je ne protégerai jamais contre la loi les assassins et les incendiaires. » Il ordonna l'ouverture des temples protestants, fermés par la terreur, et s'éloigna en laissant au général Lagarde le soin d'achever son œuvre et de pacifier le pays.

V

Mais à peine le prince était-il parti que l'audace revient aux royalistes. Les catholiques, ameutant la populace au nom de Dieu et du roi, entourent, pendant les cérémonies du culte, le principal temple protestant de Nîmes. Les portes sont enfoncées, les fidèles dispersés, le ministre traîné sur les pavés du sanctuaire, les hommes renversés, les femmes déshonorées par d'ignominieux supplices. Le général Lagarde accourt à la tête d'un régiment, s'élance seul, à cheval, au milieu des furieux, tente de leur arracher leurs victimes et de les ramener par la persuasion à l'humanité et à la tolérance. Sans égards et sans pitié pour cette magnanimité d'un homme de guerre désarmé qui se livre lui-même afin de préserver le sang des deux partis, les verdets et les volontaires entourent Lagarde, le couvrent de huées, d'insultes et de pierres. Un garde national, nommé Boivin, saisit d'une main la bride du cheval du général, et de l'autre main, appuyant le pistolet sur sa poitrine, fait feu et laboure de plomb le sein de Lagarde. Quoique blessé presque mortellement, Lagarde se maintient par l'énergie de sa volonté sur la selle de son cheval; d'une voix affaiblie par son sang qui coule à flots, il ordonne, au milieu de cent glaives levés sur lui, au régiment de charger sur ses assassins. Le régiment fond sur cette foule et la disperse. On emporte le général mourant sur un brancard de baïonnettes.

Le duc d'Angoulême, instruit de ces massacres, revient sur ses pas et livre Trestaillon et ses complices à la justice. La justice, partiale ou intimidée, manque ou craint. La magistrature de Nîmes absout les coupables. Le peuple, toujours enthousiaste pour celui qui sert ses démences, porte en triomphe Trestaillon. Boivin, l'assassin du général, qui avoue son crime et qui s'en glorifie, est absous par le jury, sous-prétexte qu'il n'a fait feu que pour se défendre. Le royalisme, la foi et la justice sont déshonorés à la fois par de tels arrêts.

VI

Toulouse imitait les agitations et les frénésies de Nîmes; mais l'opinion seule y soufflait les fureurs civiles. La foi en Languedoc n'ajoutait pas autant le conflit des consciences à celui des dynasties; mais la fougue des caractères méridionaux y passionnait également tous les mouvements politiques.

Le roi avait donné le commandement de Toulouse au général Ramel, ancien volontaire de 1792, élevé de grade en grade par son courage et ses services. Chargé du commandement de la garde du conseil en 1797, déporté à la suite du 18 fructidor, avec Pichegru et Carnot, dont on l'avait à tort réputé complice; évadé de la Guyane sur une chaloupe, rentré en France pendant les dernières années de l'empire, il avait été employé par Napoléon en Espagne, mais il était toujours suspect d'inclination pour les Bourbons. Depuis son exil avec Pichegru, Ramel, soldat de fortune, avait refusé de servir pendant les cent-jours. Cette réserve, rare dans une armée si mobile, avait valu à Ramel la confiance des royalistes. Il s'efforçait de contenir sur les rives de la Garonne les animosités sanguinaires du peuple contre les restes fugitifs de l'armée licenciée de Napoléon, qui traversait ces provinces. Quelques-uns de ces officiers proscrits, et obligés de se dérober aux ressentiments du peuple, avaient reçu un généreux asile dans la maison même du général. Cette pitié lui était imputée à crime par les royalistes. Le nom de trahison était donné à la magnanimité du soldat. Les volontaires royalistes, altérés du sang de ces proscrits, insultaient ouvertement Ramel. Il annonça la résolution de les braver et de les dissoudre.

A ce bruit ils se réunissent par groupes dans les lieux publics et conspirent à haute voix la mort du général. Ils appellent à eux dans la ville les chefs et les bandes des campagnes. Ils forment dans la rue de sinistres cortéges chantant des strophes cyniques et vociférant des cris sanguinaires contre l'homme qui les contient seul. Ils mêlent à ces cris celui de : « Vive le roi ! » pour couvrir la sédition d'un prétexte de fidélité.

Le 15 août au soir, pendant que ces colonnes en délire tournoient à ces chants féroces sur la place des Carmes, un détachement, recruté, concerté et armé d'avance pour ce dessein, se sépare tout à coup de la ronde de populace dont il fait partie, s'élance d'un bond vers l'hôtel du général, surprend et désarme la garde, viole le seuil, monte les degrés et se trouve en face de Ramel.

« Que voulez-vous ? leur dit-il d'une voix menaçante et d'un visage impassible. — Te tuer, et tuer en toi un ennemi du roi, » répond un des assassins en visant la poitrine de Ramel. Une sentinelle se précipite sur l'arme et détourne le coup. Ramel tire son épée, résolu de mourir en brave, non en victime. Mais pendant ce mouvement, qui fait reculer les égorgeurs, un autre coup part et traverse le corps du général ; il s'affaisse sur le palier, à côté du corps de la sentinelle égorgée en cherchant à le couvrir. Ses aides de camp et ses officiers sortent de ses appartements le sabre à la main, enjambent les deux mourants, frappent et poursuivent les volontaires jusque dans la place. On transporte Ramel sur son lit, un médecin accourt, sonde sa blessure et la trouve mortelle. Il annonce par la fenêtre ce sinistre présage à la foule ameutée qui rugit sur la place, espérant ainsi calmer sa rage en l'assouvissant. « Tant mieux ! lui répondent des voix implacables, mais nous allons l'achever, ce sera plus sûr. »

A ces mots, la foule démolit un arc de triomphe élevé sur la place pour la réception récente du duc d'Angoulême. Elle se sert des poutres et traverses comme de béliers pour briser les grilles de l'hôtel. Les portes cèdent ; les soldats qui gardent le vestibule sont immolés. Les assassins montent et parviennent jusqu'à la chambre du mourant. Le médecin qui le soigne se jette à leurs pieds pour les supplier d'épargner ses dernières minutes ; ses aides de camp couvrent son lit de leurs corps et de leurs épées nues. Ramel, au contraire, tend les bras à ses meurtriers et les conjure de l'achever pour abréger l'agonie qui déchire ses entrailles. Un des assassins, joignant la dérision au crime et le sarcasme au coup, le frappe au visage d'un coup de sabre. « C'est pour obéir au général, » dit en souriant ce scélérat. Les autres l'imitent et plongent à l'envi leurs baïonnettes dans le corps de Ramel en répétant la sanguinaire raillerie. Ramel n'est plus qu'un tronçon sans membres. Les égorgeurs se disputent l'honneur de tremper leurs armes dans son sang. Ils défilent avec des chants de triomphe autour de cette couche sanglante.

La nuit seule et l'ivresse de la populace mirent fin à cette scène digne de la Saint-Barthélemy et des journées de septembre. Les troupes envoyées par le maréchal Pérignon, gouverneur de la province, n'arrivèrent que pour ensevelir la victime. La justice, comme à Nîmes, refusa de la venger. Elle laissa s'éteindre l'indignation contre les bourreaux par des lenteurs; elle acquitta les chefs et ne condamna les exécuteurs qu'à des peines indulgentes, sous prétexte qu'ils n'avaient frappé qu'un cadavre.

VII

Telle fut, pendant de longs mois, la vengeance du Midi contre les partis suspects ou de complicité avec les soldats de l'empereur, ou de tiédeur pour les Bourbons, ou de dissidence avec la foi fanatique du peuple. On vit que la vengeance était une passion de tous les partis dans ce climat voisin de l'Espagne et de l'Italie, terres des passions et des vengeances.

Les royalistes de Paris, embarrassés et honteux de ces attentats, aimaient mieux les nier que les excuser ou les poursuivre. Un homme courageux par humanité, M. d'Argenson, osa seul faire entendre le cri de tant de victimes à la tribune de la chambre des députés. Au mot de massacres, prononcé par l'orateur, la chambre, feignant une incrédulité de convention, se leva avec fureur contre lui et lui ferma la bouche comme à un calomniateur; il n'était permis à personne de dire ce que tout le monde savait. Dénoncer le crime, c'était le souverain crime. Le parti passionné des Bourbons poussait le zèle pour leur cause non jusqu'à l'approbation, mais jusqu'au silence, cette amnistie tacite des plus odieux attentats.

VIII

Bordeaux fermentait des mêmes passions que Marseille, Nîmes, Avignon et Toulouse.

Deux frères jumeaux, César et Constantin Faucher, habitant la petite ville de la Réole, avaient suivi ensemble la carrière des armes jusqu'au grade de général. Coupables d'avoir salué le retour de Napoléon comme un souvenir de leur vie de soldats, et d'avoir exercé, pendant les cent-jours, des fonctions civiles et militaires dans la Gironde, on les accusait d'entretenir un foyer de bonapartisme dans leur patrie. Cernés trois jours dans leur maison par un détachement de volontaires de Bordeaux et de soldats espagnols, ils avaient refusé d'ouvrir leur porte aux sommations illégales de cette troupe. Cette attitude redoubla contre eux l'animosité du parti royaliste. Arrêtés et conduits au fort du Hâ, on les jeta dans le cachot des plus abjects scélérats. Les orateurs du barreau de Bordeaux, M. Ravez lui-même, intimidés ou indifférents, refusèrent de les défendre; ils se défendirent l'un l'autre, se prêtant tour à tour devant le conseil de guerre le secours fraternel de leur parole inhabile, mais pathétique. Ils furent condamnés à mourir.

Une jeune nièce, qui composait à elle seule leur famille, parcourait en vain la ville, arrosant de ses pieuses larmes le seuil de leurs accusateurs, de leurs ennemis et de leurs juges. En vain chacun des deux jumeaux voulut séparer sa cause de celle de son coaccusé, prendre sur lui tout le crime et disputer l'échafaud à son frère. Confondus dans la même haine, ils furent confondus dans le même arrêt. Ils marchèrent pendant plus d'une heure au milieu de la foule, moitié injurieuse, moitié émue, en se tenant par la main pour aller chercher à la *Chartreuse* le lieu de leur supplice.

Debout devant le peloton qui les visait, ils voulurent recevoir, encore enlacés par les bras, le coup de la délivrance, unis dans la mort comme dans la vie. César commanda le feu. Les deux jumeaux tombèrent à la fois, atteints mais non foudroyés par la décharge. Constantin, se relevant sur ses genoux et sur ses mains mutilées, se traîna vers son frère expirant pour l'embrasser encore. Il plaça sa tête sur le visage de César comme sur un billot de paix et d'amour, et reçut, dans cette attitude, le second feu dans le front, qui affranchit du même coup ces deux âmes.

Nous taisons les noms des accusateurs et des juges, nous ne disons que les noms des victimes; car les unes ont pour héritage la pitié et l'histoire, les autres n'ont que les remords et le mépris.

IX

Pendant que les vengeances privées et les vengeances juridiques ensanglantaient ainsi le midi de la France, le gouvernement répugnait à des justices politiques et à des exécutions qui devaient donner une couleur sinistre à un règne de repentir et de paix, et que repoussaient également le caractère indulgent de Louis XVIII, la hauteur d'âme du duc de Richelieu et la jeunesse naturellement généreuse du favori, M. Decazes. Mais les passions politiques veulent des complices dans les gouvernements, et quand ces gouvernements ne consentent pas à être leurs instruments, elles en font promptement leurs victimes.

Les grandes amnisties sont les actes les plus nécessaires et en même temps les plus difficiles à faire accepter aux partis qui viennent de se sentir opprimés. Ce pardon donné magnanimement par le pouvoir et imposé énergiquement aux vainqueurs est l'héroïsme des restaurations. Louis XVIII, le duc de Richelieu, M. Decazes, manquèrent non de cette conviction, mais de cette intrépidité contre la soif de représailles qui dévorait les amis du roi. La cour, les salons, les journaux, la tribune, les temples et les chaires sacrées elles-mêmes retentissaient d'accusations et d'imprécations contre l'impunité des conspirateurs vrais ou supposés du 20 mars. On attribuait à l'excessive indulgence de Louis XVIII et à sa confiance dans les hommes de l'empire la chute du trône, l'exil des Bourbons, la dévastation et l'occupation de la patrie par les armées étrangères. Les uns demandaient des vengeances, les autres imploraient des gages. Ces gages et ces vengeances étaient du sang. Louis XVIII voulait en épargner des flots, mais il ne croyait pouvoir réussir à modérer les ressentiments de son parti qu'en en accordant quelques gouttes. Il bornait, dans sa pensée, à quelques illustres coupables le petit nombre de victimes qu'il faudrait inévitablement sacrifier à la justice politique. Ces coupables, il ne désirait pas les saisir ; il leur avait laissé le temps de s'abriter ou de fuir. Mais le zèle inintelligent de ses partisans et l'âpreté des haines de parti le servaient au delà de ses désirs. On lui amena, malgré lui, deux de ces grandes victimes dont la présence dans les cachots de Paris ne lui laissait plus de choix qu'entre une clémence qui le ferait accuser de faiblesse et de trahison contre lui-même, et une sévérité qui consternerait son règne devant la postérité refroidie.

Ces deux hommes étaient Labédoyère et le maréchal Ney.

X

Après l'occupation de Paris, Labédoyère avait suivi l'armée au delà de la Loire. Nul n'était plus menacé que lui, car nul avant lui n'avait donné le signal et l'exemple d'une défection préméditée sous les armes. En entraînant son régiment, il avait entraîné l'armée entière. Napoléon lui devait son second trône, les Bourbons lui devaient leur second exil. Familier assidu de la reine Hortense, et commensal de l'empereur à la Malmaison jusqu'au dernier jour, son attachement de cœur à sa famille et à une patrie qui ne pouvait plus lui offrir qu'un tombeau l'avait empêché de suivre Napoléon à Rochefort et à Sainte-Hélène. Au lieu de profiter d'un passe-port que la reine Hortense lui avait obtenu de Fouché pour fuir ce sol brûlant, Labédoyère avait laissé partir l'empereur pour son exil, et il avait suivi l'armée française au delà de la Loire.

Les généraux Excelmans et Flahaut, ses amis, qu'il rejoignit à Riom, le firent nommer chef d'état-major du corps d'armée cantonné dans cette ville. Il avait appris à Riom la proscription de tous les chefs marquants des cent-jours. Nul plus que lui ne devait croire à ces avertissements. Il les négligea. Ce vertige qui entraîne les âmes troublées à leur perte l'avait saisi. Son cœur était à Paris, l'attrait pour cette ville lui voilait le péril d'y reparaître. On ne peut expliquer autrement la fatalité qui l'y poussait. Les généraux Excelmans et Flahaut combattirent en vain cette aberration d'esprit. Labédoyère avait vingt-neuf ans, âge où les témérités disparaissent devant les désirs. Il n'écouta pas ses amis. Il se procura un passe-port sous un nom d'emprunt, et, se dérobant à la surveillance amicale d'Excelmans, il monta dans la voiture publique de Riom à Paris.

XI

Les routes qui conduisaient de la capitale à l'armée étaient attentivement surveillées alors par les espions du gouvernement royal et des puissances alliées. Le moindre mouvement de ces troupes pouvait compromettre la paix et déchirer la France en deux patries. Les relations des généraux avec les foyers d'opinion dans la capitale étaient trop importantes pour ne pas être éclairées.

Labédoyère rencontra dans la voiture un de ces agents de la surveillance du gouvernement, qui s'y trouvait, soit par hasard, soit par intention, et qui cachait sous l'insouciance apparente d'un voyageur affairé la mission d'observation dont il était chargé. La figure martiale, mélancolique, fière et pensive du jeune général contenait trop de préoccupation et de mystère pour échapper au regard scrutateur d'un homme dont la profession était de lire dans la physionomie des hommes. Plus le visage se voile, plus il révèle l'énigme de l'âme et provoque à la deviner. Le silence même de Labédoyère et ses lèvres fermées sollicitaient davantage la curiosité de son compagnon de voyage, qui parut laisser éclater lui-même, comme malgré lui, quelques exclamations involontaires contre les Bourbons,et leurs ministres, quelques larmes sur la patrie livrée, sur l'armée proscrite; puis, comme s'il eût été saisi de crainte et de repentir de s'être ainsi trahi lui-même, il conjura Labédoyère d'oublier ce qu'il venait d'entendre, et feignît un royalisme hypocrite en laissant bien percer l'hypocrisie de cette seconde profession de foi. Labédoyère continuait à se taire.

L'espion, prenant alors un autre détour, raconta à son compagnon de route l'arrestation de Lavalette, qui n'était pas encore connue dans l'armée. Lavalette était l'ami de cœur et le complice de cause de Labédoyère. Le général ne put dissimuler son émotion et sa pâleur en écoutant les détails de l'arrestation de son ami. Ces symptômes le trahirent. Il se laissa arracher, son nom par l'habile espion. Celui-ci, après quelques légers reproches sur la témérité qui faisait braver à Labédoyère un retour si dangereux dans Paris, lui offrit les services de l'amitié et s'insinua assez dans sa confiance pour que le général, à son arrivée, permît à son obligeant protecteur de l'accompagner jusqu'à la porte de l'asile où il allait s'abriter. Cet asile était la maison d'une personne attachée à Labédoyère dans un des faubourgs de l'est. Le jour commençait à peine. Le fugitif devait attendre la nuit dans cette retraite, avant de se hasarder dans les rues. Entouré de la vigilance de l'amitié, caché et barricadé dans une chambre haute d'une maison non suspecte, il s'était jeté sur son lit et s'abandonnait au sommeil, en attendant les embrassements de sa femme et de son enfant.

XII

Cependant l'espion, sûr désormais de sa proie, était allé l'offrir à M. Decazes, alors préfet de police. Les Prussiens, avertis par M. Decazes, firent cerner la maison par un bataillon de leurs troupes. Labédoyère surpris renonça à se défendre, et se remit aux agents de police, qui le conduisirent à M. Decazes. Le magistrat lui adressa cent questions dont chacune ne pouvait avoir pour réponse que l'aveu de sa culpabilité. Fouché, encore ministre de la police à cette époque, parut gémir de l'imprudence de cette victime que le gouvernement n'avait pas cherchée, et qui venait d'elle-même le forcer à la rigueur. Le ministre de la guerre Gouvion-Saint-Cyr nomma un conseil de guerre. La vengeance des royalistes, la faveur des bonapartistes, la récrimination des étrangers maîtres de Paris, la passion ou la curiosité de tous, imprimaient à ce procès militaire et politique la solennité d'une justice, l'âpreté d'une colère, l'intérêt d'un drame. Les journaux et les salons devançaient l'arrêt par des imprécations qui demandaient du sang et qui déshonoraient même la justice. Quelques femmes du plus haut rang étaient implacables dans leurs propos. Il semble que la générosité est compagne de la force, et que plus le sexe est faible plus il est sans pitié. L'histoire doit le dire pour le flétrir. La haute naissance, la grande fortune, l'éducation littéraire, ne préservèrent pas, dans cette circonstance et dans beaucoup d'autres, quelques femmes de l'aristocratie de Paris et de la cour de ces soifs de vengeance et de ces joies sanguinaires que les femmes des plus abjectes conditions avaient été respirer, sous le régime de la terreur, aux portes des tribunaux révolutionnaires. L'élévation du rang, dans de pareils scandales du sentiment, ne fait qu'élever plus haut le vice du cœur. Il y avait dans le langage, dans le geste et dans les yeux de quelques femmes de la société élégante de Paris autant de feu de colère et autant de soif de vengeance que dans les auditoires féminins de la Convention. Les écrivains politiques, comme toujours, servaient et alimentaient ces viles passions par leurs diatribes, adulateurs gagés de toutes les opinions assez riches pour payer ces complaisances de haine et de sang.

XIII

Le procès s'ouvrit le 14 août. Le prétoire, rempli depuis le matin de femmes de la cour, de généraux et de princes étrangers, vainqueurs que la pudeur même de la victoire devait éloigner d'une telle scène, ressemblait à un amphithéâtre préparé pour un combat du cirque. On attendait Labédoyère, les uns avec cette impatience cruelle qui aspire à l'humiliation d'un ennemi et qui se réjouit d'avance de l'espérance d'être vengée, les autres avec cette curiosité qui commence par l'indifférence et qui finit en présence de la victime par un involontaire attendrissement. Il y avait dans cet accusé de quoi émouvoir à la fois ce double sentiment.

Il était le plus coupable et le plus intéressant des hommes des cent-jours. Né d'une famille antique, entouré, dès le berceau, des superstitions et des fidélités monarchiques; n'ayant dans ses ancêtres, dans sa famille paternelle, dans la famille de sa femme, dans cette jeune femme elle-même, que des conseils et des exemples de fidélité aux Bourbons; obligé de lutter avec sa propre nature et avec l'amour conjugal pour soutenir ses opinions nouvelles contre les penchants, les habitudes, les relations domestiques du patricien; criminel à ses propres yeux et aux yeux de tous, mais criminel pardonnable par sa jeunesse, par son enthousiasme, par son fanatisme de gloire, de séduction, de patrie, d'ambition même, vice ennobli dans le soldat par le sacrifice de sa vie, il ne pouvait pas se défendre devant le serment abjuré, devant la discipline violée, devant les ruines de la patrie étalées sous ses yeux, et qui l'accusaient plus haut que ses accusateurs. Mais il devait susciter l'indulgence, remuer le pardon, arracher les larmes. Il parut.

XIV

Son costume, composé d'une redingote verte, sans épaulettes et sans décoration, mais où l'on retrouvait la coupe de l'uniforme, annonçait qu'il s'était fait justice à lui-même avant d'invoquer l'indulgence de sa patrie, et qu'il avait dépouillé d'avance les insignes de son grade et les récompenses de sa valeur. Sa taille, dessinée par ce simple vêtement du prisonnier, était élevée, noble et ferme comme celle d'un soldat accoutumé à se redresser devant le feu. Ses traits, quoique fermes et beaux, avaient la gravité d'une pensée souffrante et la pâleur d'un homme dont le sang a reflué vers le cœur, sous l'impression et l'insomnie de l'âme et de la réflexion dans les cachots. Cette grâce avait contribué à son crime : elle l'avait exposé aux séductions des femmes de la cour impériale, qui lui avaient montré la gloire sous les traits de la défection. Leur héros était devenu leur victime. On comprenait, en contemplant cette beauté martiale, qu'il eût été le héros de cette conspiration d'aides de camp et de femmes, qui mettaient la popularité de leurs salons et l'enivrement de leur enthousiasme au prix de la défection aux Bourbons. Le conseil de guerre, plus impartial que l'auditoire, s'émut à l'aspect de ce jeune guerrier qu'il allait juger par la loi, mais qu'il ne pouvait s'empêcher de plaindre par la confraternité des camps. On lui demanda son nom, son âge, son grade, et s'il avait reçu ce grade de Louis XVIII.

Il répondit, avec une contenance modeste et avec une franchise qui s'accusait elle-même, qu'il avait reçu, en effet, du roi le commandement de son régiment ; qu'il avait marché de Chambéry à Grenoble par l'ordre du général Marchand, commandant de cette place ; qu'il avait entraîné ses soldats au cri de : « Vive l'empereur ! » au-devant de Napoléon ; qu'il avait résisté aux reproches et aux objurgations du général de Villier, son chef immédiat, cherchant à le rappeler au devoir et à la discipline ; qu'il avait cru voir l'intérêt supérieur de la patrie effacer en ce moment le devoir du soldat ; qu'il demandait pour toute justification qu'on fît comparaître les témoins de cette heure fatale de sa vie, afin que le tribunal jugeât non la faute seulement, mais l'entraînement des circonstances et des émotions qui avaient précédé et accompagné la faute.

Ces témoins comparurent; leur récit, conforme à celui de l'histoire, n'innocentait pas, mais n'aggravait pas la défection. On sentait dans l'accent de ces témoins, ses chefs ou ses compagnons d'armes, la tristesse d'hommes qui gémissent d'accuser, mais qui ne peuvent pas absoudre. Il était trop vrai que le jeune colonel avait prémédité à Chambéry le rôle de transfuge; qu'il avait pressenti ses officiers, harangué ses soldats, remplacé le drapeau blanc par les aigles arborées au bout d'une branche de saule, distribué les cocardes tricolores trouvées dans la caisse d'un tambour ou préparées pour une heure d'explosion, repoussé la voix, les ordres, les supplications de son général, marché au-devant de l'empereur, embrassé et ramené en triomphe celui qu'il allait combattre, appelé du pied des remparts les régiments de Grenoble à l'insubordination, enfoncé avec ses bataillons les portes de la ville, et donné le premier une place d'armes, une armée, un peuple, une route sur Paris à Napoléon.

XV

Ses accusateurs n'avaient plus à rechercher le crime ainsi attesté et avoué. Ils se bornèrent à demander que, pour l'exemple de ces armées qui ont le privilége des armes, le double devoir du patriotisme et de la discipline, et qui tiennent de la confiance des gouvernements le sort des nations dans leur épée, Labédoyère subît la condamnation militaire que la conscience publique portait contre lui. Ils ne dissimulèrent ni leur douleur ni leur pitié; ils n'outragèrent pas l'homme en accusant le soldat.

Labédoyère, après avoir écouté avec résignation ces paroles de l'organe du conseil de guerre, se leva et prononça sa défense. Sa voix avait l'accent de sa conscience, une conviction triste de sa faute, une fermeté martiale en face des conséquences qu'il allait subir, une réparation patriotique et chrétienne offerte volontairement au roi, à son pays, à sa famille, en expiation des malheurs, du sang, des larmes qu'il leur avait coûté. On sentait que les traditions héréditaires avaient repris à ces derniers moments leur empire sur ses opinions, que sa jeune femme avait fait pénétrer dans sa prison ses adjurations au repentir, ses espérances de grâce, de vie rachetée, de long bonheur encore sur la terre, et que la religion de sa mère introduite dans sa solitude lui avait persuadé, au nom de la mort, l'aveu de son erreur que la tendresse conjugale lui insinuait au nom de l'amour.

Il ne plaida pas son innocence, mais son honneur : « S'il ne s'agissait que de ma vie, dit-il, je ne vous retiendrais pas; savoir mourir, c'est mon métier. Mais une femme modèle de toutes les vertus, un fils au berceau, me demanderaient un jour compte de mon silence. Le nom que je leur laisse est leur héritage, je dois le leur laisser malheureux, non flétri... J'ai pu me tromper sur les véritables intérêts de la France; égaré par des souvenirs ou des illusions de l'honneur des camps, j'ai pu prendre des chimères pour les accents de la patrie. Mais la grandeur des sacrifices que je faisais en rompant les liens les plus chers de rang et de famille prouve du moins qu'aucun vil motif d'intérêt personnel n'a influé sur ma conduite... Je ne nie rien, mais je sais que je n'ai pas conspiré; quand j'ai reçu le commandement de mon régiment, je ne croyais pas que l'empereur pût jamais revenir en France; de tristes pressentiments pesaient cependant sur moi au moment où je partis pour Chambéry. Cette vague tristesse tenait à l'impression de l'esprit public sur moi. » Ici, faisant un tableau politique de la première chute de Napoléon, de l'impopularité générale qui le repoussait de la France, de l'enthousiasme justifié par les vertus de Louis XVIII qui aplanissait la route du trône aux Bourbons, il montrait ces prémices de règne s'assombrissant peu à peu sous les fautes du gouvernement du roi, et préparant la voie à un retour prochain de l'empereur. Il allait expliquer sans doute comment cette désaffection du peuple pour les Bourbons l'avait fait désespérer de la patrie, et avait tourné sa pensée vers un autre salut public dans le règne de Napoléon, abdiquant le despotisme pour devenir le génie protecteur du territoire et de la liberté. On l'interrompit à cette excursion sur des fautes qui, dans sa bouche, pouvaient prendre le caractère d'une accusation au lieu de l'accent d'une excuse. Ce n'était pas son intention, il n'insista pas, et reprit sa défense.

« Oui, je dois me borner, dit-il, à l'aveu d'une erreur; je le confesse avec douleur, en jetant mes regards sur ma patrie, mon tort est d'avoir méconnu les intentions du roi, et son retour a bien dessillé mes yeux ! Tous les actes émanés de son autorité royale sont marqués au coin de la sagesse et de la modération. Je vois toutes les promesses remplies, toutes les garanties consacrées, la constitution perfectionnée, et les étrangers verront, je l'espère, une grande nation de Français réunis autour de leur roi... Peut-être ne suis-je pas destiné à jouir de ce spectacle, mais j'ai versé mon sang pour ma patrie, et j'aime à me persuader que ma mort précédée de l'abjuration de mes erreurs pourra être utile à la France, que mon souvenir ne sera pas en horreur, et qu'à l'époque où mon fils sera à l'âge de servir son pays, on ne lui reprochera pas mon nom. »

L'émotion mâle mais sensible de la physionomie, du geste et de la voix compléta le pathétique de ces paroles. Les indifférents pleurèrent, ses ennemis mêmes ne pouvaient endurcir leur cœur que les passions du jour fermaient à la compassion.

XVI

Les historiens du parti de Napoléon ont eu besoin de dénaturer les faits pour glorifier les complices des cent-jours. Il leur fallait, dans l'image de Labédoyère, une couleur de stoïcité romaine et d'implacable défi aux Bourbons, afin de présenter au peuple en lui, non un homme de la nature, mais un héros et un martyr d'opposition. Ils ont tu ces paroles touchantes du mourant. Nous les rétablissons. Sans doute ce n'est pas à l'accusé de flatter son juge, et la justice, même dans la bouche d'un accusé coupable, devient suspecte quand l'éloge s'adresse à un souverain qui tient dans son cœur la grâce ou la mort. A ce point de vue, Labédoyère, même repentant, aurait peut-être mieux fait de garder le silence sur les vertus et sur la magnanimité du roi. Mais si la réflexion avait en effet ramené cet esprit impressionnable à une appréciation plus équitable du caractère et du rôle de Louis XVIII, revenant d'un second exil apporter une liberté constitutionnelle monarchique; si le ministre de la religion introduit dans la prison par les soins de la famille du prisonnier lui avait inspiré, avec le sentiment vrai de sa faute, l'aveu qui devait la racheter devant Dieu; si le patriotisme avait réellement convaincu Labédoyère que le ralliement de tous les Français autour d'un trône de nécessité était la seule sauvegarde de la patrie devant les étrangers; ou si enfin les larmes de sa femme et les sourires de son enfant avaient arraché de lui la promesse de ne pas décourager une grâce qu'ils invoquaient pour lui et qui leur conserverait un époux et un père, faudrait-il accuser ce jeune homme d'un repentir de conscience, d'un acte de religion ou d'un attendrissement de cœur, et travestir en obstination farouche ce qui ne fut en lui que remords, piété ou amour? Non, l'histoire ne doit pas être un faux témoin arrangeant ou déguisant, selon les convenances de parti, les dernières paroles des mourants. Elle doit peindre l'homme tel qu'il fut et répéter fidèlement à la postérité ce qu'elle a entendu. Elle est ainsi plus touchante et plus instructive à la fois; elle est plus sublime aussi, car la nature, quoi qu'elle dise, a des accents que l'esprit de système n'atteindra jamais.

XVII

Les paroles de Labédoyère, perdues pour son acquittement, ne furent pas perdues pour l'âme des spectateurs. Pendant que le tribunal délibérait, ils restèrent immobiles, silencieux et attendris, cloués par l'anxiété de l'attente à leurs places.

L'accusé fut condamné à la peine de mort. Il eut vingt-quatre heures pour en appeler à un tribunal de révision. Ces vingt-quatre heures étaient plutôt données aux instances de sa famille pour arracher sa grâce au roi qu'à un nouvel examen de sa culpabilité pour les juges. Il avait tout avoué. Un jeune orateur du barreau de Paris, déjà célèbre comme avocat politique, plus célèbre depuis comme homme de tribune, M. Mauguin, défendit cette cause désespérée devant le conseil de révision. Il toucha les juges, il émut l'opinion, il ne pouvait les convaincre. Un second arrêt de mort confirma le premier. Labédoyère, encore incertain si les influences de sa noble famille n'obtiendraient pas de la cour une prison perpétuelle au lieu d'un tombeau, fortifia son âme dans sa prison par la résolution du soldat, par la résignation du chrétien et par la prière du mourant : prêt à la vie ou à la mort, selon ce que le cœur ouvert ou fermé du roi décidait en ce moment de son sort. Sa mère et sa femme assiégeaient le seuil des Tuileries ; mais, tremblant que la raison d'État ne prévalût dans les conseils du palais contre la nature et la magnanimité des princes de la maison royale, elles rassemblaient une somme de cent mille francs en or pour payer au geôlier de la prison la rançon du condamné. Ces offres, soupçonnées par le gouvernement, furent refusées par le concierge de l'Abbaye. Il ne restait plus à mesdames de Labédoyère que la supplication désespérée. Les consignes les plus sévères interdisaient aux gardes du palais de laisser pénétrer ces suppliantes, pour sauver à la cour l'embarras d'une implacable sévérité. Ces gardes cependant furent moins impitoyables que les courtisans. Ils laissèrent fléchir leurs baïonnettes devant ces deux femmes éplorées. Au moment où Louis XVIII, soutenu par les bras de ses familiers, descendait le grand escalier et traversait le vestibule où il montait dans sa voiture pour sa promenade quotidienne, la jeune épouse du condamné, femme de dix-neuf ans, son enfant dans ses bras, ses cheveux épars, ses vêtements en deuil, ses yeux fondus de larmes et d'angoisses, se précipita entre le prince et le marchepied, en criant d'une voix étouffée : « Grâce ! grâce ! » Le roi recula, à la fois mécontent et attendri ; mais la crainte de refuser une satisfaction à son parti et d'encourir ces reproches de faiblesse dont il était assiégé dans son propre palais prévalut sur le spectacle de cette suppliante qui lui demandait tant de vies dans une. Il s'arma de son impassibilité de visage, et s'inclinant, avec une apparente bonté qui contrastait avec sa rigueur, vers la jeune femme :

« Madame, lui dit-il, je connais vos sentiments et ceux de votre famille pour ma maison ; il m'en coûte de refuser une grâce à de si fidèles serviteurs. Si votre mari n'avait offensé que moi, son pardon serait accordé d'avance ; mais je dois satisfaction à la France, sur laquelle il a attiré tous les fléaux de la sédition et de la guerre. Mon devoir de roi me lie les mains. Je ne puis rien que prier pour l'âme de celui que la justice a condamné et assurer ma protection à vous et à son enfant. » Le roi, à ces mots, fut porté dans sa voiture et fit refermer les glaces.

La jeune femme resta évanouie sur la trace des roues.

XVIII

Cependant Labédoyère, suspendu entre le désespoir de laisser sa femme veuve, son fils orphelin, sa mère inconsolée sur la terre, et les dernières lueurs d'espérance que les rapports de sa famille avec la cour faisaient pénétrer dans son cachot, employait ces heures suprêmes à répandre son âme dans des lettres à sa mère, à sa femme, au roi. Il n'implorait pas pour mendier sa vie, il reconnaissait ses torts pour décharger sa conscience, afin de n'emporter devant le grand juge ni le sophisme, ni l'obstination de l'homme de parti. Il ne voulait pas laisser par orgueil un exemple fatal à la loyauté du soldat et à l'indiscipline de ses compagnons d'armes. Sa faute n'avait jamais été sans remords et sans agitation. Le malheur lui avait rendu la lumière morale et la paix. Il avait accueilli avec une piété de famille les exhortations d'un ministre de la religion de sa mère. Il sanctifiait son agonie et ses larmes par la prière et par l'acceptation de son supplice. Chaque minute, en s'écoulant, diminuait le court espace de temps laissé à la grâce. Ce jour était le dernier, et le soir s'avançait sans qu'aucun bruit à la porte de sa prison lui annonçât un message de miséricorde.

Après l'évanouissement de sa jeune épouse sous les roues du carrosse du roi, sa mère, plus forte de sa vieillesse et de sa piété, s'était obstinée à la supplication sans espoir. Vêtue de deuil, couverte sous un voile épais, cachée par l'indulgence désobéissante de quelques courtisans et de quelques officiers de sa famille dans l'ombre du vestibule, elle attendait dans une anxiété mortelle le retour du roi, résolue à embrasser ses genoux quand il descendrait de voiture, et à se laisser fouler à ses pieds plutôt que de lui laisser, sans un dernier assaut, la vie de son fils. Mais le roi, qui s'attendait à de nouveaux déchirements de cœur, et qui voulait les éviter, avait ordonné qu'on écartât de lui toute suppliante. Un rempart de valets, de gardes et de courtisans l'entoura au moment où il toucha le seuil de son palais, et sépara de lui la pauvre mère. Ses cris et ses sanglots de femme parvinrent seuls aux oreilles du roi. Il en étouffa l'écho dans son cœur, de peur de manquer à la politique en cédant à la nature.

Devoir cruel et mal compris des rois, qui lutte avec l'instinct du sentiment, cette voix infaillible de Dieu lui-même, et qui croit que l'effet de la vengeance sur les hommes est plus efficace que la magnanimité! On emporta madame de Labédoyère au sein d'une famille décimée et couverte d'un deuil inconsolable par ces princes mêmes au retour desquels les membres de cette famille avaient aspiré et soupiré toute leur vie! Le triomphe de leur opinion devenait ainsi, par une cruelle dérision du sort, le supplice de leur cœur et le deuil de leur maison.

XIX

Il était six heures du soir; une voiture, escortée de gendarmes, emportait au même moment Labédoyère au lieu du supplice, sous un mur de jardin de cette même plaine de Grenelle qu'il avait disputée quelques jours auparavant à l'ennemi. Il était accompagné d'un prêtre qui lui récitait à voix basse les prières de l'agonie. En descendant de voiture, il aperçut, au milieu d'un petit groupe de curieux attirés par le bruit de l'exécution, un ami fidèle dont la visite l'avait souvent consolé dans la solitude de sa prison, César de Nervaux. La présence de ce témoin, ami à cette heure où tout est ennemi sur la terre, et la consolation de mourir en laissant au moins une image et une larme dans les yeux d'un dernier répondant, jetèrent un éclair de triste joie sur la physionomie de Labédoyère; il s'avança vers M. de Nervaux. Les deux compagnons d'armes s'embrassent étroitement. Ils échangent quelques mots rapides et entrecoupés à voix basse. Des historiens ont assuré que M. de Nervaux promit au mourant de le venger. Mais la vengeance, sentiment tout humain, n'était déjà plus dans l'âme de Labédoyère, pleine d'une religieuse acceptation et d'une divine impartialité. M. de Nervaux ne promit à son ami que de le venger de l'oubli par la fidélité et par la tendresse de sa mémoire. Leurs mains s'arrachèrent lentement l'une de l'autre.

Labédoyère, se rapprochant des soldats commandés pour son supplice et partant du mur en marchant à eux, parut mesurer lentement le nombre de pas qui le séparait de ses exécuteurs. Il s'arrêta un moment à la place qu'il semblait avoir choisie pour mourir. Puis, comme saisi d'une pensée soudaine qui le faisait retourner à la vie pour réparer un oubli, il revint rapidement vers le prêtre, lui dit des paroles à l'oreille, l'embrassa et, reprenant sa place préméditée devant le peloton, attendit le coup. L'officier qui commandait les vétérans l'aborda pour lui bander les yeux, afin de lui éviter, selon la pitié ordinaire du supplice, la sensation du dernier regard sur les armes dirigées contre lui. D'un geste il refusa ce dernier égard, inutile à ceux qui comme lui ont été exercés à la mort sur tant de champs de bataille. Il jeta son chapeau à terre, et, détachant sa cravate, il pria un des soldats de la recevoir en présent d'un mourant et de la garder en mémoire de lui. Le soldat, ému, refusa en alléguant les lois militaires qui interdisent de recevoir aucune gratification particulière à celui qui reçoit la solde de la patrie. Labédoyère insista. « Eh bien ! je prends le mouchoir, lui dit le militaire, mais ce sera pour couvrir respectueusement votre visage après la mort. »

XX

Satisfait de cette condescendance pieuse du soldat, Labédoyère lui remit le mouchoir, s'avança encore de quelques pas vers le peloton jusqu'à ce que l'extrémité des fusils touchât presque sa poitrine. L'émotion non de la crainte, mais de l'adieu, pâlissait son visage, sans rien enlever de la fermeté de leur expression aux traits de sa figure et de l'intrépidité de son regard. Il tourna instinctivement la tête du côté où M. de Nervaux priait pour lui, comme pour faire porter son dernier regard sur des yeux amis. Il découvrit sa poitrine et dit, d'un accent qui ne tremblait pas, aux vétérans : « Tirez, mes amis ! » Le feu répondit à sa voix ; il chancela et tomba percé d'une poignée de balles. Le nuage de fumée de la poudre couvrit un moment le cadavre et les soldats. Quand le vent eut dissipé ce nuage, le prêtre qui avait assisté à l'exécution s'approcha du corps étendu sur le rebord du fossé; il s'agenouilla et, trempant un mouchoir dans le sang de la poitrine du mort, il rougit le linge de ce sang encore chaud qu'il avait promis de rapporter comme une relique à sa femme, et s'éloigna.

Telle fut la fin de ce troisième martyr des cent-jours, premier acte de la loi après les vengeances populaires de l'assassinat. Il était impossible de l'excuser, plus impossible de ne pas le plaindre. L'intérêt ou l'ambition n'avait pas motivé ou avili son crime, il avait cédé à cette popularité des camps, à cette séduction, à cet entraînement de la jeunesse vers l'empereur. Ces sentiments lui avaient montré le patriotisme dans la défection, la gloire dans l'indiscipline. Le fanatisme des grandes nouveautés avait fasciné et incriminé son âme. La faute à peine commise, il en avait été bourrelé. Avant d'expier dans sa vie il avait expié dans son honneur. Dieu et les hommes étaient satisfaits; la royauté des Bourbons devait-elle seule exiger davantage? Non. La joie cruelle qu'elle donnait ainsi à ses partisans était une concession à leur colère. Les concessions de cette nature n'apaisent pas les partis, elles les attisent d'autres soifs; elles contristent un règne, elles rétrécissent l'âme d'un peuple, elles lèguent des ressentiments qui ne s'éteignent plus.

Louis XVIII, par cette inflexibilité contraire à son caractère, croyait prendre rang parmi les hommes d'État. Il sacrifiait son cœur à une vaine politique. Roi désarmé, conciliateur et pacifique, sa force, sa grandeur étaient dans le pardon. Napoléon ne lui avait laissé de supériorité à conquérir que celle de la magnanimité. Il devait du moins garder celle-là. Ce n'était pas avec des supplices qu'il pouvait rivaliser avec des batailles, c'était dans son âme qu'il devait chercher son génie. Les royalistes dans sa cour et les étrangers dans sa capitale lui demandaient impérieusement de se venger et de les venger. Cela est vrai. Le sang de Labédoyère était offert en satisfaction au parti du roi et en réparation à l'Europe. Mais, s'il faisait ce sacrifice à sa cour, Louis XVIII n'était plus roi, et s'il le faisait aux puissances étrangères, il n'était plus Français. Dans le premier cas, instrument de l'animosité des uns; dans le second cas, instrument de la passion des autres, il s'abaissait au dedans et au dehors; il manquait de plus au rôle qu'il s'était sagement dessiné à lui-même, dans la solitude et dans le recueillement de son long exil, de souverain pacificateur; car pacifier c'est pardonner. Quand on veut réconcilier un peuple, ce n'est pas du sang qu'il faut jeter entre les partis, c'est de l'indulgence et de la miséricorde. Le supplice de Labédoyère fut la première tache de ce règne qui allait se ternir et s'attrister par d'autres supplices.

Cet horizon, si serein en 1814, s'assombrissait. On n'entendait, à la cour et dans les chambres, que des cris de vengeance. Un hasard livrait au même moment aux Bourbons la plus illustre de ces victimes, le maréchal Ney. Ce fut le mauvais génie de la Restauration qui leur fit ce fatal présent. En leur présentant des coupables, il les tentait de leur sang. Ce sang, justement ou injustement répandu, devait rejaillir sur leur mémoire et leur enlever le plus beau prestige que leur race avait puisé dans la révolution, le prestige du martyre pardonné, de l'innocence proscrite réhabilitée, et du retour magnanime dans leur patrie.

Jusqu'à ce jour ils avaient été la providence visible de leur pays; arrivant dans ses détresses, écartant de lui le démembrement, le couvrant de leur légitimité devant l'Europe, le réconciliant avec tous les peuples et avec lui-même. De ce jour, ils descendaient de ce rang sublime au rang des princes asservis aux passions du moment, obéissant aux ressentiments de leur parti au lieu de confondre tous les partis, même les partis coupables, dans l'impartialité de leur pardon, et oubliant qu'après des luttes intestines, surtout quand elles sont compliquées de luttes patriotiques avec l'étranger, et quand les égarements ont l'excuse d'illustres exploits et d'une grande gloire, il n'y a qu'une justice, c'est l'amnistie.

LIVRE TRENTE-QUATRIÈME

Procès de Lavalette. — Sa condamnation et son évasion. — Fureurs de la chambre à cette nouvelle. — Arrestation du maréchal Ney, son transfert à Paris et son renvoi devant un conseil de guerre. — Noble conduite du maréchal Moncey. — Le conseil se déclare incompétent. — Renvoi devant la chambre des pairs. — Implacabilité des ministres. — Débats et incidents divers ; déposition de Bourmont. — Réquisitoire de M. Bellart ; arguties de la défense ; attitude du maréchal. — Sa condamnation. — Intrigues vindicatives des royalistes ; magnanime intercession de madame Hutchinson. — Ney dans sa prison ; ses derniers moments, son entrevue avec sa famille. — Son exécution. — Réaction de l'opinion en sa faveur et contre les Bourbons.

I

Il y a des temps qui sont cruels, même quand les hommes sont cléments. La vengeance est un vice tellement naturel à l'espèce humaine, que les opinions triomphantes semblent se venger d'elles-mêmes, alors que les gouvernements voudraient pardonner. Les gouvernements qui résistent à cette basse passion du cœur humain et qui refusent cette satisfaction à la colère des temps méritent bien de la morale publique et de la postérité. Ceux qui cèdent des victimes aux circonstances se tachent à jamais de ces sévérités ou de ces complaisances, et, pour la courte et triste popularité du moment, ils renoncent à la seule popularité durable, la popularité du cœur humain. Ils sont comptables à l'histoire, non pas seulement du sang qu'ils demandent, mais du sang qu'ils accordent aux ressentiments de leur parti. Aujourd'hui que les opinions, brûlantes en 1815, ont repris leur sang-froid par la distance des événements qui les passionnaient, que les vainqueurs et les vaincus, Louis XVIII, Charles X, le Dauphin, la duchesse d'Angoulême, le duc de Berri, les Richelieu, les Lainé, les Talleyrand, les Fouché, les Ney, les Labédoyère, les Lavalette, les membres les plus insatiables de justice, des chambres et des sénats de 1815, dorment ensemble dans la même poussière, quel homme politique de cette époque se réveillerait avec les mêmes haines ou les mêmes fanatismes qui le possédaient alors? Quel ami encore vivant des Bourbons ne voudrait racheter au prix de son sang les taches et les reproches dont ces supplices ont laissé l'empreinte sur le nom et sur la cause de la seconde restauration? Ces supplices n'étaient pas seulement des rigueurs, ils étaient des fautes : ces fautes ne préjudiciaient pas seulement à la réconciliation de la patrie avec elle-même, dont les jugements politiques perpétuaient et envenimaient les divisions; elles faisaient des Bourbons les exécuteurs intéressés de la colère nationale, au lieu d'en faire les arbitres et les pacificateurs de tous les partis. Elles faisaient plus, elles attristaient dans l'avenir un règne dont la destinée était d'être accepté comme un asile par ceux-là mêmes qui l'avaient combattu : elles mêlaient aux douleurs et aux ressentiments des parents, des amis, des partisans des victimes, le nom du roi et de sa famille, qui ne pouvaient retrouver et perpétuer leur légitimité que dans les bénédictions du pays. Tous les gouvernements tombent ; il n'y en a point de plus sûrs de se relever que ceux qui tombent dans leur innocence ou dans leur magnanimité.

II

Le jugement de M. de Lavalette suivit de près l'exécution de Labédoyère.

. M. de Lavalette était un ancien aide de camp de Bonaparte en Italie et en Égypte, qui avait quitté les camps pour l'administration. Sous l'empire, il était directeur des postes, emploi de confiance et même d'intimité, sous un règne où les confidences les plus secrètes des citoyens étaient épiées comme des symptômes d'opinion et comme des éléments de gouvernement. On se souvient que, le 20 mars au matin, pendant l'interrègne de Paris, M. de Lavalette était allé prendre possession de l'administration des postes et avait envoyé des courriers à l'empereur et aux départements, annonçant la retraite du roi et l'enthousiasme prétendu de la capitale. Après l'abdication de Napoléon et la dispersion de ses partisans, M. de Lavalette avait été arrêté. Prévenu indirectement d'avance par une indiscrétion volontaire des nombreux amis qu'il avait dans le cabinet du roi, il n'avait pas tenu compte de ces avertissements. La police avait dû obéir, quoique avec répugnance, à la cour. M. Pasquier, alors ministre de la justice, dans l'intention de donner du temps au prisonnier et d'atténuer par ce temps l'irritation des esprits, avait arraché Lavalette au jugement des conseils de guerre. L'accusé, volontairement oublié dans sa prison, attendait la réunion du jury civil, tribunal plus arbitraire et plus dur en politique qu'un conseil de guerre. On aurait voulu l'oublier tout à fait. Mais à peine la chambre était-elle réunie, que le nom de M. de Lavalette ameuta les membres passionnés de cette assemblée fervente de zèle, et qui réclamait à grands cris les vengeances qu'elle appelait des justices. Après deux mois d'attente, Lavalette avait été condamné à mort.

Homme aimé et inoffensif, il inspirait un généreux intérêt à ceux-là mêmes qui n'avaient pas partagé sa faute. La princesse de Vaudemont, femme influente sur la cour et sur les partis par ses relations avec les deux camps; M. de Vitrolles, homme ardent de zèle, mais secourable de cœur aux vaincus; M. de Talleyrand, Fouché, M. Decazes lui-même, ministre de rigueur, mais homme d'indulgence, désiraient soustraire le condamné à l'exécution d'un arrêt qui n'avait pas même l'importance de la victime pour excuse. M. Pasquier, qui n'était déjà plus ministre au moment du jugement, s'était honoré par une déposition courageuse en faveur de l'accusé. Le duc de Richelieu, par la seule impulsion de sa nature, répugnait à ce supplice pour cause non de trahison, mais de fidélité d'un ancien ami à son général. Il sollicitait de Louis XVIII la grâce de Lavalette. Le roi désirait l'indulgence et n'osait l'accorder. Pressé entre les colères éclatantes de l'Assemblée et les colères sourdes de sa cour: « Lavalette est coupable, répondit-il à M. de Richelieu ; la chambre veut des exemples, je penche pour le pardon, et je ne vous refuserai pas la vie de Lavalette ; mais sachez que le lendemain du jour où l'on saura que vous avez obtenu de moi cet acte, vous serez brisé par la majorité, et que je serai forcé de vous sacrifier vous-même. » M. Decazes, plus puissant sur le cœur du roi, intervint dans le même sens. « Cherchez un moyen pour apaiser l'Assemblée et pour fermer la bouche aux vociférations de ses meneurs, leur répondit le roi, et vous aurez la grâce. — Je n'en vois qu'un, répliqua M. Decazes, c'est que la duchesse d'Angoulême, si puissante sur les royalistes de l'Assemblée, intercède elle-même auprès de Votre Majesté, et prévienne ainsi les murmures de son propre parti. ».

La duchesse d'Angoulême, sollicitée à cette intercession par le duc de Richelieu, s'attendrit et versa des larmes. Elle promit d'intervenir et se souvint du *Temple*. On avertit madame de Lavalette de cette disposition favorable de la princesse. Le maréchal Marmont, capitaine des gardes, toujours empressé de racheter ses torts envers l'empereur par des services à ses anciens compagnons d'armes, se chargea d'introduire lui-même la femme du condamné dans le château, en violant toutes les consignes qui fléchiraient devant son grade. Mais pendant que ce complot de générosité se tramait ainsi entre le roi, les ministres, Marmont et la princesse elle-même, quelques conseillers de malheur s'introduisaient auprès de la duchesse d'Angoulême, lui faisaient un remords de sa vertu et refermaient son cœur à la magnanimité, au nom de cette raison d'État, sophisme ordinaire des passions irritées. Quand Marmont parut, donnant le bras à la jeune femme éplorée du condamné, la duchesse si mal conseillée détourna les yeux de la suppliante, et, jetant sur le maréchal un regard irrité, disparut comme la dernière espérance trompée d'un mourant.

Une seule ressource restait : l'évasion du prisonnier. La princesse de Vaudemont présida à tous les préparatifs de l'entreprise. On peut croire que les ministres, si portés d'eux-mêmes à la clémence, et amis de la princesse, fermèrent au moins les yeux sur une ruse qui servait si bien leurs désirs.

Quoi qu'il en soit, madame de Lavalette, accompagnée de ses enfants, pénétra dans la prison la veille du jour fixé pour le supplice, comme pour recevoir ses derniers adieux. Elle se dépouilla de ses vêtements de femme et en revêtit son mari. A l'heure nocturne où les cachots se referment après les visites aux prisonniers, Lavalette, couvert des habits de sa femme, et le visage caché par un voile épais, sous lequel il affectait les sanglots, traversa inaperçu les rangs des geôliers, en trompant leur vigilance par leur pitié. Des amis l'attendaient à la porte, et le conduisirent, à travers de nombreux détours, à l'hôtel des affaires étrangères, où le duc de Richelieu lui avait fait préparer un asile chez un des principaux officiers de son ministère. Lavalette, protégé ainsi par ceux-là mêmes qui le faisaient rechercher, attendit en sûreté que l'émotion de son évasion fût apaisée. De jeunes officiers anglais, H. Churchill, porteur d'un des noms les plus historiques de son pays, et sir Robert Wilson, à qui sa généreuse intervention valut plus tard une radiation des cadres de l'armée, le couvrirent de l'uniforme anglais, et le conduisirent eux-mêmes à la frontière.

Des cris de rage s'élevèrent de la chambre des députés, au récit de l'évasion de Lavalette. Nous les rappelons pour la honte des partis : pour l'honneur de la nature humaine, nous ne nommons pas ces vociférateurs. On eût dit que le salut de la monarchie tenait à la tête de ce prisonnier et au veuvage de cette femme. Le ressentiment de la colère trompée gronda de ce jour-là sur les ministres et sur le roi lui-même. Ce n'étaient plus des ministres qu'il fallait à cette Assemblée, c'étaient des licteurs. Ces murmures intimidèrent l'indulgence dans le cœur du roi, la modération dans le conseil des ministres. Un grand sacrifice leur parut nécessaire à faire à l'apaisement de ces irritations de tribune. Il n'y manquait que la victime. Le malheur des circonstances venait de la jeter dans leurs mains. C'était le maréchal Ney.

III

Ce maréchal, après l'abdication de l'empereur, avait quitté Paris sous un nom d'emprunt. Il s'était dirigé vers la Suisse. Poursuivi par ses anxiétés d'esprit plus que par l'inimitié des Bourbons, il avait montré dans sa fuite autant d'hésitation que dans sa faute. Le fatal génie qui s'était emparé de lui à Lons-le-Saulnier, qui l'avait suivi depuis à Lille, à Waterloo, à la chambre des pairs, l'obsédait d'asile en asile. Ce n'était pas la mort qu'il craignait de rencontrer partout, c'était la réprobation de sa faiblesse. L'armée réfugiée derrière la Loire lui offrait encore une honorable et sûre retraite, mais l'armée était bonapartiste, et il avait maudit Bonaparte en répondant à Labédoyère dans les discussions de la chambre des pairs. Poursuivi ainsi par la désaffection de l'armée, par l'inimitié des étrangers, par la vengeance des royalistes, il ne lui restait de refuge que dans la mort. Il semblait la chercher tout en la fuyant.

Parvenu jusqu'à Lyon et près de franchir les Alpes, il avait craint, quoique muni d'un passe-port du comte de Bubna, général de l'armée autrichienne, de tomber dans les mains de ses ennemis en entrant en Suisse. Il avait rétrogradé vers l'intérieur et passé quelques jours sans être reconnu aux bains de Saint-Amand, dans le département de la Loire. En apprenant à Saint-Amand que son nom était inscrit en tête des tables de proscription, il avait changé une seconde fois de nom, et il s'était réfugié dans les montagnes de l'Auvergne, au château de Bessonis, habitation d'une famille parente de sa femme. La solitude de cette demeure, la discrétion de ses hôtes, le nom d'une noble maison de l'Auvergne sous lequel il cachait le sien aux curiosités des serviteurs, le voisinage de l'armée de la Loire, qui préservait le pays des inquisitions de la police, tout lui garantissait le mystère. Plusieurs semaines s'étaient écoulées dans cet asile, quand une de ces imprudences qui sont les pièges de la sécurité vint faire soupçonner à la ville voisine, Aurillac, que le château de Bessonis renfermait quelque illustre proscrit.

IV

Le maréchal avait reçu autrefois en présent de Napoléon un sabre turc, dépouille d'Égypte, dont la forme et la richesse de décoration attiraient les yeux. Il portait cette arme avec lui comme un souvenir et un témoin de sa gloire. L'ayant fait admirer une fois à ses hôtes, il oublia de le remporter dans sa chambre et le laissa par négligence sur un meuble de salon. Un voisin de campagne, en visite au château, aperçut l'arme et resta frappé de sa magnificence. Sans aucune intention de nuire, il parla, quelques jours après, à la ville, du sabre turc qu'il avait vu, et il le décrivit avec complaisance. Un des oisifs qui l'écoutaient, et qui avait le goût et la science des belles armes, s'écria qu'il n'y avait au monde que deux sabres pareils : celui de Murat et celui du maréchal Ney. Cet entretien, qui avait des témoins, éveilla les conjectures. Il parvint aux oreilles du préfet. Le préfet, instruit des rapports de parenté entre la famille de Bessonis et la famille de Ney, ne douta plus que l'hôte inconnu du château ne fût le maréchal. Il envoya un détachement de gendarmerie sous le commandement d'un officier pour surprendre le château, au lever du jour, et pour enlever l'hôte suspect. Les gouvernements, quels qu'ils soient, ont toujours des hommes empressés à leur livrer leur proie. Ce qu'on sert le mieux dans les princes et dans les partis, c'est leur haine. Si le préfet d'Aurillac avait eu plus de zèle pour l'honneur du roi que pour la colère des royalistes, il aurait laissé au proscrit le temps d'échapper à ses recherches. Que pouvait Ney contre les Bourbons? Il s'était perdu dans tous les partis. Sa fuite assurée par le préfet, M. Locard, ne sauvait qu'un homme; son arrestation embarrassait et flétrissait tout un règne. Le préfet d'Aurillac ne fit pas ces réflexions. A l'aube du jour, les gendarmes cernaient le château ; le commandant du détachement et dix-huit hommes de sa brigade entraient dans la cour. Le pas des chevaux, le bruit des armes, la rumeur des habitants de la maison, éveillèrent le maréchal. Il pouvait fuir encore en s'évadant dans les bois par les jardins, il était las de se disputer lui-même à son sort : il parut à sa fenêtre, et s'adressant au commandant de la gendarmerie il se déclara à haute voix, ordonna qu'on ouvrît les portes, et ouvrant lui-même celle de sa chambre : « Je suis Michel Ney, » dit-il aux gendarmes; et il les suivit sans résistance à Aurillac.

V

Il y fut traité avec égards par le préfet. On lui enleva ses gardes, on lui demanda sa parole de ne pas s'évader, et on le dirigea sur Paris sous la surveillance de deux officiers. En traversant les cantonnements de l'armée de la Loire, il pouvait se laisser enlever par ses soldats. Le général Excelmans lui proposa de le délivrer. Il refusa, pour ne pas manquer à la foi promise. Il arriva à Paris au moment même où son compagnon de guerre et de défection, Labédoyère, tombait sous les balles de son supplice.

Interrogé longuement par M. Decazes, il fut envoyé devant un conseil de guerre composé de maréchaux et de généraux témoins de sa valeur et purs de ses fautes. C'étaient Masséna, Moncey, Augereau, Mortier : Moncey refusa de juger son ancien compagnon de gloire. Sa lettre au roi fut un modèle de courage civique, de fermeté dans le respect, de dignité d'âme dans le langage : « Je ne sais pas, je ne veux pas savoir, disait Moncey au roi, si Ney est coupable ou innocent, votre justice et l'*équité* des juges en répondront à la postérité, qui pèse dans la même balance les rois et les sujets. Ah! Sire, si vos conseillers ne voulaient que le bien, ils vous diraient que l'échafaud ne fit jamais des amis à une cause...

» Sont-ce les alliés qui exigent que la France immole ses plus illustres citoyens? Qui? moi! je prononcerais sur le sort du maréchal Ney? Où étaient donc ses accusateurs pendant qu'il se signalait sur tant de champs de bataille? Si la Russie et la coalition ne peuvent pardonner au prince de la Moskowa, la France peut-elle oublier, elle, le héros de la Bérésina?... Et j'enverrais à la mort celui à qui tant de Français doivent la vie; tant de familles leurs fils, leurs époux, leurs pères? Non, Sire, s'il ne m'est pas donné de sauver mon pays ni ma vie, je sauverai du moins l'honneur! Qui d'entre nous ne serait pas forcé de regretter de n'avoir pas trouvé la mort à Waterloo?... Excusez, Sire, la franchise d'un vieux soldat qui, toujours éloigné des intrigues, n'a jamais connu que son métier et la patrie. Il a cru que la même voix qui a blâmé les guerres d'Espagne et de Russie pouvait aussi parler le langage de la vérité au meilleur des rois. Je ne me dissimule pas qu'auprès de tout autre monarque ma démarche serait dangereuse, mais en descendant dans la tombe je puis m'écrier avec un de vos illustres aïeux : Tout est perdu fors l'honneur. Et alors je mourrai content! »

VI

Pendant qu'un vieux maréchal faisait entendre un accent d'indépendance et de délicatesse de cœur, si rare dans ceux à qui leur métier défend de discuter l'obéissance, un homme qui avait été naguère un tribun de la liberté, et qui avait plus tard composé avec la tyrannie au 20 mars, Benjamin Constant, écrivait à M. Decazes des lettres confidentielles destinées à influencer dans le sens de l'indulgence les conseils du roi. Mais l'opinion publique du moment était tellement implacable contre le maréchal Ney, qu'en invoquant l'amnistie pour tous les coupables, Benjamin Constant lui-même semblait abandonner le plus illustre et le plus coupable de tous, le héros de la Bérésina. Il est vrai qu'à l'époque où ces lettres étaient écrites pour sauver la tête de Labédoyère, le maréchal Ney n'était pas encore arrêté, ou qu'on ignorait encore son arrestation. Benjamin Constant, en concédant cet homme à la vengeance, croyait ne concéder qu'un nom. Cependant, ces lettres expriment trop bien, sous la plume de Benjamin Constant, le trouble et l'altération de justice du moment pour ne pas rester comme monument à l'histoire.

« M. de Labédoyère, disait Benjamin Constant dans ces lettres, M. de Labédoyère est très-coupable; mais il a été rendu tel par le parti qui depuis quinze ans déjoue toutes

les intentions du roi et tient notre pays dans un état de crise continuelle. . . . .
Quand le roi est revenu l'année dernière, tous les cœurs étaient à lui. L'armée elle-même était facile à reconquérir, le roi l'aurait fait; mais autour de lui circulaient des projets de renversement. On a pris ces projets pour l'intention secrète du roi; et quand un homme s'est présenté, l'on a vu un abri contre les persécutions et une garantie pour les intérêts. . . . .
J'affirme que cette sévérité n'est pas le moyen de salut que les circonstances demandent; que si l'on veut être sévère il ne faut frapper qu'une seule tête, et que M. de Labédoyère, quelque coupable qu'il soit, n'est pas la tête qu'il faut frapper, si l'on en veut une. Je ne me pardonnerais jamais, à moi qui n'ai pas cette fatale mission, de désigner une victime, et je sens que je ne puis tracer les mots qui l'indiqueraient. Mais M. de Labédoyère peut alléguer l'emportement, la non-préméditation, la franchise, la jeunesse... Je m'arrête, car ma main tremble en pensant que cette insinuation est déjà trop claire, et que je ne dois pas, en plaidant pour la vie de l'un, recommander la mort de l'autre. Je reviens à M. de Labédoyère.

» Le fait est sans excuse. M. de Labédoyère ne peut qu'être condamné. Il le sera; je dirai même qu'il doit l'être. Il m'a parlé de sa défense. . . . .
Légalement aucune défense ne peut le servir. . . . . .
Je pense que, cette plaine de Grenelle n'ayant été rougie du sang d'aucun homme durant les trois mois de Bonaparte, il serait heureux qu'elle ne le fût pas sous le roi. Je pense enfin que, s'il faut une victime, ce n'est pas celle-là qu'il faut. »

L'auteur de ces lettres dut pleurer amèrement ces concessions, qui n'étaient que des concessions de paroles au moment où il les écrivait, et qui devinrent des concessions et des excuses de rigueur quand le maréchal fut tombé dans les mains de ses ennemis. Même pour préserver une vie, l'homme d'État ne doit jamais en accorder une autre à la dureté de cœur des partis.

VII

Le courage du maréchal Moncey fut puni comme une faute grave contre la discipline. Le gouvernement l'exila au château de Ham. Il y entra triste de désobéir; il en sortit heureux d'avoir désobéi.

Cependant Ney languissait dans les cachots de la Conciergerie, témoins de l'agonie des royalistes, des Girondins et de la reine Marie-Antoinette, pendant les proscriptions de la terreur. Sa femme et ses enfants, qu'il avait embrassés un moment à quelques lieues de Paris, en arrivant à son dernier séjour, ne pénétraient plus jusqu'à lui. Il habitait un de ces caveaux voûtés, humides et sombres qui sont construits dans les fondations de l'édifice, et qui ne reçoivent de jour et d'air que par des lucarnes à demi ouvertes sur un étroit préau. Ce jour, insuffisant pour éclairer un livre aux yeux, semblait le préparer à l'éternelle nuit dont il sentait l'approche. Il n'avait pour entretien que ses pensées, et pour distraction que sa flûte. Il en tirait des airs tantôt tristes comme son âme, tantôt gais comme ses souvenirs d'enfance, et qui contrastaient, par leur accent pastoral et serein, avec la nuit de son cachot et avec les angoisses de ses heures présentes.

Un de ses compagnons de captivité, séparé de lui par l'épaisseur des murailles, Lavalette, écoutait de loin, sans pouvoir y répondre, la flûte mélancolique du héros. Lavalette raconta qu'après-son évasion et après le supplice du maréchal, il entendit par hasard un jour, dans son exil au delà du Rhin, un des airs que jouait le prisonnier dans sa prison, et que ces notes, retentissant dans une fête champêtre de l'Allemagne, lui remémorant le même air modulé autrefois par l'infortuné captif au fond de son cachot, lui serrèrent le cœur et le firent fondre en larmes. Si l'homme mesurait la souffrance de l'homme à sa propre souffrance, il sévirait sans torturer. On n'est cruel que parce qu'on n'est pas assez réfléchi. La formation du conseil de guerre et la réunion à Paris des témoins nécessaires au procès firent languir trois mois le prisonnier à la Conciergerie.

Il comparut enfin devant le tribunal de ses pairs. Des considérations timides de légistes lui avaient fait prendre la résolution de ne pas accepter ce jugement militaire de soldats sur un soldat, et de demander un jugement politique devant la chambre des pairs. Le seul bénéfice qu'il pût attendre de ce refus de jugement par ses compagnons d'armes, c'était du temps ; mais ce temps accordé à sa procédure coûtait à sa gloire et n'assurait pas sa tête. Les maréchaux et les généraux pouvaient se souvenir de ses exploits ; les pairs ne connaîtraient que son crime. Son destin, depuis qu'il n'avait pas obéi au conseil de l'honneur à Lons-le-Saulnier, était de flotter entre tous les plus funestes conseils, du remords à la rechute, et de l'imprudence à la faiblesse. Livrer noblement sa vie était le seul moyen de l'honorer ou même de la sauver. Les chicanes du juriste sont indignes du soldat.

VIII

Le conseil de guerre, heureux de se décharger de la responsabilité de sa vie ou de sa mort, se déclara incompétent. Le maréchal et ses avocats triomphèrent, le peuple et l'armée s'étonnèrent, la cour et le gouvernement s'irritèrent. Les ministres, pour précipiter le dénoûment, n'attendirent pas un jour; ils déférèrent le jugement à la chambre des pairs. La clameur des royalistes, qui reprochaient au roi chaque heure de vie du maréchal comme une faiblesse et comme une complicité avec la révolte, troubla jusqu'à l'âme de M. de Richelieu. Il prit, en parlant devant la chambre des pairs, l'accent de l'accusateur impatient, au lieu de l'accent du ministre affligé et impassible. Ce ne fut plus l'homme, ce fut l'ennemi qui parla. Seule faute de cette nature, faute du temps plus que du caractère. Il sembla demander non justice, mais condamnation, et la demander non-seulement au nom de la patrie, mais au nom de l'étranger.

« Ce n'est pas au nom du roi seulement, dit M. de Richelieu, que nous remplissons cet office, c'est au nom de la France depuis longtemps indignée et maintenant stupéfaite; c'est au nom de l'Europe que nous venons vous conjurer et vous requérir à la fois de juger le maréchal Ney. Nous osons dire que la chambre des pairs doit au monde une éclatante réparation; elle doit être prompte, et il importe de contenir l'indignation qui de toutes parts se soulève. Vous ne souffrirez pas qu'une plus longue impunité engendre de nouveaux fléaux. Les ministres du roi sont obligés de vous dire que cette décision du conseil de guerre devient un triomphe pour les factieux : il importe que leur joie soit courte pour qu'elle ne soit pas funeste. »

Le ministère tout entier avait signé ces paroles écrites du duc de Richelieu, afin que l'acte parlementaire eût le caractère d'un acte diplomatique et d'une déclaration du gouvernement. La seule excuse, s'il y en a dans de telles paroles, était dans ce soulèvement de l'opinion dont parlait le ministre. Mais ce soulèvement de l'opinion royaliste n'était que la colère et le malheur du temps. Était-ce à un gouvernement de s'en faire la voix et la main?

IX

La chambre des pairs obéit à l'impulsion des ministres avec la célérité d'un corps qui craint qu'on ne lui ravisse la satisfaction de ses ressentiments. En trois jours elle s'était constituée en cour judiciaire, ou plutôt en tribunal d'État, qui crée à la fois les formalités et les peines. Le procès s'ouvrit le 21 novembre. Les spectateurs, presque tous ennemis, plusieurs étrangers, au nombre desquels on remarquait avec peine le prince de Metternich et les membres du corps diplomatique, témoins odieux dans une cause où ils étaient partie, remplissaient les tribunes. Le duc de Wellington eut la décence de n'y pas paraître. Le champ de bataille est le tribunal des guerriers. Le procès avait été jugé entre le maréchal Ney et le général anglais à Waterloo. Wellington aurait flétri son caractère et déshonoré sa victoire en regardant les angoisses de cet adversaire supplicié par son propre pays.

Il était neuf heures du matin.

L'accusé avait été transféré, la veille, de la Conciergerie au Luxembourg, avec une escorte et une précipitation qui témoignaient des inquiétudes du gouvernement sur un enlèvement ou sur un mouvement du peuple. Un corps d'armée stationnait autour du palais, changé en citadelle. Une salle basse transformée en prison, munie de grilles de fer, de guichets et de verrous, servait de cachot au prisonnier. Il pouvait contempler de la fenêtre les jardins de ce palais du Sénat et de la pairie où il avait, si peu de jours auparavant, élevé la voix pour s'accuser lui-même en confessant les désastres de Napoléon.

A onze heures on vint le chercher pour le conduire devant ses juges. Il avait dépouillé son uniforme et revêtu un habit bleu sans broderies, signe de deuil ou de modestie séant à un accusé devant sa patrie. Quatre grenadiers à cheval de la garde royale marchaient à ses côtés. Un murmure d'émotion, de curiosité, de pitié, parcourut la salle et les tribunes à son aspect. Son attitude était dans une triste convenance avec sa situation. Son visage, pâli par quatre mois de séjour à l'ombre des prisons, était calme, attendri et triste. Son front élevé roulait des remords et des pressentiments. Ses yeux regardaient la destinée en face. Sa bouche fermée contenait les impressions de son âme. Rien en lui ne suppliait ni ne défiait ses juges; on sentait qu'il allait plaider plutôt l'excuse que la justification de sa conduite, et qu'il se livrait à l'appréciation plus qu'à la conscience de ses anciens collègues. Il parcourut d'un regard les bancs où siégeaient ses juges, cherchant parmi ces visages connus quelques traces d'amitié, de douleur ou d'espérance. Tous les regards se baissaient pour ne pas rencontrer le sien. Il salua l'assemblée, et, tendant familièrement la main au plus éloquent de ses défenseurs, M. Dupin, il s'assit entre ses conseils.

On lut l'acte d'accusation au nom des ministres. C'était l'histoire des hésitations, des faiblesses et de la défection du maréchal, telle que nous l'avons racontée dans le cours de ce récit. L'accusation n'avait pas eu besoin d'altérer ou de colorer les faits pour inventer le crime militaire. Ney l'écouta sans protester d'un geste ou d'un mot. Quand la lecture fut terminée, le chancelier d'Ambray adressa quelques mots tristes mais rassurants à l'accusé. « Ce n'est pas ici, lui dit-il, que vous devez craindre d'être précédé par une prévention, par la malveillance ou par la partialité. Nous avons plutôt à nous défendre d'anciens souvenirs, et de l'intérêt qu'inspire à son pays un guerrier qui fut longtemps sa gloire, et que nous aimions à compter au nombre de nos collègues. Vous pouvez parler sans crainte... »

L'accusé, cédant une seconde fois aux conseils de ses avocats, leur permit de contester misérablement les formes de la procédure, et de demander du temps en invoquant la nécessité d'une loi préalable là où il ne fallait demander que de l'équité et de la conscience. La chambre des pairs rejeta ces demandes, aussi indignes de la circonstance que de l'homme. La dignité du guerrier souffrit de l'obstination des légistes. L'intérêt même qui s'attachait à son rôle en fut atteint. Dans de telles conjonctures, l'admiration pour l'accusé fait partie de la commisération qu'il inspire à l'opinion et aux juges.

X

La séance, close après ces débats, fut remise au 23 novembre. Cette séance renouvela le spectacle de la première. Les conseils de l'accusé accumulèrent d'autres objections de forme contre le jugement immédiat. M. Dupin lui-même, orateur consommé au barreau, ne parut pas se souvenir qu'il défendait le caractère plus que la vie même de son client. Il s'attacha et s'abaissa à ces sophismes de palais qui embarrassent l'esprit sans émouvoir l'âme ; le procureur général Bellart, homme habitué par sa profession à voir une victime dans tout accusé, répondit en avocat plus qu'en magistrat : l'un voulant tout absoudre, l'autre tout incriminer dans l'homme qu'ils défendent ou qu'ils poursuivent. Lutte funeste dans tout procès d'État, où l'accusateur doit penser à la vie et le défenseur à la mémoire de l'accusé.

La chambre des pairs, lasse de ces chicanes, accorda seulement quelques jours aux défenseurs pour concerter leur défense. Le procès continua le 4 décembre. Mais à l'ouverture de cette séance le maréchal voulut se couvrir de la capitulation de Paris et du traité du 20 novembre qui en avait été la suite. Ce moyen désespéré de défense, qu'on aurait pu opposer devant un tribunal de la coalition, était sans force et sans application devant un tribunal national.

La capitulation de Paris, convention purement militaire entre les généraux des alliés et les chefs de l'armée de Paris, n'engageait que les alliés, et ne protégeait les partisans de Bonaparte que contre les représailles des armées étrangères. Elle laissait aux gouvernements présents ou à venir de la France tous les droits justes ou injustes de clémence ou de poursuite qui appartiennent aux gouvernements d'un pays indépendant. La présentation d'un pareil moyen de défense plaçait l'accusé comme dans un asile antique, sous la garantie, non de ses pairs et de ses compatriotes, mais des étrangers. Le tribunal ne s'arrêta pas à ces objections. On interrogea l'accusé.

Ses réponses furent plus nobles que ses défenses. C'était son âme qui parlait par sa propre bouche, et non plus par les subterfuges de ses avocats. Il confessa, avec l'accent du repentir, qu'il avait vu le roi, qu'il avait dit que l'entreprise de Napoléon était si folle que cet homme méritait, s'il était pris, d'être ramené dans une cage de fer; il jura qu'il n'avait pas parlé de le ramener lui-même dans cet instrument de supplice; qu'il était parti de Paris avec des intentions loyales de servir le roi; qu'arrivé à Besançon, et voyant l'ébranlement des troupes, on lui avait assuré que l'entreprise de Napoléon était concertée avec l'Autriche et l'Angleterre; qu'il avait craint alors d'être le moteur d'une guerre civile; qu'il avait pris de bonne foi la main du roi dans la sienne en prenant congé de ce prince; que les sentiments de respect manifestés en ce moment par lui étaient dans son cœur; qu'il n'avait rien dissimulé; qu'il avait pu être égaré, jamais perfide.

L'accent de la vérité et les regrets de la loyauté blessée éclataient dans ses réponses. Quand on en vint à la scène de défection de Lons-le-Saulnier, il redoubla d'émotion, d'épanchement et de franchise. « J'étais troublé, dit-il, j'avais besoin de bons conseils; je n'en trouvai point; je sommai les généraux Lecourbe et Bourmont de m'aider de leurs lumières et de leur appui; je n'en obtins rien. Un seul colonel me montra une noble résistance à mes ordres, c'est M. Dubalen; je lui dois cet éloge, lui seul me donna sa démission. »

Il se tut, on était ému. Les témoins parurent. Le duc de Duras et le prince de Poix, témoins de l'entrevue du maréchal et du roi, attestèrent tous les deux que le maréchal avait promis de ramener Bonaparte dans une cage de fer. L'accusé contesta peu cette circonstance, qui semblait peser le plus sur son esprit. « Je croyais avoir dit, reprit-il, que Bonaparte méritait d'être emprisonné dans une cage de fer. Cependant il se pourrait que, dans le trouble où m'avaient jeté les événements et la présence du roi, ce mot me fût échappé. Je n'ai nulle raison de mettre en défiance les assertions de M. le duc de Duras. » Il se disculpa victorieusement de l'accusation d'avoir touché à Besançon des sommes destinées à payer sa fidélité au roi.

Un autre témoin, M. de Faverney, tout en évitant de charger l'accusé, rendit à la fidélité du général Lecourbe un hommage qui rejaillissait en contraste sur le maréchal. Lecourbe était mort depuis le 20 mars.

Enfin le général Bourmont parut. C'était le plus intime et cependant le plus accusateur des témoins. Commandant sous le maréchal à Lons-le-Saulnier, Bourmont avait assisté presque seul à toutes les angoisses d'esprit, à tous les entraînements de son chef. Bourmont était, pour ainsi dire, la comparution de la conscience du maréchal devant ses juges. Mais la conscience de cet accusateur elle-même était-elle sans reproches, impartiale, désintéressée d'ambition ? N'accusait-elle pas pour s'excuser elle-même ? Les spectateurs des débats se le demandaient. Les débats allaient répondre.

Bourmont, jeune et intrépide combattant des guerres de la Vendée, avait signalé de bonne heure sa bravoure et ses talents contre les armées de la république. Homme de guerre civile, il avait passé, après la pacification de la Vendée, dans les rangs de l'armée de Napoléon. Napoléon l'avait élevé de grade en grade, rapidement, comme pour montrer aux armées royalistes que le mérite militaire faisait une place aussi large aux braves soldats dans les camps de la patrie que dans les forêts du Bocage. Les Bourbons, à leur retour, avaient retrouvé Bourmont dans les cadres de l'armée de Napoléon. Ses opinions royalistes et ses services militaires dans la nouvelle armée avaient été pour lui un double titre à la faveur de ces princes. Son ambition devait tout attendre, ou de leur reconnaissance comme Vendéen, ou de leur justice comme soldat de la France.

XI

Telle était la situation de Bourmont quand le débarquement de Napoléon, la prise de Grenoble, l'occupation de Lyon, l'ébranlement visible de l'armée de Ney, la perplexité de ce maréchal, l'imminence d'une nouvelle catastrophe des Bourbons, d'une nouvelle usurpation de Napoléon, vinrent faire lutter dans le cœur du général son ancienne et sa récente fidélité, son ancienne et sa nouvelle fortune. Depuis les événements de Lons-le-Saulnier qu'il avait à expliquer devant les juges, la conduite de Bourmont avait porté l'empreinte de cette lutte de ses pensées dans son âme. Elle avait été perplexe, hésitante, contradictoire, suivant les oscillations des événements, résistant au vainqueur au premier moment, se donnant à lui après la victoire, puis se rétractant à la dernière heure par une désertion sous le feu, comme pour donner à son retour à la cause royale plus de prix, et à son abandon de l'empereur plus de préméditation. Il avait suivi Ney à l'heure et à l'acte de la défection sur la place d'armes de Lons-le-Saulnier. Il avait quitté ensuite l'armée pour venir rapporter son épée au roi à Paris. Devancé par l'empereur aux Tuileries, il avait sollicité de nouveau du service dans sa cause, par l'intermédiaire de ses anciens compagnons d'armes, qui avaient témérairement répondu de lui à Napoléon. Investi d'un commandement à l'armée du Nord, il avait passé à l'ennemi pour rejoindre le roi à Gand. Un tel homme était mieux placé pour demander des témoins dans sa propre cause que pour servir de témoin désintéressé dans la cause de son ancien général. Ney, en se justifiant dans ses interrogatoires et devant le conseil de guerre, avait rejeté une part de sa faiblesse sur Bourmont. Bourmont, ainsi inculpé en face de ses nouveaux maîtres, était irrité de ces inculpations du maréchal. Sa situation était délicate devant le maréchal, louche devant les royalistes, réprouvée devant les partisans de Napoléon. S'il se taisait, il était suspect; s'il accusait, il était ingrat; s'il n'accusait pas, il était perdu. Le nœud de ce drame était dans la confrontation de ces deux hommes, qui avaient failli tous deux et qui ne pouvaient s'excuser l'un et l'autre qu'en s'accusant mutuellement. Tous les regards sondaient leur cœur sur leurs visages. Ils évitaient eux-mêmes de se regarder.

XII

« J'ai été déjà interrogé à Lille sur ces événements, dit Bourmont. Je m'étais abstenu de charger l'accusé. Je fus retenu par la commisération qui s'attache à une grande infortune. Mais aujourd'hui qu'il m'attaque, qu'il m'accuse d'avoir approuvé sa proclamation et sa conduite, de lui avoir insinué qu'il ferait bien de quitter le parti du roi pour celui de Bonaparte, je parlerai, et si je l'inculpe davantage, qu'il ne s'en prenne qu'à lui ! »

Bourmont alors raconta que le maréchal, d'abord affligé à Besançon des progrès de Napoléon, avait dit plus tard à Lons-le-Saulnier, à Lecourbe et à lui, ses deux lieutenants, que tout était arrangé depuis trois mois pour le retour et pour cet entraînement de l'armée, que le roi n'était déjà plus à Paris, qu'on n'en voulait pas à sa personne, qu'on désirait seulement qu'il s'embarquât pour l'Angleterre, qu'il fallait alors rejoindre l'empereur, qu'on en serait bien traité ; qu'à ces paroles Lecourbe avait répondu : « Je n'ai reçu de Bonaparte que des injustices, des Bourbons que des bienfaits : d'ailleurs j'ai de l'honneur, je ne veux pas manquer à mes serments. — Et moi aussi, j'ai de l'honneur, avait répondu Ney à Lecourbe selon la déposition de Bourmont, et c'est pour cela que je veux rejoindre l'empereur. Je ne veux plus voir ma femme rentrer en pleurant le soir de toutes les humiliations subies dans la journée. » Ces humiliations de femme faisaient allusion à une certaine supériorité familière mais non offensante de la duchesse d'Angoulême. Cette princesse, en parlant de madame la maréchale Ney devant sa cour intime, se souvenait, dit-on, que cette femme, belle, imposante et illustre alors par son rang, sortait d'une famille attachée au service intérieur de Marie-Antoinette.

XIII

Bourmont poursuivit. « Le général Lecourbe, dit-il, voulait se retirer dans sa terre du Jura. Le maréchal insista pour le retenir. Il nous lut la proclamation qu'il allait adresser aux soldats. Lecourbe et moi nous la blâmions, mais nous crûmes qu'en cas de résistance on avait pris contre nous des mesures et que l'influence du maréchal était irrésistible sur l'esprit des troupes. Nous allâmes sur la place d'armes pour juger de l'effet que cette lecture allait produire. Nous étions tristes et abattus : les officiers nous serraient la main et nous disaient : « Si nous avions su cela, » nous ne serions pas venus ! »

Le maréchal ne put contenir plus longtemps sa récrimination à ces paroles. « Il paraît, dit-il, que M. Bourmont a fait son plan depuis longtemps et qu'il a préparé depuis huit mois ses accusations à Lille. Il s'était flatté peut-être que nous ne nous verrions jamais : il a cru que je serais traité ici comme le fut Labédoyère. Il est fâcheux que le général Lecourbe ne soit plus. Mais je l'invoque dans un autre lieu, je l'interpelle contre ces témoignages dans un tribunal plus élevé. Ici M. Bourmont m'accable, là nous serons jugés l'un et l'autre.

» Cependant je fis venir ces deux officiers chez moi : je les sommai, au nom de l'honneur, de me dire leur pensée. M. Bourmont me dit : « Je suis de l'avis de la proclama- » tion. » Lecourbe me dit : « Cela vous a été envoyé. » Je ne répondit point; mais j'insistai pour m'éclairer de leurs lumières : nulle réponse. Quelqu'un m'a-t-il dit : « Où allez- » vous ? Vous allez risquer l'honneur et votre réputation pour » une cause funeste !... » Je n'ai trouvé que des hommes qui m'ont poussé dans le précipice.

» Je les invitai à rester chez moi : ils se retirèrent. Ce fut le général Bourmont qui fit rassembler les troupes : il eut deux heures pour réfléchir. S'il jugeait ma conduite criminelle, ne pouvait-il pas me faire arrêter ? J'étais seul, je n'avais pas un homme avec moi, pas un cheval de selle pour échapper. Il s'éloigna ; il se réfugia chez M. le marquis de Vaulchier, formant ensemble des coteries pour être en garde contre les événements, et s'ouvrir, dans tous les cas, une porte de derrière. Enfin tous les officiers rassemblés vinrent me prendre, et me conduisirent sur la place d'armes jusqu'au milieu du carré. »

XIV

Après ces paroles, que l'accent, la solennité de l'heure et l'approche de la mort devaient faire croire sincères, et que le mourant ne démentit pas devant Dieu en marchant au supplice, le dialogue entre l'accusé, l'accusateur, le président et l'auditoire devint plus direct, plus pressé et plus écrasant. Les vérités et les démentis éclatèrent en interpellations et en reproches.

« Qui avait donné l'ordre de réunir les troupes? demanda le président. — Moi, avoua Bourmont, mais sur l'ordre du maréchal. — Il les a réunies, reprit l'accusé, après avoir connu par moi ma proclamation. — Comment se fait-il, dit le président, interprète du mouvement intérieur des juges et en s'adressant au témoin, qu'après avoir désapprouvé votre chef, vous l'ayez cependant suivi sur le terrain? — Je voulais voir, répondit le témoin, s'il se manifesterait quelque opposition dans les troupes. Quant à neutraliser l'ascendant du maréchal sur elles, il n'y avait qu'un moyen : c'était de le tuer lui-même! — Vous avez dit, s'écria l'accusé, que je portais à Lons-le-Saulnier la décoration à l'effigie de Napoléon ; cela est faux : vous me supposez donc un misérable? J'aurais donc emporté de Paris la pensée de trahir le roi! Je suis fâché qu'un homme d'esprit emploie des moyens aussi faux et aussi petits! Il y a vraiment de l'infamie à déposer de pareilles suppositions! M. de Bourmont a contribué à me pousser à la défection. »

Bourmont parut s'embarrasser dans l'explication de quelques ordres de détail donnés à l'armée par le maréchal ou par lui. « Permettez, dit avec une insistance accusatrice un des défenseurs; M. de Bourmont prétend avoir été conduit sur la place d'armes par un sentiment de pure curiosité, qu'il dise si c'est aussi la curiosité qui l'amenait au banquet donné à l'état-major par le maréchal après la proclamation? — Il fallait, répondit Bourmont, écarter le soupçon et empêcher qu'on ne m'arrêtât. Le maréchal était inquiet de moi : il envoyait souvent des officiers s'informer du parti que j'allais prendre. — Je n'ai fait arrêter personne, interrompit le maréchal. J'ai laissé tout le monde libre. Vous ne m'avez fait aucune objection. Personne ne m'en a fait. Un colonel seul me donna sa démission. Vous aviez un grand commandement, vous pouviez me faire arrêter ; vous auriez bien fait, ajouta-t-il avec l'accent d'un regret ou d'un remords qui déborde de l'âme. Oui, si vous m'aviez tué, vous m'auriez rendu un grand service, et peut-être était-ce votre devoir !... »

Ce reproche d'un chef infidèle à un subordonné, de l'avoir épargné avant la faute, fit frissonner la salle. Toute la révélation de l'honneur torturé dans l'âme du maréchal était dans cette exclamation. On comprit ce qu'il avait souffert en entendant ce regret de la mort éclater en lui.

« Est-ce vous, continua-t-il en apostrophant son accusateur, qui auriez pu résister à l'entraînement des troupes ? Je ne vous crois ni assez de fermeté ni assez de talent pour cela !... On n'arrête pas l'Océan avec la main, » avait-il déjà dit dans ses interrogatoires.

M. Dupin, autre conseil du maréchal, embarrassa de nouveau M. de Bourmont dans des interrogations que chaque réponse du témoin rendait accusatrices pour lui-même. « Quel effet produisirent sur l'armée la lettre et la proclamation du maréchal ? demanda M. Berryer, père du célèbre orateur de ce nom. — Les soldats crièrent : « Vive » l'empereur ! » répondit Bourmont ; les officiers étaient stupéfaits. — Qu'on demande au témoin, reprit M. Berryer avec une double intention qui n'échappait à personne, si lui-même il a crié alors : « Vive le roi ! »

L'auditoire comprit cette interrogation justificatrice pour le maréchal, accusatrice contre le témoin. Quelques-uns murmurèrent de l'audace de l'avocat, quelques autres se réjouirent de l'embarras de Bourmont. Il y eut un mouvement, puis un silence. Bourmont se retira des débats en laissant dans les âmes la pénible impression d'un homme qui pouvait atténuer en s'immolant et qui aggravait en se justifiant lui-même.

Le préfet du Jura, M. de Vaulchier, homme de zèle, mais de conscience, incapable de se grandir lui-même par la condamnation d'un ennemi, fut entendu. En relation à toute heure avec le maréchal pour les mesures à concerter dans sa province, il dépeignit d'abord la fidélité active de Ney, puis ses doutes sur le succès de la lutte dont la cour l'avait chargé, puis la dégradation successive, involontaire et rapide de cette fidélité à mesure que les événements changeaient de face et que les troupes se livraient au courant de popularité grossi par l'approche de Napoléon. Un autre témoin, M. Cappelle, fit le même tableau de la situation d'esprit de l'accusé. Conduit devant le maréchal après sa défection sur la place d'armes, il fut engagé par Ney à se rallier à Napoléon. « Rien ne pourra m'y décider, répondit M. Cappelle, j'ai juré fidélité au roi. — Et moi aussi, répliqua Ney, j'aurais voulu rester fidèle aux Bourbons, mais malheureusement les événements ne l'ont pas permis. Du reste, aucun mal ne sera fait à ces princes ; ils se retireront dans un apanage qui leur sera donné. Malheur à qui oserait porter atteinte au respect qui leur est dû ! »

Le comte de Grivel, inspecteur des gardes nationales du Jura, qui avait seul répondu à la proclamation par le cri de : « Vive le roi ! » sur la place d'armes et brisé son épée devant les troupes de ligne, avait été protégé par le maréchal contre leur sédition. Homme de cœur et de courage, il raconta sans aggraver.

« Pourquoi, demanda le président au maréchal, n'avez-vous pas pris telle ou telle mesure pour prévenir l'embauchage de vos soldats? Comment vos résolutions, si loyales la veille, ont-elles été si coupables le lendemain? — Après la tempête, répondit tristement l'accusé, il est facile de raisonner sur l'orage. Je le répète, j'ai été circonvenu, entraîné comme par enchantement; on me persuada que tout était concerté avec les alliés : l'idée d'une guerre civile dans mon pays me fit horreur, je n'y pus résister! »

Le duc de Maillé confirma noblement ces aveux de l'accusé par une déposition tout à sa décharge, et dans laquelle il lavait le maréchal de toute préméditation de trahison. Cette déposition d'un homme de cœur, dont le dévouement aux Bourbons était héréditaire, consola l'accusé et releva l'espérance dans le cœur de ses amis. Le général Philippe de Ségur, qui porta depuis un immortel témoignage à la gloire de Ney dans son *Histoire de la guerre de Russie*, parla avec la même délicatesse de cœur, et certifia la même loyauté d'intention dans le maréchal au moment où il partit pour son commandement.

Après ces débats entre les témoins et l'accusé, que les observations de quelques pairs cherchaient odieusement à envenimer, on entendit le maréchal Davoust sur l'interprétation de la convention de Paris, qui, selon les défenseurs de Ney, couvrait sa vie et sa liberté contre toute recherche de ses actes. Davoust prétendit qu'il avait entendu cette convention dans le sens d'une amnistie complète pour tous les actes de l'interrègne, et que, si cette convention n'avait pas eu cette signification dans sa pensée, il aurait combattu et il pouvait vaincre encore. « Oui, s'écria l'accusé, qui avait si témérairement placé son espoir dans cette capitulation, c'est sur la foi de cette convention que je me suis reposé : sans cela, peut-on croire que j'eusse balancé à périr le sabre à la main plutôt que de comparaître ici sur le banc des accusés!... »

XV

Cette dernière controverse épuisée, M. Bellart prit la parole comme accusateur public pour résumer et aggraver le crime. Ses premières paroles dégradaient l'accusé de sa gloire avant de le dégrader de son innocence et de sa vie. On y sentait cette déclamation antique qui songe à l'écho et qui oublie le contre-coup de l'accusation dans le cœur de l'accusé. Rôle implacable de ces magistrats qui demandent au nom de la politique une tête, mais qui devraient du moins né demander que la vie. M. Bellart était de cette espèce d'hommes que la nature n'a pas faits cruels, mais que la profession fait implacables. Son cœur s'attendrissait en lui pendant que son accent s'endurcissait pour ce qu'il appelait son devoir. Consulté, dit-on, quelques mois auparavant par la famille de l'accusé, il avait donné avec une commisération sincère les conseils les plus propres à le sauver. Son rôle était de le frapper de sa parole, et il le frappait.

« Messieurs les pairs, lorsqu'au fond des déserts, autrefois couverts de cités populeuses, le voyageur philosophe qu'y conduit cette insatiable curiosité, attribut caractéristique de notre espèce, aperçoit les tristes restes de ces monuments célèbres, construits dans des âges reculés dans le fol espoir de braver la faux du temps, et qui ne sont plus aujourd'hui que des débris informes et de la poussière, il ne peut s'empêcher d'éprouver une mélancolie profonde en songeant à ce que deviennent l'orgueil humain et ses ouvrages. Combien est plus cruel encore, pour celui qui aime les hommes, le spectacle des ruines de la gloire tombée dans la ruine par sa propre faute, et qui prit soin de flétrir elle-même les honneurs dont elle fut d'abord comblée !

» Quand ce malheur arrive, il y a en nous quelque chose qui combat contre la conscience pour la routine de respect longtemps attachée à cette illustration à présent déchue. Notre instinct s'irrite de ce caprice de la fortune, et nous voudrions, par une contradiction irréfléchie, continuer d'honorer ce qui brilla d'un si grand éclat, en même temps que détester et mépriser celui qui causa de si épouvantables malheurs à l'État.

» Telle est, messieurs les pairs, la double et contraire impression qu'éprouvent, ils ne s'en défendent pas, les commissaires du roi, à l'occasion de ce déplorable procès. Plût à Dieu qu'il y eût deux hommes dans l'illustre accusé qu'un devoir rigoureux nous ordonne de poursuivre; mais il n'y en a qu'un ! Celui qui pendant un temps se couvrit de gloire militaire est celui-là même qui devint le plus coupable des citoyens.

» Qu'importe à la patrie sa funeste gloire ! il l'a éteinte tout entière dans une funeste trahison, suivie pour notre malheureux pays d'une catastrophe sur laquelle nous osons à peine faire reposer notre attention. Qu'importe qu'il ait servi l'État, si c'est lui qui contribue puissamment à le perdre? Il n'y a rien que n'efface un tel forfait. Il n'y a pas de sentiment qui ne doive céder à l'horreur qu'inspire cette grande trahison.

» Brutus oublia qu'il fut père pour ne voir que la patrie. Ce qu'un père fit au prix de la révolte même de la nature, le ministère, protecteur de la sûreté publique, a bien plus le devoir de le faire, malgré les murmures d'une vieille admiration qui s'est trompée d'objet; ce devoir, il va le remplir avec droiture, mais avec simplicité. On peut du moins épargner à l'accusé d'affligeantes déclamations. Qu'en est-il besoin à côté d'une conviction puisée dans une si incontestable évidence! Je les lui épargnerai donc. C'est un dernier hommage que je veux lui rendre. Il conserve sans doute encore assez de fierté d'âme pour en sentir le prix, pour se juger lui-même, et pour distinguer dans ceux qui sont chargés de la douloureuse mission de le poursuivre ce mélange vraiment pénible de regrets qui sont de l'homme, et des impérieuses obligations qui sont de la charge. »

Après ces ménagements oratoires, plus propres à enlever aux juges les scrupules de l'admiration et de la pitié qu'à honorer la victime, Bellart outra l'accusation jusqu'à soutenir qu'un crime de faiblesse était un crime de préméditation. Tout protestait dans le caractère et dans les fautes mêmes du maréchal contre une trahison préconçue. Mais dans les habitudes des légistes toute accusation paraît insuffisante s'ils ne l'élèvent jusqu'à la calomnie. C'est ainsi que le jugement lui-même perd de sa sainteté et de son respect parmi les hommes.

Après le discours de M. Berryer, un incident tragique, dont on n'avait pas connu jusqu'ici la véritable cause et le véritable caractère, émut l'auditoire et les juges, plus émus mille fois s'ils avaient su alors ce que nous allons raconter ici.

XVI

Dès le commencement du procès, les défenseurs de l'accusé, aussi soigneux de son honneur devant l'avenir que de sa justification devant le temps, s'étaient préoccupés entre eux du caractère qu'ils donneraient à la défense. Fallait-il penser davantage à la justification de l'accusé qu'à l'éclat de la cause et à son retentissement dans la postérité? Devaient-ils sacrifier quelque chose au désir de la vie, ou tout sacrifier à la dignité du soldat et à la majesté du nom? Ce n'était pas à eux de résoudre une question si personnelle à celui qu'ils allaient défendre. Ils crurent devoir s'en entretenir d'abord loyalement avec lui. M. Dupin demanda donc avant tout au maréchal s'il voulait vivre ou s'il voulait mourir à tout prix; s'il fallait diriger la défense dans le sens de la conservation de ses jours, ou s'il fallait dans la défense abandonner le soin de ses jours, et ne s'occuper que de la grandeur et de la décoration de sa mort. La première chose pour prendre une si délicate détermination était de savoir du maréchal lui-même s'il désirait vivre. Les défenseurs lui posèrent donc, avec une discrète réserve, ce problème terrible sur lequel son propre sentiment pouvait seul prononcer.

« Je vous l'avoue, répondit sans faiblesse comme sans jactance leur client, je ne crains pas la mort; je l'ai vue mille fois sous toutes les formes, sur les champs de bataille et dans les neiges de la Russie, et je crois avoir entouré mon nom d'assez de renommée pour effacer un jour d'erreur, et pour retrouver, avec l'indulgence, la gloire de mon nom dans la mémoire de mon pays. Cependant, ajouta-t-il avec une compassion impartiale sur lui-même, et comme un homme qui pèse les raisons de mourir et les excuses de vivre, cependant j'ai quarante-deux ans!... Quarante-deux ans! répétait-il en paraissant compter en lui-même combien de jours innombrables sa nature forte et vivace lui réservait encore dans le cours naturel des choses. Quarante-deux ans!... Et qui sait si, après un éloignement et une expiation de quelques années, les événements, la patrie, le roi lui-même, les révolutions, la guerre, ne me rappelleront pas au secours de la France et ne m'offriront pas l'occasion d'un de ces dévouements et d'une de ces victoires qui rachètent dans la vie d'un soldat, comme dans celle de Turenne et de Condé, des erreurs et des fautes recouvertes à jamais par l'immensité du service? Vivre encore pour recouvrer une de ces occasions d'innocenter une vie, c'est vivre deux fois... Et puis il faut vous ouvrir mes affections dans leur dernier repli de nature ou de faiblesse, comme on voudra les interpréter! J'ai une femme jeune, belle et que j'aime avec la tendresse de mes premiers jours d'union; j'ai des enfants à peine sortis du berceau à élever, à protéger, à aimer pour de longs jours. Tout cela m'attache et me retient à l'existence plus que je ne le voudrais moi-même; toutes ces tendresses sont des liens qui serrent le cœur plus fort que la raison ne le voudrait et indépendamment de nous, car je vis dans tous ces êtres si chers, ils vivent en moi, et c'est aussi leur propre existence qui crie et qui se déchire prématurément avec la mienne!... Je vous l'avoue donc sans honte et sans faiblesse, quoique résigné à la mort, je regrette et je désire la vie!... Défendez donc ma vie, si vous croyez pouvoir la défendre, et par tous les moyens légaux qui peuvent la disputer à mes ennemis!...

» Mais, reprit-il avec le geste d'un homme d'honneur qui se refuse à toute bassesse, ne la défendez pas à tout prix! non, pas de la vie elle-même à tout prix; ni pour moi, ni pour mon nom, ni pour ma femme, ni pour mes enfants, une vie rachetée par le moindre opprobre! Vous savez maintenant, ajouta-t-il, toute ma pensée : la vie si on peut la conserver avec l'honneur, la mort plutôt qu'une vie qui tacherait plus tard d'une seconde tache mon caractère et ma mémoire!... Ainsi, c'est à vous, plus calmes et plus expérimentés que moi dans l'étude des tribunaux, de bien observer l'âme sur le visage de mes juges; et si, après avoir tenté tout ce qui sera décent pour me sauver la vie, vous voyez au dernier moment que ma cause est désespérée et que ma condamnation est arrêtée dans leur pensée, avertissez-moi, afin que je tombe noblement devant eux et devant la postérité! C'est ma mémoire, c'est mon nom que je vous confie! Veillez-y pour moi, et comme des médecins pieux qui ne craignent pas de faire connaître au mourant le danger pour qu'il y prépare son âme, avertissez-moi sans ménagements, au moment convenable, de ce que je devrai faire et de ce que je devrai dire pour rompre convenablement avec l'espérance et avec la vie! »

Les défenseurs le lui promirent. Or le moment fatal prévu par le maréchal était arrivé. On avait épuisé tous les moyens dilatoires et tous les moyens de sentiment fournis aux avocats par une telle cause. Aucun n'avait convaincu ou amolli la résolution des juges. Leurs visages, leurs regards, leurs murmures ou leur silence, signifiaient évidemment une condamnation déjà portée dans leurs cœurs. M. Dupin, défenseur du maréchal, se penche vers l'oreille de son client et lui dit à voix basse : « C'est le moment! tout espoir est perdu! il n'y a plus que la chute à illustrer et que la mémoire à sauver en tombant patriotiquement et noblement devant la France! — Je vous entends, » répondit le maréchal; et feignant d'avoir besoin de respirer un moment l'air extérieur et de prendre du repos, il sortit accompagné de ses deux défenseurs pour concerter son attitude et son langage avec eux. Ils lui confirmèrent, avec une pénible mais nécessaire franchise, l'inflexibilité des pairs et la certitude de l'arrêt. « Mais nous vous avons réservé, lui dit M. Dupin, un moyen d'intervenir vous-même par de suprêmes et nobles paroles dans le dénoûment de votre procès et de votre vie. Nous allons rentrer, je demanderai à vous défendre à mon tour, je commencerai à plaider votre qualité d'étranger à la France qui vous soustrait à son jugement par votre naissance à *Sarrelouis*, ville aujourd'hui détachée de notre territoire : à mes premiers mots indiquant l'intention de vous couvrir ainsi de la qualité d'étranger, vous vous lèverez, vous me couperez la parole avec un éclat d'indignation et avec un mouvement de patriotisme que vous n'aurez pas besoin de feindre, et vous m'interdirez de chercher à sauver vos jours au prix de l'abdication de votre glorieuse nationalité! »

Le maréchal remercia ses défenseurs et concerta avec eux le peu de mots qu'il avait à dire pour interrompre M. Dupin et pour revendiquer sa patrie. Il les écrivit sur une feuille de papier pour que l'émotion du drame ne lui en fît pas perdre la mémoire, et il les roula dans ses doigts comme une de ces notes que les orateurs burinent au hasard pour fixer une motion ou une idée.

On rentra dans la salle des séances. Les avocats se levèrent pour parler. Dans son discours, M. Berryer père justifia son client, non de ses torts, mais de la trahison préméditée. Son discours, fortifié par tous les témoignages entendus dans les séances précédentes, ne laissait de doutes qu'à la haine ou à la prévention. M. Dupin, reprenant alors la parole après son collègue, feignit de vouloir arracher le maréchal à la vindicte de la France, en soutenant qu'il n'était plus Français puisqu'il était né à *Sarrelouis*, et que les traités de 1815 venaient de retrancher cette ville du territoire de la France. Le maréchal alors, comme soulevé d'une noble honte en entendant plaider ce sophisme, qui, pour le dérober à l'échafaud, lui enlevait sa patrie, se leva en sursaut pour la réclamer et pour protester contre cet excès de défense. « Non, monsieur, je suis Français, s'écria-t-il en posant la main sur sa poitrine, et je saurai mourir en Français. Je remercie mes généreux défenseurs de ce qu'ils ont fait et de ce qu'ils voudraient faire, mais je les prie de cesser plutôt de me défendre que de me défendre imparfaitement. J'aime mieux n'être pas défendu du tout que de n'avoir qu'un simulacre de défense. Je suis accusé contre la foi des traités et on ne veut pas que je les invoque? Je fais comme Moreau, j'en appelle à l'Europe et à la postérité ! » L'émotion fut immense. L'instant, l'accent, le geste, le regard de l'accusé, y ajoutèrent ce que la préparation n'avait pas prévu. La nature, comme toujours, dépassa toute prévision.

Ces mots fermèrent le débat. On enleva à l'accusé le refuge qu'il avait consenti à chercher dans la capitulation de Paris. Selon la lettre du traité on avait ce droit, mais l'histoire doit admettre que si, dans les premiers jours de la Restauration, Ney ne s'était pas cru à couvert par cette capitulation, il lui eût été facile de se mettre en sûreté au delà de la frontière; l'arrestation de Labédoyère et de Lavalette l'avertit trop tard de son danger. Son accusateur conclut à le déclarer coupable de haute trahison. Les pairs se réunirent en séance secrète pour se poser à eux-mêmes les questions de conviction du crime, de nature du crime et de peine à appliquer au crime. Ils étaient au nombre de cent soixante et un votants. Quelques-uns s'étaient abstenus, d'autres récusés pour ne pas tremper dans un acte que le temps ou la postérité pouvait leur reprocher selon les passions du moment ou les passions de l'avenir. Le jeune duc de Broglie revendiqua le droit de siéger dont le dispensait sa jeunesse, afin de protester par ses votes contre une immolation politique aussi contraire à la reconnaissance qu'à l'honneur de son pays. Fidèle en cela aux traditions de l'âme de madame de Staël, dont il épousa la fille, femme qui sanctifiait le génie des lettres par le génie de la pitié.

Divisés sur la préméditation, presque unanimes sur le crime et sur sa qualification en crime de haute trahison, ils délibérèrent individuellement et à haute voix sur la peine. Le tribunal n'était pas militaire, mais politique; il pouvait apprécier les circonstances, évaluer l'homme, se souvenir des services, prévoir l'odieux des ingratitudes d'État, arbitrer la réparation, graduer le supplice, épargner le sang. L'ostracisme et l'exil étaient la peine commandée par un crime d'entraînement, inspirée par l'humanité, ratifiée par la politique et par l'intérêt bien compris des Bourbons. La tête de son chef le plus peuple et le plus soldat jetée à l'armée était un défi à la réconciliation, un grief implacable dans le cœur des braves presque tous plus ou moins complices de sa faute. Le coupable avouait lui-même ses torts, honorait le roi, n'élevait d'autre drapeau que celui du repentir et du deuil en opposition au drapeau de la Restauration. Il n'était plus dangereux que dans un tombeau sanglant. Son fantôme seul était désormais à craindre; tout commandait de le réprouver et de le sauver. Dix-sept pairs seulement dans cette élite des hommes d'État et des hommes de cour de la France eurent le courage de refuser cette victime à la colère des temps et de voter pour l'exil. Nous inscrivons leurs noms, pour que l'estime publique ait aussi ses tables où l'histoire retrouve et rémunère les cœurs inflexibles aux calculs ou aux passions des partis.

Ce furent :

>Le duc de Broglie,
>Le duc de Montmorency,
>Bertholet,
>Chasseloup-Laubat,
>Chollet,
>Collaud,
>Fontanes,
>Gouvion-Saint-Cyr,
>Herwyn;
>Klein,
>Lanjuinais,
>Lemercier,

Lenoir-Laroche,
Malleville,
Richebourg,
Curial,
Lally-Tollendal.

Cinq pairs, MM. de Choiseul, de Sainte-Suzanne, de Brigode, d'Aligre, de Nicolaï, moins convaincus ou moins courageux, s'abstinrent de voter. Neutralité clémente, mais timide, qui ne frappe pas, qui ne sauve pas, mais qu'il n'est jamais permis de garder entre le glaive et la victime.
Quant à ceux qui votèrent en masse la mort, les uns par une conviction consciencieuse de la proportion de la peine au crime, les autres par le sentiment imprévoyant de la nécessité de l'exemple; ceux-ci par dévouement à une cause à laquelle ils ne voulaient rien refuser, pas même une tête de héros; ceux-là par émulation de zèle et de gages donnés à leur royalisme suspect et récent; les cruels par vengeance, les lâches par faiblesse, les flatteurs par adulation, les ambitieux par anticipation du compte qui leur serait tenu de ce sacrifice à la servilité : nous tairons leurs noms par respect pour leur mémoire et par piété pour leurs familles. La postérité doit avoir ses amnisties comme la politique : les annales des nations ne sont pas des tables perpétuelles de ressentiments et de divisions entre les fils dont les pères furent coupables ou malheureux. Pardonner aux victimes et pardonner même aux juges est la loi de la vraie justice pour des êtres aussi faillibles que nous. Pardonner, c'est oublier. Oublions!

XVII

Il faut dire, à la décharge de ces cent trente noms qui prononcèrent la mort, que, dans la pensée de plusieurs, la mort n'était qu'une satisfaction nominale donnée à la rigueur de leur conviction, mais qu'ils la votaient à la condition tacite de la commutation de peine par le gouvernement. « L'arrêt, dit l'historien le plus exact et le plus sévère contre ce vote, M. de Vaulabelle, était à peine prononcé que le duc de Richelieu, présent à cette séance nocturne, fut entouré par un grand nombre de votants qui le conjurèrent de demander au roi l'exil en Amérique au lieu de l'échafaud pour le condamné. »

Le cœur du duc de Richelieu était assez grand pour contenir à la fois la justice et la clémence. Pendant que les juges, encore enfermés dans le Luxembourg, se livraient à ces entretiens à demi-voix qui suivent les grands actes accomplis dans les assemblées, les uns attendant l'inflexibilité, les autres l'attendrissement de la colère de la cour, le premier ministre était accouru aux Tuileries, et il implorait l'homme après avoir servi le prince. Le roi était doux de nature et magnanime par calcul. Sa longue étude des vicissitudes humaines dans l'histoire, qui enseigne l'inutilité des supplices autant que la déception des bienfaits, avait imprégné l'âme de ce prince d'une philosophie qui ressemblait à l'indifférence. Il ne haïssait pas, parce qu'il aimait peu. Mais il régnait généralement en perspective de la postérité : il citait Henri IV, il aspirait à l'imiter : il ne voulait à aucun prix laisser une mémoire sinistre à l'avenir. S'il eût été seul et vraiment roi, il aurait certainement pardonné. Mais, bien qu'il affectât l'indépendance dans son gouvernement et la supériorité dédaigneuse de sa famille dans son palais, il comptait avec les alliés et il cédait à ses alentours. Les représentants des alliés et surtout lord Wellington auraient pu encourager ses dispositions secrètes à la clémence. Dominés à leur insu par la partie ultraroyaliste de la société de Paris dont ils étaient entourés, ils trempaient involontairement dans ses passions.

XVIII

La nation anglaise ne fut complice, dans cette occasion, ni de cette impassibilité, ni de cette approbation tacite à une exécution militaire que des soldats pouvaient trouver juste, mais que les cœurs généreux trouvaient cruelle. Madame Hutchinson, femme d'un membre du parlement, parente de lord Wellington, qui se trouvait alors à Paris, et qui réunissait dans ses salons les officiers les plus libéraux de l'armée anglaise, intercéda avec supplications auprès de lord Wellington pour obtenir de lui une intervention décisive pour le salut du maréchal Ney. Elle le conjura, au nom de sa propre gloire et de la gloire de son pays, d'écarter par cette démarche le reproche qui pèserait sur sa mémoire si cet odieux sacrifice s'accomplissait sous ses yeux et en apparence avec sa participation morale. On dit que, dans son invocation ardente et éloquente à la magnanimité du généralissime anglais, madame Hutchinson se précipita aux genoux de lord Wellington, pour lui arracher par la prière ce qu'elle ne pouvait par les plus hautes considérations. Le duc, évidemment combattu entre le désir d'exaucer une si touchante sollicitation et l'impossibilité où il croyait être de peser sur la décision libre du roi et de violer peut-être des engagements préalables de neutralité entre le prince et les sujets, pris dans des correspondances ou des entretiens pendant la campagne, répondit qu'il était enchaîné par des considérations obligatoires, et que, quels que fussent ses sentiments personnels d'intérêt et de commisération pour un adversaire malheureux, son devoir était de se taire, de dédaigner les faux jugements du temps sur son caractère, et de tout livrer au jugement plus éclairé et plus impartial de la postérité.

Madame Hutchinson se retira dans les larmes, sans avoir pu ébranler l'homme de guerre ni l'homme d'État. Le gouvernement, informé des tentatives de cette suppliante pour arracher sa proie à la rigueur du jugement, et de l'amertume des reproches qu'elle élevait dans son intimité contre l'implacabilité des juges, l'éloigna de Paris pour le crime d'avoir également compati au sort de Lavalette et d'avoir ourdi dans sa maison la trame généreuse de l'évasion de ce condamné. Touchée des efforts de cette famille pour sauver un époux et un père à la sienne, la veuve du maréchal Ney offrit à madame Hutchinson, comme une relique du cœur, le sabre que le maréchal portait à Waterloo, après avoir fait graver sur la lame l'acte et la reconnaissance.

Vingt ans après ces tristes événements, un fils de la victime, voyageant en Italie pour y retrouver les traces de son père, s'arrêta à Livourne dans une villa habitée par madame Brennier, femme du consul de France en Toscane :

l'entretien étant tombé sur la mort du maréchal, le jeune homme s'étonna de voir les larmes couler sur les joues d'une étrangère, au récit des malheurs de sa famille. L'étrangère, mère de madame Brennier, était madame Hutchinson. La pitié et la reconnaissance s'étaient rencontrées ainsi sans se connaître. Si la cruauté a ses expiations et ses remords, la générosité a ses hasards et ses bonheurs, comme si la Providence se les réservait à ses moments pour ne pas décourager les nobles cœurs.

XIX

Les passions de cour dans ce moment à Paris étaient implacables. La vie accordée au héros de la Bérésina semblait un larcin fait au droit des représailles. On s'ameutait dans les salons de l'aristocratie autour des ministres du roi, pour demander ce sang comme pour arracher une faveur personnelle. Des femmes du plus haut rang, jeunes, belles, riches, comblées de dons, de faveurs, de titres, de dignités par la cour, oubliaient leurs familles, leurs plaisirs, leur mollesse, leurs amours, sortaient dès l'aurore, couraient tout le jour, intriguaient toute la nuit, pour enlever parmi les juges une voix à l'indulgence, pour en conquérir une au supplice, pour maudire et inculper d'avance ceux dont la lâcheté ou la perfidie disputerait cette condamnation à leur opinion. Nous avons vu nous-même, avec étonnement et tristesse, les courses, les supplications, les mains jointes, les sourires de ces femmes mendier des concessions qu'elles imploraient pour la satisfaction de leurs haines. Nous en rougissons encore. Qui s'étonnera des férocités brutales des multitudes, quand le rang, la fortune, les cours ont de telles irréflexions d'inhumanité, de tels vertiges de colère, de tels courants de sang aux jours de vengeance?

XX

Toutes ces colères des sociétés royalistes avaient leur contre-coup et leur ressentiment aux Tuileries. On croyait flatter en endurcissant les cœurs autour des princes par cette âpreté de haine contre les ennemis communs; on se promettait d'avance d'être inexorable et de correspondre à ces dévouements de ses amis par le sacrifice de toute faiblesse humaine dans son propre cœur. Ces promesses faites, on n'osait revenir sur le sang promis.

Telles étaient les dispositions de la cour et des princes, quand le duc de Richelieu, forçant les consignes et pénétrant à une heure après minuit dans la chambre du roi, vint lui apporter la nouvelle du jugement et lui insinuer la clémence. « Jamais ma famille ne me pardonnerait cette grâce, répondit le roi attristé, et la chambre, sans laquelle je ne puis gouverner, briserait demain mon gouvernement. Les alliés eux-mêmes m'accuseraient de compromettre de nouveau la sécurité de l'Europe par des indulgences dont j'aurais l'honneur et dont ils auraient les dangers. Il y a des circonstances où les rois ne peuvent que ce que leurs partisans leur permettent. Nos sentiments mêmes sont asservis à nos devoirs d'État : je plains Ney, je n'ai point de haine contre lui ; je voudrais conserver un père à ses enfants, un héros à la France ; mais je suis roi constitutionnel : je ne puis, sans compromettre mon union avec les chambres, suspendre ou détourner la justice que mon peuple exige pour gage de sa sécurité. » Le duc de Richelieu, qui connaissait les dispositions et les exigences de la cour, de la chambre, de l'entourage des princes et de la princesse, n'espérait plus rien de ce côté. La duchesse d'Angoulême seule aurait pu prendre sur elle la colère du parti royaliste et mettre ses larmes en balance contre le sang du héros. Le roi son oncle ne pouvait rien refuser à cette suppliante. Peut-être désirait-il ardemment qu'elle vînt offrir ce prétexte à sa clémence, cette autorité de famille à sa faiblesse. Elle ne vint pas : de fatales inspirations de sévérité prévalurent autour d'elle sur le rôle naturel que semblait lui assigner la Providence. Un cœur de femme aux Tuileries, interposé entre toutes ces représailles, et asile de tous les vaincus, était la seule popularité qui manquât aux Bourbons pour reconquérir tous les partis. Elle laissa fermer ce cœur par la main de ses funestes conseillers. Celui de la France se ferma à son tour. Elle enleva ainsi à sa famille, à sa cause et à elle-même la plus irrésistible des politiques, la politique du sentiment. C'était plus qu'une dureté, c'était une erreur qui condamnait sa dynastie à une courte existence. Car les restaurations par leur nature n'ont qu'un de ces deux rôles ; la magnanimité ou la vengeance. Du jour où elles cessent de pardonner, elles sont condamnées à se venger. Se venger d'un peuple, c'est le désaffectionner sans l'anéantir. Le sang qu'on arrachait ainsi à la Restauration écrivait d'avance le second divorce de la France et des Bourbons.

XXI

Pendant que la grâce ou la mort se balançaient ainsi dans l'ombre du palais et que le premier ministre consterné en ressortait sans rapporter l'espérance, le condamné était rentré dans sa prison du Luxembourg, d'où il pouvait entendre la sourde rumeur des conversations de ses juges, attendant eux-mêmes la résolution du château. Incertain lui-même, et presque indifférent, à force de lassitude et de tristesse, sur son sort, il avait pris un peu de nourriture et il s'était couché tout habillé sur son lit, comme un soldat qui s'attend à être réveillé par la mort. L'excès de fatigue et d'agitation d'esprit, depuis l'ouverture de ce long procès, avait enfin fermé ses yeux aussitôt que son honneur et sa vie avaient été remis entre les mains de ses juges. Le sommeil que trouble l'espérance est le compagnon du désespoir. Il dormait sur le bord de la destinée. Les gardes pieux et attendris qui veillaient dans sa chambre retenaient leur parole et leur respiration, de peur d'interrompre ce dernier repos. Ce n'étaient pas, comme on l'a dit, des séides masqués en gendarmes et choisis, à la férocité et à la rudesse de leur inimitié, parmi les gardes du corps, pour torturer l'âme du prisonnier et pour l'immoler dans le cas d'une évasion à main armée. C'étaient de braves et jeunes gentilshommes, élite de leurs compagnies, incorruptibles par honneur, mais incapables de crime sur un homme désarmé et d'outrages envers un captif, dont ils déploraient le sort et dont ils admiraient la gloire. Ils avaient revêtu, quoique officiers, l'uniforme de simples cavaliers des grenadiers à cheval de la garde royale. Mêlés sous ce costume aux gendarmes et aux autres surveillants du prisonnier, c'étaient eux qui le gardaient à vue dans sa chambre et qui s'entretenaient le plus habituellement avec lui, non pour aggraver, mais pour distraire et consoler sa solitude. Ils encourageaient en lui l'espérance, et ils se flattaient eux-mêmes que le maréchal, condamné et pardonné par le roi, les reconnaîtrait dans de meilleurs temps pour les consolateurs de ses mauvais jours. C'est de leur propre bouche que nous reçûmes alors ces confidences de leur mission.

XXII

A trois heures du matin le secrétaire de la chambre des pairs se présenta à la porte de la chambre du condamné pour lui lire authentiquement sa sentence. Les gardes, émus de ce sommeil paisible qu'il fallait interrompre, comme si la mort eût été jalouse d'un peu de repos, hésitèrent longtemps à le réveiller. Ils obéirent enfin à la nécessité; ils touchèrent de la main, appelèrent d'une voix sourde le maréchal profondément endormi. Il se leva sur son séant, aperçut à la lueur des flambeaux le cortége de la chambre et le secrétaire, M. Cauchy, dont le visage, connu de lui, présageait la tristesse et la pitié de son âme. Il s'élança de son lit, s'avança vers M. Cauchy, et se disposa à écouter un arrêt trop prévu d'avance. Avant de lire le papier qu'il tenait à la main, le secrétaire de la chambre

pria le prisonnier de séparer son rôle officiel des sentiments personnels de respect et d'admiration dont il était pénétré, et de le plaindre d'un devoir qui répugnait à son cœur.
« Je suis touché et reconnaissant, monsieur, répondit le maréchal, des sentiments qui vous agitent, et je les comprends : mais nous avons tous nos devoirs en ce monde. Accomplissez le vôtre, je ferai le mien. » Puis lui rappelant du geste le papier qu'il tenait à la main : « Lisez, » dit-il d'un accent résigné et doux. Le secrétaire lut d'une voix qui semblait demander pardon pour les mots, et comme il lisait textuellement et sacramentellement la longue énumération des noms, titres, grades et dignités dont l'arrêt qualifiait le condamné : « Au fait, au fait ! dit le maréchal avec un accent d'impatience et avec une expression de dédain pour ces hochets de la vie tout à l'heure anéantis par la mort, dites simplement Michel Ney, et bientôt un peu de poussière ! »

La lecture achevée, le secrétaire de la chambre annonça au condamné que le curé de Saint-Sulpice était venu lui offrir les consolations que la religion donne aux mourants, et que la consigne l'autorisait à le recevoir. « Je n'ai besoin de personne pour savoir mourir, répondit le maréchal.— A quelle heure demain ? ajouta-t-il avec une physionomie interrogative qui achevait le sens suspendu de la question.— A neuf heures, répondit M. Cauchy en s'inclinant comme pour rougir de la brièveté du temps qu'on mesurait à ses préparatifs.— Et ma femme ? et mes enfants ? reprit le condamné, pourrai-je au moins les embrasser une dernière fois ? » M. Cauchy était autorisé à le lui promettre. « Eh bien ! dit Ney, faites avertir la maréchale pour cinq heures du matin ; mais qu'elle ignore surtout ma condamnation, qu'elle ne l'apprenne que de moi-même qui peux seul lui en adoucir l'horreur. » On lui promit d'avoir ces ménagements pour sa famille ; il demanda alors à demeurer seul pour le reste de la nuit. Il se recoucha sur son lit, s'enveloppa la tête de son manteau et se rendormit comme au bivouac entre deux alertes. La nature, plus clémente que les juges, lui voilait l'agonie par le sommeil.

A cinq heures, la maréchale, entourée de sa sœur et de ses quatre fils, fut introduite dans sa prison. La nuit, fixée pour cette entrevue, lui disait assez que c'était l'entrevue de la suprême séparation. Le maréchal, qui adorait cette jeune et charmante compagne de ses jours, la reçut évanouie entre ses bras, et ne put la ranimer qu'à peine sous ses baisers et sous ses larmes. Puis prenant ses quatre fils en bas âge sur ses genoux et les groupant contre son cœur, il leur dit à voix basse ces paroles suprêmes par lesquelles un père transvase le plus pur de son âme dans la mémoire de ses fils. Sa belle-sœur, se multipliant pour courir du père à la mère et de la mère aux petits enfants, priait à haute voix à travers les sanglots de ces chers groupes. Le maréchal, qui avait retrempé son cœur dans la vue et dans l'adieu de tout ce qu'il aimait, conserva assez de sang-froid pour tromper sa femme en lui communiquant, pour l'arracher au spectacle de son agonie, une espérance qu'il n'avait pas lui-même. Il la flatta de l'illusion d'une violence faite au cœur du roi par le spectacle de sa douleur et l'énergie de ses prières. Il parvint ainsi à s'arracher de ses bras noués autour de lui. Les suppliants se firent conduire dans les ténèbres aux portes du palais où dormaient le roi et la duchesse d'Angoulême.

Grâce au duc de Duras, premier gentilhomme du roi, la

famille parvint jusque dans les salles qui précèdent les appartements royaux. La maréchale, à la fois inquiète et rassurée, y attendait le réveil du prince. Elle ne doutait pas que la permission de pleurer si près de leurs cœurs ne fût une promesse tacite de miséricorde. Les premières clartés et les premiers bruits du jour, en pénétrant dans le palais, lui donnaient à la fois plus de terreurs et plus d'espoir. Sa mère avait été dans la familiarité domestique de la duchesse d'Angoulême. La fille laisserait-elle sortir la fille, veuve et les petits-fils orphelins de ce palais où elle était plus que reine? Ce groupe, éploré dans l'ombre d'une antichambre, attendit en vain jusqu'à l'heure irréparable. La princesse ne sut rien, n'entendit rien. Quelle heure perdue pour la nature et pour la monarchie!

XXIII

Le maréchal ne s'était plus recouché depuis les derniers embrassements de sa femme et les sanglots de ses enfants. Il avait essuyé ses propres larmes pour ne plus penser qu'à la dignité de sa mort. Il écrivit son testament; puis, se relevant de son siége, il se promena dans sa chambre en échangeant avec une grande liberté d'esprit quelques paroles avec ses gardiens. Un de ces gardes du corps déguisés en grenadiers de la garde, dont nous avons parlé tout à l'heure, avait conçu pour le héros cette tendresse involontaire d'admiration et de pitié que la familiarité de la prison, l'infortune et la mort prochaine font naître dans les nobles cœurs. C'était un gentilhomme royaliste du Dauphiné nommé M. de V***. Sa belle figure, son caractère martial, son accent de libre mais respectueuse franchise, avaient trompé le prisonnier lui-même, qui croyait voir dans M. de V*** un des anciens sous-officiers de ses grandes guerres. Il s'entretenait volontiers avec ce garde dans les longues heures de son oisive captivité. « Voilà mon dernier soleil, camarade, dit-il en se rapprochant de M. de V***. Ce monde est fini pour moi. Ce soir je coucherai dans une autre étape. Je ne suis pas une femme, mais je crois à Dieu et à une autre vie, et je me sens une âme immortelle... On m'a parlé de préparation à la mort, de consolations de la religion, d'entretien avec un prêtre charitable. Est-ce la mort d'un soldat? Voyons, que feriez-vous à ma place? — Monsieur le maréchal, répondit M. de V***, nous espérons encore que le roi sera digne d'Henri IV, et qu'il ne souffrira pas qu'on prive la France d'un de ses plus glorieux serviteurs, pour un jour d'oubli; mais la mort est la mort pour tout le monde, et celui qui la vit de si près sur tant de champs de bataille n'a pas peur qu'on lui parle d'elle dans un cachot. Jamais la voix d'un dernier ami n'a fait de peine à un soldat à l'ambulance. A votre place je laisserais entrer le curé de Saint-Sulpice, et je préparerais mon âme à tout événement. — Je crois que vous avez raison, répliqua en souriant amicalement le maréchal. Eh bien! faites entrer le prêtre. » Le curé de Saint-Sulpice, qui attendait patiemment l'heure de Dieu dans une salle du Luxembourg, fut introduit, et s'entretint pieusement dans un coin de la chambre avec le maréchal. L'heure, qui n'apportait point la grâce, sonna pour le supplice. Le condamné, qui avait lu dans les visages et entendu dans les murmures de la chambre des pairs la vengeance inexorable des partis, n'attendait rien des larmes de sa femme et de ses enfants. C'était pour elle et pour eux qu'il avait simulé l'espérance. Il s'habilla pour paraître décemment devant le dernier feu. Une redingote militaire recouvrit sa poitrine. Le bruit des soldats qu'on échelonnait depuis la porte du Luxembourg jusqu'à la grille de l'avenue de l'Observatoire et le roulement d'une voiture dans les cours l'avertirent du départ et de la route. Il crut qu'on allait le conduire dans la plaine de Grenelle, sur la place marquée par le sang de Labédoyère, lieu ordinaire des exécutions. On ouvrit sa porte; il comprit. Il descendit le pied ferme, le front serein, le regard élevé, la bouche presque souriante, mais sans aucune affectation théâtrale, à travers les soldats rangés en haie sur les marches de l'escalier et dans les vestibules du palais, comme un homme heureux de revoir l'uniforme, les armes, les troupes, sa vieille famille. Arrivé au pied du perron où la voiture l'attendait, le marchepied baissé, la portière ouverte, il s'arrêta au lieu de monter, par un retour de politesse pour le prêtre qui l'accompagnait, et prenant par le bras le curé de Saint-Sulpice, qui voulait lui céder le pas : «Non, non, dit-il avec un enjouement triste et souriant, allusion mélancolique au but du voyage, montez le premier, monsieur le curé ; j'arriverai encore avant vous là-haut. » Et du regard il indiqua le ciel.

XXIV

La voiture roula au pas dans les larges allées du Luxembourg, entre les files muettes des soldats. Une brume glacée rampait sur le sol et ne laissait qu'entrevoir les bras dépouillés des grands arbres du jardin royal. Le prêtre murmurait à côté du soldat les résignations et les confiances surnaturelles de la mort. Le maréchal l'écoutait avec une mâle attention, et croyait l'écouter longtemps encore. Tout à coup la voiture s'arrêta à moitié chemin de la grille du Luxembourg et de l'Observatoire, en face d'un long mur de clôture noir et fétide qui borde la contre-allée de cette avenue. Le gouvernement, mal inspiré jusque dans le choix du lieu du supplice, semblait avoir voulu le rendre plus dédaigneux et plus abject en faisant abattre cet illustre ennemi, comme un animal immonde, dans un carrefour et à quatre pas d'un palais dont son cadavre assombrirait à jamais le souvenir.

Ney s'étonna et chercha des yeux la cause de cette halte à moitié chemin. La portière s'ouvrit, on l'invita à descendre. Il comprit qu'il ne remonterait plus. Il remit au prêtre qui l'accompagnait les derniers objets à son usage qu'il portait sur lui, avec ses dernières recommandations pour sa famille. Il vida ses poches de quelques pièces d'or qu'il possédait, pour les pauvres du quartier; il embrassa le prêtre, ami suprême qui remplace les amis absents à cette dernière heure, et marcha au mur vers la place que lui indiquait un peloton de vétérans. L'officier qui commandait ce peloton s'avança vers lui et lui demanda la permission de lui bander les yeux. « Ne savez-vous pas, répondit le soldat, que, depuis vingt-cinq ans, j'ai l'habitude de regarder les balles et les boulets en face? » L'officier, troublé, hésitant, indécis, s'attendant peut-être à un cri de grâce ou craignant de commettre un sacrilége de gloire en commandant le feu contre son général, restait muet entre le héros et son peloton. Le maréchal profita de cette hésitation et de cette immobilité des fusiliers pour jeter un dernier reproche à sa destinée : « Je proteste devant Dieu et devant la patrie, s'écria-t-il, contre le jugement qui me condamne : j'en appelle aux hommes, à la postérité, à Dieu ! »

Ces paroles et le visage, consacré dans leur mémoire, du héros des camps ébranlant la consigne des soldats, « Faites votre devoir ! » cria le commandant de Paris à l'officier plus troublé que la victime. L'officier reprit en trébuchant sa place à côté de son peloton. Ney s'avança de quelques pas, leva son chapeau de la main gauche, comme il avait l'habitude de l'élever dans les charges désespérées pour animer ses troupes. Il plaça la main droite sur sa poitrine pour bien marquer la place de la vie à ses meurtriers : « Soldats, dit-il, visez droit au cœur ! » Le peloton, absous par sa voix et commandé par son geste, l'ajusta. On n'entendit qu'un seul coup : Ney tomba comme sous la foudre, sans une convulsion et sans un soupir. Treize balles avaient percé le buste où battait le cœur du héros et mutilé le bras droit qui avait si souvent agité l'épée de la France. Les soldats, les officiers et les assistants détournèrent la vue du cadavre comme du témoignage d'un crime. Pendant le quart d'heure où il devait, d'après les règlements militaires, rester exposé sur le lieu de l'exécution, nuls témoins, excepté quelques rares passants et quelques femmes matinales des maisons voisines, ne contemplèrent les restes du supplicié et ne mêlèrent leurs larmes à son sang. Les groupes se demandaient à voix basse quel était ce criminel abandonné sur la voie publique et fusillé par des soldats de la grande armée. Nul n'avait le courage de répondre que c'était le cadavre du brave des braves, du héros de la Bérésina.

Après l'heure de l'exposition légale, des sœurs hospitalières d'un hospice voisin réclamèrent son corps pour lui rendre obscurément les honneurs funèbres, le firent transporter dans leur chapelle et veillèrent autour de son cercueil en se relevant pour prier pour lui.

XXV

Quand Paris apprit à son réveil que le maréchal Ney était exécuté, une grande honte saisit les âmes. Le parti de la cour se réjouit stupidement d'être vengé. Mais pour un ennemi héroïque, désarmé et repentant qu'il avait immolé, il fit des milliers d'ennemis nouveaux de tous ceux qui attendaient une clémence commandée par tant de services rendus à la patrie et par tant de renommée acquise à la France. Un sentiment plus dangereux que la colère, parce qu'il est plus durable, couva dans les cœurs de la jeunesse impartiale, de l'armée outragée, du peuple reconnaissant. Ce fut le dégoût pour la pusillanimité de cette cour qui n'avait pas combattu et qui laissait répandre pour sa cause un sang populaire et glorieux en libation à l'étranger sur un sol foulé encore par nos ennemis. Il faut le dire à la décharge du roi, des ministres et de la masse immense des royalistes, ils répugnaient par modération, par honneur et par sensibilité à ce sacrifice inutile, cruel et honteux. Ney, à leurs yeux comme aux yeux du monde impartial, était un grand coupable, mais c'était une grande vie. Sa faute était de celles qu'on accuse et qu'on pardonne : il avait trébuché dans sa faiblesse, non dans sa préméditation. Il s'était jugé et condamné lui-même. Il avait racheté d'avance son crime militaire par des exploits qui seront l'éternel entretien des camps français. Comme chef politique il n'était plus à craindre. En le relevant, on ne relevait pas un factieux, mais un soldat. L'amnistie indispensable à jeter sur l'armée ne pouvait avoir une plus haute occasion que son nom. Henri IV l'aurait embrassé, ses petits-fils le tuèrent. Combien de fois depuis n'ont-ils pas gémi sur cette fatale condescendance aux passions vindicatives de leur cour et de leur chambre qui leur commandaient ce meurtre! Quelle force populaire ne leur aurait pas donnée contre l'opposition, aux jours critiques de leur dynastie, ce sang plébéien épargné et réservé à la patrie, cette arme reconquise par la magnanimité à leur propre cause! Injuriés quelques jours par de lâches conseillers de peur, dans l'ombre de leur palais, ils auraient été vengés et adoptés par le peuple, qui ne reconnaît la grandeur des races royales qu'à la grandeur d'âme. Ils seraient tombés peut-être à l'heure de leur chute, mais l'histoire n'aurait pas ce reproche à adresser à leur souvenir, et au lieu d'une tache de sang sur leur règne, il y aurait à côté du nom de Ney une larme d'admiration. Au lieu de régner, ils obéirent. La cour fut cruelle, le roi faible, les ministres complaisants, la chambre des députés implacable, l'Europe incitatrice, la chambre des pairs lâche comme un sénat des mauvais jours de Rome. Que chacun prenne sa part du sang d'un héros; la France n'en veut pas.

FIN DU TOME QUATRIÈME DE L'HISTOIRE DE LA RESTAURATION.

TABLE DES SOMMAIRES

LIVRE VINGT-HUITIÈME.

24 juin. — Fouché est nommé président de la commission de gouvernement. — Formation du nouveau ministère. — Politique de Fouché. — Manuel. — Séance de la chambre des représentants. — Elle adopte la motion de Manuel. — 25 juin. — Départ de l'empereur de Paris. — Il se rend à la Malmaison. — Son adresse d'adieu à l'armée. — Envoi de cinq plénipotentiaires pour la négociation de la paix. — Entrevue de Fouché et de M. de Vitrolles. — Entrevue de Napoléon et de Benjamin Constant. — Conseils des amis de Napoléon sur le choix de son lieu d'exil. — Il adopte l'Amérique. — Il est surveillé par la commission de gouvernement. — Opposition provisoire de la commission au départ de Napoléon. — Séjour à la Malmaison. — Instances de la commission près de Napoléon. — Elle lui délivre un passe-port. — Refus de Napoléon. — Proposition d'Excelmans à Napoléon. — Arrivée des alliés à

Compiègne. — Napoléon propose de se mettre à la tête de l'armée. — Refus de la commission de gouvernement. — Rencontre de M. de Flahaut et de Davoust. — Napoléon et Maret. — Situation critique de Napoléon. — Son départ de la Malmaison. — Ses adieux. — Son voyage. — Sa halte à Rambouillet. — Ses espérances. — Ouverture d'Excelmans à Daumesnil. — Napoléon traverse Châteaudun, Tours et Poitiers. — Attroupement à Saint-Maixent. — Il arrive à Niort. — Acclamations du peuple. — Son arrivée à Rochefort le 3 juillet. — Napoléon renouvelle sa proposition à la commission de gouvernement. — Conseils divers pour la fuite de Napoléon. — Son hésitation. — Réponse de la commission de gouvernement à sa proposition. — Napoléon s'embarque sur la frégate *la Saale*, le 8 juillet. — Il quitte Rochefort. — Sa visite à l'île d'Aix. — Entrevue de M. de Las Cases avec le capitaine Maitland à bord du *Bellérophon*. — Le capitaine de la *Méduse* propose de forcer la croisière anglaise. — Refus de Napoléon. — Son débarquement à l'île d'Aix. — Ses indécisions. — Refus de la proposition du capitaine Baudin. — Des enseignes de vaisseau offrent de le conduire en Amérique. — Napoléon accepte. — Il part. — Il est retenu par sa suite. — Seconde entrevue de Las Cases, Rovigo et Lallemand avec le capitaine Maitland. — Délibération sur son départ. — Napoléon se décide à partir par le *Bellérophon*. — Sa lettre au prince régent d'Angleterre. — Ses instructions à Gourgaud. — Départ de Gourgaud et de Las Cases pour l'Angleterre. — Napoléon quitte l'île d'Aix. — Ses adieux à Becker. — Son embarquement sur le *Bellérophon*. — Il reçoit la visite de l'amiral Hotham. — Le *Bellérophon* se porte devant Torbay. — Il y est rejoint par Gourgaud. — Il quitte Torbay et arrive en rade de Plymouth. — Conseil des ministres anglais sur le sort de Napoléon. — Il est déclaré prisonnier de guerre par les alliés. — Il est ramené à Torbay. — On réclame son épée. — Ses adieux. — Sa douleur à la nouvelle de la capitulation de Paris. — Il monte sur le *Northumberland*. — Sa protestation contre l'Angleterre. — Son départ pour Sainte-Hélène... 3

LIVRE VINGT-NEUVIÈME.

Wellington après la bataille de Waterloo. — Ses dépêches au duc de Berri. — Sa lettre à Dumouriez. — Il entre en France. — Sa proclamation aux Français. — Il écrit au duc de Feltre et à M. de Talleyrand. — Entrée de Louis XVIII en France. — Conférences d'Haguenau. — Réponse de Wellington aux plénipotentiaires français. — Renvoi de M. de Blacas. — Louis XVIII au Cateau-Cambrésis. — Sa proclamation aux Français. — Il arrive à Cambrai. — Seconde proclamation aux Français. — Tentatives de Fouché près de la commission de gouvernement en faveur des Bourbons. — Davoust, généralissime de l'armée. — Démarches de MM. de Vitrolles et Ouvrard près des chefs de l'armée. — La commission de gouvernement ordonne l'arrestation de M. de Vitrolles. — Sa fuite. — Adresse de plusieurs généraux à la chambre des représentants. — Conférence de la chambre des pairs. — Envoi de plénipotentiaires à Wellington et à Blücher pour négocier un armistice. — Conférences des plénipotentiaires avec Wellington. — Blücher passe sur la rive gauche de la Seine. — Situation de la France. — Forces de l'armée. — Excelmans attaque et bat un corps de cavalerie prussienne. — Conseil de gouvernement. — Conseil de guerre à la Villette. — Il autorise Davoust à capituler. — Démarche de Davoust près de Blücher. — Réponse de Blücher. — Fouché envoie le colonel Macerone à Wellington et le général Tromelin à Blücher. — Conférences à Saint-Cloud. — Capitulation de Paris. — Adoption de la convention de Saint-Cloud par la chambre des représentants. — Agitation du peuple. — Opposition de l'armée. — Entrée des Prussiens et des Anglais dans Paris. — La chambre des représentants. — Vote de la constitution. — Entrevue de Fouché et de Wellington à Neuilly. — Présentation de Fouché au roi Louis XVIII par M. de Talleyrand. — Conférence. — Nomination de Fouché au ministère de la police. — Composition du ministère. — Entrevue de Louis XVIII et de M. de Chateaubriand. — Conférences de la commission de gouvernement. — Occupation des Tuileries et expulsion de la commission par Blücher. — Dispersion de la chambre des pairs. — M. Decazes fait fermer la chambre des représentants. — Impuissance de La Fayette. — Entrevue de Carnot et de Fouché.................................. 65

LIVRE TRENTIÈME.

Jugement sur les cent-jours. — Entrée de Louis XVIII dans Paris. — Discours de M. de Chabrol. — Réponse de Louis XVIII. — Louis XVIII à Paris. — Acclamations de la population. — Situation politique du roi. — Attitude de Fouché. — Ordonnances de réorganisation de la pairie et de convocation de la chambre des députés. — L'armée de la Loire. — Ordres du jour du maréchal Davoust. — Soumission de l'armée à Louis XVIII. — L'armée prend le drapeau blanc. — Blücher veut faire sauter le pont d'Iéna. — Dévastation du musée et des bibliothèques. — Violences des Prussiens. — Réquisitions. — Enlèvement des préfets. — Impôts de guerre. — Occupation de Paris et de la France par les armées alliées. — Licenciement de l'armée de la Loire. — Remplacement du maréchal Davoust par le maréchal Macdonald. — Négociations diplomatiques chez lord Castlereagh. — Ultimatum des puissances. — Éloignement de Louis XVIII pour M. de Talleyrand. — Cour de Louis XVIII. — Sa famille. — Faveur de M. Decazes. — M. Decazes. — Son portrait. — Retour sur sa vie. — Son entrevue avec le roi. — Rapport de Fouché. — Proscriptions. — Faiblesse du roi.. 125

LIVRE TRENTE ET UNIÈME.

Murat. — Sa fuite de Naples. — Son arrivée à l'île d'Ischia. — Son aide de camp, le duc Rocca Romana. — Son départ pour la France. — Il débarque à Cannes. — Il offre ses services à l'empereur. — Refus de Napoléon. — Terreur dans le Midi. — Murat quitte les environs de Toulon et se cache. — Il demande un asile à Louis XVIII. — Il lui est accordé en Autriche. — Tentatives de fuite. — Il échoue. — Aventures. — Sa retraite. — Ses dangers. — Il s'embarque pour la Corse. — Périls de la traversée. — Incidents. — Il est recueilli en mer. — Son arrivée en Corse. — Il se retire dans les montagnes. — Situation politique de la Corse. — Murat est sommé de se rendre par le gouverneur de l'île. — Refus. — Le gouverneur envoie une troupe chargée de l'arrêter. — Insuccès. — Projets de Murat. — Il part pour une expédition à Naples. — Sa marche vers Ajaccio. — Son entrée dans la ville. — Arrivée de Macerone. — Il lui envoie le passe-port de l'Autriche. — Lettre de Murat. — Son départ pour Naples. — Traversée. — Désertion d'un de ses navires. — Incidents. — Il débarque au port du Pizzo. — Il essaye de soulever la population. — Son arrestation. — Ses derniers moments. — Sa condamnation. — Sa mort. — Jugement sur sa vie... 195

LIVRE TRENTE-DEUXIÈME.

Caractère de la France. — Causes de l'esprit des élections de 1815. — Chute de Fouché. — Son exil en Allemagne. — Jugement sur sa vie. — Chute de M. de Talleyrand. — Formation du ministère de M. de Richelieu. — Coup d'œil rétrospectif sur le duc de Richelieu. — Sa vie en Russie. — Son caractère. — Négociations avec les alliés. — Leurs exigences. — Traité du 20 novembre. — Lettre de M. de Richelieu. — Traité de la Sainte-Alliance. — Ouverture des chambres. — Discours du roi. — M. Lainé, président de la chambre des députés. — Son discours. — Adresses des deux chambres au roi. — Politique du duc de Richelieu. — Esprit du conseil. — Lois contre les cris séditieux et la liberté individuelle. — Loi des cours prévôtales. — Discussion et vote dans les deux chambres. — Proposition du duc de Fitz-James. — Discours du comte d'Artois. — Retour du duc d'Orléans. — Son entrevue avec Louis XVIII...................... 273

LIVRE TRENTE-TROSIÈIME.

La terreur de 1815. — État de Paris. — Situation du Midi. — Massacres de Marseille. — Assassinat du maréchal Brune à Avignon. — Massacres de Nimes. — Les verdets. — Intervention du duc d'Angoulême. — Héroïsme du général Lagarde. — Assassinat du général Ramel à Toulouse. — Les jumeaux de la Réole. — Leur jugement. — Leur mort. — Labédoyère. — Son voyage à Paris. — Son arrestation. — Son jugement. — Sa mort........................... 335

LIVRE TRENTE-QUATRIÈME.

Procès de Lavalette. — Sa condamnation. — Son évasion. — Fureurs de la chambre à cette nouvelle. — Arrestation du maréchal Ney, son transfert à Paris et son renvoi devant un conseil de guerre. — Noble conduite du maréchal Moncey. — Le conseil se déclare incompétent. — Renvoi devant la chambre des pairs. — Implacabilité des ministres. — Débats et incidents divers ; déposition de Bourmont. — Réquisitoire de M. Bellart ; arguties de la défense ; attitude du maréchal. — Sa condamnation. — Intrigues vindicatives des royalistes ; magnanime intercession de madame Hutchinson. — Ney dans sa prison ; ses derniers moments ; son entrevue avec sa famille. — Son exécution. — Réaction de l'opinion en sa faveur et contre les Bourbons.............. 375

FIN DU VINGTIÈME VOLUME.

PARIS. — TYP. DE COSSON ET COMP., RUE DU FOUR-SAINT-GERMAIN, 43.

www.ingramcontent.com/pod-product-compliance
Lightning Source LLC
Chambersburg PA
CBHW071111230426
43666CB00009B/1922